新编管理会计

主 编 王秋燕 王 涌

哈尔滨工业大学出版社

内 容 提 要

本书系统阐述了现代管理会计的基本理论和基本方法,从成本性态分析开始,对销售、成本、利润、资金、项目投资、存货控制等方面均有详细阐述,并在关键知识点处配有图示和案例解析。在此基础上,对全面预算管理、风险控制、会计控制、业绩考评等具体操作方法进行了较全面的评析。全书共 12 章,内容包括成本性态分析,变动成本法,本量利分析,预测分析,短期经营决策理论、方法及应用,风险型决策和不确定型决策,长期投资决策理论、方法及其应用,预算控制理论与方法,成本控制,存货控制,责任会计等,可帮助企业实现经营管理过程中的预测、决策、规划、控制、考评等职能,在提高企业经济效益等方面具有重要的现实意义。

本教材可供高等院校会计类专业和管理类专业教学使用,也可供会计类和管理类职业技术教育使用,还可作为管理人员和会计人员的培训教材或自学参考用书。

图书在版编目(CIP)数据

新编管理会计/王秋燕,王涌主编. —哈尔滨:哈尔滨工业大学出版社,2019.2
ISBN 978-7-5603-7951-7

Ⅰ.①新… Ⅱ.①王…②王… Ⅲ.①管理会计-高等学校-教材 Ⅳ.①F234.3

中国版本图书馆 CIP 数据核字(2019)第 011720 号

策划编辑	田新华
责任编辑	李广鑫
封面设计	刘长友
出版发行	哈尔滨工业大学出版社
社　　址	哈尔滨市南岗区复华四道街 10 号　邮编 150006
传　　真	0451-86414749
网　　址	http://hitpress.hit.edu.cn
印　　刷	哈尔滨市工大节能印刷厂
开　　本	787mm×1092mm　1/16　印张 14　字数 330 千字
版　　次	2019 年 2 月第 1 版　2019 年 2 月第 1 次印刷
书　　号	ISBN 978-7-5603-7951-7
定　　价	44.00 元

(如因印装质量问题影响阅读,我社负责调换)

前　言

管理会计是会计学的重要分支，主要服务于单位内部管理需要，是通过利用相关信息，有机融合财务与业务活动，在单位预测、决策、规则、控制和业绩评价等方面发挥重要作用的管理活动。随着人们追求管理效率和经济效益意识的不断增强，管理会计已经引起投资者、经营管理者和财务会计人员的高度重视。管理会计对于实现经营管理过程的预测、决策、规划、控制、考评等职能，对于不断提高企业经济效益，帮助企业打造"战略—业务—财务"三位一体的管理理念，驱动企业财务转型等方面具有特别重要的现实意义。

本书是为了满足我国迅速发展的经济管理类本科教学的需要和企业经营管理需求而编写的。基于培养应用型人才的教学目标，无论从结构安排还是内容取舍上，本书都有利于读者通过学习更新管理会计知识、拓宽视野、提高财务管理理论和业务水平。

从内容上，本书深入浅出地介绍了管理会计学的基本理论知识和实务操作，结合中西方管理会计理论，既比较系统地阐述了传统管理会计的内容，又介绍了管理会计的新领域和新内容。

本书由王秋燕、王涌主编。全书共12章，内容包括成本性态分析，变动成本法，本量利分析，预测分析，短期经营决策理论、方法及应用，风险型决策和不确定型决策，长期投资决策理论、方法及其应用，预算控制理论与方法，成本控制，存货控制，责任会计等。

本书可供高等院校会计类专业和管理类专业教学使用，可供会计类和管理类职业技术教育使用，还可作为管理人员和会计人员的培训教材或自学参考用书。

由于作者水平有限，难免有疏漏和不足之处，敬请读者提出宝贵意见，以便日后修改补正。

编　者

2019 年 1 月

目 录

第一章 管理会计概述 ·· 1
 第一节 管理会计的形成和发展 ································ 1
 第二节 管理会计的含义和特点 ································ 3
 第三节 管理会计的职能 ······································ 5
 第四节 管理会计的工作组织 ·································· 6

第二章 成本性态分析 ·· 8
 第一节 成本性态 ·· 8
 第二节 混合成本及其分解 ···································· 11

第三章 变动成本法 ·· 18
 第一节 变动成本法的计算原理 ································ 18
 第二节 两种成本计算方法在编制利润表方面的差别 ·············· 21
 第三节 对两种成本计算方法的评价 ···························· 28

第四章 本量利分析 ·· 30
 第一节 本量利分析的基本模型 ································ 30
 第二节 盈亏平衡点分析 ······································ 37
 第三节 各因素变动对盈亏平衡点的影响 ························ 43

第五章 预测分析 ·· 47
 第一节 预测分析概述 ·· 47
 第二节 销售预测 ·· 49
 第三节 成本预测 ·· 54
 第四节 利润预测 ·· 57
 第五节 资金预测 ·· 60

第六章 短期经营决策 ·· 64
 第一节 决策分析概述 ·· 64
 第二节 经营决策的多维成本概念 ······························ 66
 第三节 生产决策分析 ·· 68
 第四节 定价决策分析 ·· 80

第七章 风险型决策和不确定型决策 … 91
第一节 风险概述 … 91
第二节 风险型决策 … 95
第三节 不确定型决策 … 101

第八章 长期投资决策 … 105
第一节 长期投资决策的特点 … 105
第二节 长期投资决策应考虑的因素 … 106
第三节 项目投资决策评价指标 … 117
第四节 长期投资决策评价指标的应用 … 124
第五节 风险投资决策 … 130

第九章 预算控制 … 133
第一节 全面预算概述 … 133
第二节 全面预算的编制 … 136
第三节 预算控制的形式 … 145

第十章 成本控制 … 153
第一节 成本控制概述 … 153
第二节 标准成本制度 … 155
第三节 其他成本控制 … 174

第十一章 存货控制 … 178
第一节 存货控制概述 … 178
第二节 存货订货量控制 … 179
第三节 存货储存期控制 … 183
第四节 存货日常控制 … 186

第十二章 责任会计 … 189
第一节 责任会计概述 … 189
第二节 责任中心的划分 … 192
第三节 责任预算、责任报告与责任考核 … 199
第四节 内部转移价格 … 206

附录 … 210

参考文献 … 218

第一章 管理会计概述

第一节 管理会计的形成和发展

管理会计起源于美国,自问世以来,已经有了将近一个世纪的历史。同其他新生事物一样,管理会计经历了从无到有、从简单到复杂、从低级到高级的发展过程。

一般认为,管理会计最初萌芽于19世纪末20世纪初,其雏形产生于20世纪上半叶,正式形成和发展于20世纪50年代,20世纪70年代后在世界范围内得以迅速发展。它大致经历了以下两个阶段。

一、管理会计初步形成阶段

管理会计最初产生的年代正处于从传统的近代会计向现代会计过渡的会计发展阶段。20世纪30年代,在以美国的泰罗和法国的法约尔为代表人物的"古典理论"指导下,许多企业开始推行以确定定额为目的的时间与动作研究技术、差别工资制和以计划职能与执行职能相分离为主要特征的预算管理和差异分析,以及日常成本控制等一系列标准化、制度化的新技术、新方法。在这种情况下,为配合科学管理以达到提高生产效率的目的,会计实务中,出现了标准成本制度、预算控制和差异分析等专门方法。同时,在学术理论界,1922年,美国会计学者奎因坦斯在其著作《管理的会计:财务管理入门》中第一次提出"管理会计"这一名词,曾在该年发表过《预算管理》的麦金西于1924年出版了名为《管理的会计》的专著,此外,布利斯也在同期出版过一本《通过会计进行管理》的著作,都谈到了管理会计,这便成为管理会计的萌芽。

到了20世纪40年代,特别是第二次世界大战之后,各国经济复苏,市场竞争激烈,失业率增加,经济危机频繁。在这种形势下,企业管理当局为了战胜对手、增强竞争力,不得不提高产品质量、降低成本、扩大利润。于是,人们在预算和控制的基础上又充实了成本性态分析、本量利分析以及变动成本法的理论和方法等,管理会计的深度和广度有了较大发展,但其着眼点仍局限于既定决策方案的落实和经营计划的执行上,其职能重点是"控制"。至此,管理会计的雏形已经形成。

二、现代管理会计阶段

管理会计的真正形成和发展是从20世纪50年代开始的。

进入20世纪50年代后,世界经济进入二战后发展的新时期,科学技术迅速发展,生产力不断提高,新装备、新工艺、新技术被广泛采用,新兴产业部门层出不穷,跨国集团公司大批涌现,企业竞争越来越激烈,给企业经营带来不少困难。为了适应市场需要,在瞬息万变的求生环境中立于不败,企业管理当局不但完善发展了规划控制会计的理论与实践,而且还逐步充实了以"管理科学学派"为依据的预测决策会计和以"行为科学"为指导思想的责任会计等内容,基本上形成了以预测决策会计为主,以规划控制会计和责任会计为辅的传统管理的会计体系。

综观20世纪50年代以后各时期管理会计发展的特点可归纳如下:

(一) 20 世纪 50 年代

20世纪50年代管理会计的发展主要有以下两方面的特点:一是在这一期间管理会计的基本轮廓已经定型,管理会计的主要内容包括:成本性态分析与变动成本计算、成本－产量－利润相互依存关系的分析、经营决策方案经济效益的分析评价、生产经营的全面预算和责任会计等;二是高等数学、运筹学、数理统计学中许多科学的数量方法开始广泛应用到管理会计中来,并且成为管理会计的一个重要组成部分。由于这些科学的数量方法的应用,管理会计的内容更具有分析性,从而也更能有效地为企业正确地进行经营决策和改善经营管理服务。

1952年,在伦敦举行的世界会计师联合会上,正式通过了"管理会计"这个专用名词。从20世纪50年代起,美英等发达国家陆续将管理会计课程作为高等院校会计专业和其他财经管理专业的主干课程。自此,企业会计分为财务会计和管理会计两大分支。

(二) 20 世纪 60 年代

在20世纪50年代的基础上,20世纪60年代管理会计呈现如下新特点:一是将微观经济学的原理应用到管理会计中来,使短期经营决策经济效益分析评价的原理和方法得到进一步丰富和发展。例如,以供求理论为指导,进行产品最优定价的决策;利用边际收入与边际成本的相关原理,进行利润最大化的决策等。二是投资理论的引进和应用,使长期投资方案经济效益的分析评价和资本预算的编制理论和方法都更加完美,并且成为管理会计中一个重要的专门领域。

至此,传统管理会计的内容和方法基本上趋于成熟和定型化了。

(三) 20 世纪 70 年代以后

从20世纪70年代起,管理会计开始进入一个大发展时期,可以说是由传统管理会计向新型现代管理会计过渡的一个历史转折点。具体表现在以下几个方面:

首先,由于经济的高度发展,使社会需求发生了重大变化,从而导致生产组织由传统的"大量生产"向"顾客化生产"的历史性大转变;同时,当代高新技术的发展,使生产高度电脑化和自动化,形成生产上的"弹性制造系统"。根据现代市场经济中,技术－管理－经济相辅相成的原理,社会经济和科学技术的重大变革和发展必然要对传统管理会计产生重大的冲击,从而在管理会计中不断孕育出新的领域,使之同社会经济和新技术发展所形成的企业内外新的环境和条件相适应,如作业管理与作业成本计算、适时生产系统与存货管理、质量成本管理会计、目标成本计算与成本企划等。

其次,当代市场经济高度发展,国际化大市场竞争更加激烈,需要进一步科学地加强宏观调控的力度,这一大趋势导致宏观管理会计理论与方法的新发展,包括:投资项目的国民经济评价、宏观资金流动会计、国际管理会计、战略管理会计等。

再次,根据学科发展中相关学科交叉渗透的总趋势而形成的新领域,如管理会计中行为科学的引进与应用、信息经济学的引进与应用和代理人的引进与应用。

从20世纪80年代至今,管理会计的研究从实用的角度转向了理论研究。美国会计学会所属的管理会计实务委员会自1980年以来系统地发表《管理会计公告》,作为解决管理会计问题的指导原则。截至1988年2月,管理会计实务委员会共发布了14个《管理会计公告》。

专业管理会计团体的成立,是现代管理会计形成的标志之一。早在20世纪50年代,美国会计学会设立了管理会计委员会。1972年,美国全国会计师联合会又成立了独立的"管理会计协会",1985年该协会改称为"执业管理会计师协会"。同年,英国也成立了"成本和管理会计师协会"。各协会分别出版了专业性刊物《管理会计》月刊,并在全世界发行。

1972年,由美国管理会计协会主持,举行了全美第一届执行管理会计师资格考试;几乎与此同时,英国也安排了类似的考试。从此,西方出现了"执业管理会计师(CMA)"职业。

如果说在20世纪70年代甚至更远的年代中,管理会计还只是在西方发达国家中流行,那么,到20世纪80年代,"管理会计"就已风靡全球。1980年4月,国际会计师联合会在巴黎召开的第一次欧洲会计专家会议上,与会者发出呼吁:"为了在当今复杂的世界上能够使企业生存下去并繁荣起来,一个战略性的问题就是应用和推广管理会计。"

近10年来,除了各国继续深入开展有关管理会计应用和推广的研究外,国际会计标准委员会和国际会计师联合会等国际性组织还成立了专门的机构,从事制定国际化的管理会计标准的工作,颁布有关管理会计的职业道德规范等文件。这表明现代管理会计具有国际化的发展趋势。

第二节　管理会计的含义和特点

一、管理会计的含义

管理会计是现代管理和会计巧妙结合融为一体的一门新兴的边缘学科。它利用财务会计资料和其他资料,采用会计的、统计的和数学的方法,对未来的经营管理进行预测和决策,确定目标,编制计划(预算),并在执行过程中加以控制和考核,目的是调动各方面的积极性,取得最佳的经济效益。这里,包括以下几层意思:

首先,管理会计的实质,是会计与管理的巧妙结合。

由于管理会计是为企业内部管理服务的,企业管理循环的每一步骤,都要有管理会计相应的步骤与之配合,从而形成管理会计循环。

其次,管理会计预测、决策、预算、控制、考核的依据,主要是财务会计资料(当然也要利用其他有关资料)。管理会计所预测的经济效益是否达到,最后必须在财务会计中得到反映。管理会计若全面脱离了财务会计进行预测决策,就不称其为管理会计。

再次,管理会计所采用的方法可以是会计的、统计的或数学的方法,但主要采用的是数学方法。采用简明的数学模式可以表达复杂的经济活动,揭示有关现象之间的内在联系和最优数量关系,从而为管理当局进行经营决策提供客观依据。

第四,管理会计的内容,可以概括为规划未来、控制现在和评价过去,重点应放在规划未来上。因为要提高经济效益,关键在于事先的正确决策。控制现在,是保证决策所确定的目标能够实现的手段。评价过去,主要是分清责任,考核业绩,同时也是总结过去,为今后决策提供参考。

第五，管理会计的目的是追求最大限度的利润。利润最大化，在一定程度上就是经济效益最优化。

第六，管理会计达到目的的手段是调动一切积极因素。管理会计要重视数量分析方法，但更要重视做好人的工作，改善人与人之间的关系，引导、激励人们在生产经营活动中充分发挥主观能动性，只有职工的积极性调动起来，才能保证企业经济效益最优化。

二、管理会计的特点

管理会计是在财务会计的基础上发展起来的一门新兴学科，与财务会计又同属于企业会计，它们之间既有联系又有区别。

(一)管理会计与财务会计的区别

1. 在服务对象上

一般说来，财务会计主要是为企业外界有关方面(股东、债权人、潜在投资者、税务部门、银行等)提供信息，是"外部会计"；而管理会计则主要是满足企业内部管理需要，为企业内部的决策和控制提供资料，是内部会计。

2. 在内容上

财务会计面向过去，反映过去，侧重于报道企业过去某一时期或时段的业务，单纯地提供历史信息和解释信息，实质上属于算"呆账"的报账型会计；而管理会计面向未来，控制现在和评价过去，其侧重点是规划未来，分析过去是为了更好地指导未来和控制现在，实质上是算"活账"的经营型会计。

3. 在核算对象上

财务会计以整个企业为对象，而管理会计可以是整个企业，也可以是单个车间、部门，可以是生产经营全过程，也可以是某一个具体方面，但管理会计重点应以企业内部责任单位为主体，便于突出以人为中心的行为管理。

4. 在核算方法上

财务会计必须严格遵守公认的会计准则或统一的会计制度，以保证其所提供的财务信息具有一致性和可比性；管理会计不受会计准则和统一的会计制度的完全限制和严格约束，而应根据管理者的需要，在工作中可灵活运用预测学、控制论、信息理论、决策原理、目标管理原则和行为科学等现代管理理论，更多的是使用数理统计方法。

5. 在核算要求上

财务会计重点是反映过去。过去发生的都是确定的，因而对会计资料中的数字计算要求准确清晰；而管理会计所用的数字多为预计数，不确定因素多，不要求绝对准确，只算近似值以保证决策无误。

6. 在时间跨度上

财务会计报告是定期编制的，其时间跨度一般是一月、一季度或一年，时间跨度相对稳定；而管理会计报告是根据需要编制的，其时间跨度弹性大，它可以是几年、十几年，甚至几十年，时间跨度不稳定。

7. 在责任上

财务会计提供的资料信息是正式报告，并对其填报内容负有法律责任；而管理会计提供的资料信息不是正式报告,不对外公开发表,只供企业内部管理当局使用,对其不负法律责任。

8. 在行为影响上

财务会计力求真实准确地计量和传输财务信息,十分重视定期报告企业的财务状况和经营成果质量,一般不注重管理人员的行为影响;而管理会计不仅看重实施管理行为的结果,而且更为关注管理的过程,并且想方设法调动人们的生产积极性和主观能动性。

9. 在会计人员素质的要求上

管理会计方法灵活多样,没有固定的工作程序可遵循,它所涉及的问题大多关系重大且所考虑的因素也多,这就要求从事管理会计工作的人员必须具备较宽的知识面和较深厚的专业造诣,具有较强分析问题、解决问题的能力和果断的应变能力,其能力应是复合型的;而财务会计工作由于侧重点不需求,需要操作能力较强、工作细致的专门人才来承担。

(二)管理会计与财务会计的联系

管理会计虽与财务会计有区别,但两者还是密切联系的。从结构关系去考察,两者都属于现代企业会计的有机组成部分,两者密不可分;在实践中,管理会计所需的许多会计资料都来源于财务会计系统,并对财务会计信息进行深加工和再利用。所以说,管理会计不能离开财务会计而独立存在,两者源于统一母体,相互依存,相互制约,相互补充。同时,两者都处于市场经济条件下的现代企业环境中,共同为实现企业内部经营管理服务。

第三节 管理会计的职能

管理会计不同于财务会计,它可以综合地履行更加广泛的职能,也就是说,它的职能作用,从财务会计单纯的核算,扩展到把解析过去、控制现在、规划未来有机地结合起来。其基本过程如图1.1所示。

一、解析过去

管理会计解析过去一方面是对财务会计所提供的资料做进一步的加工,同时又从其他方面取得相关资料,使之更好地适应筹划未来和控制现在的需要。例如,根据财务会计反映的成本资料,可将成本按其与业务量的关系,区分为固定成本与变动成本,并以此为基础,进行盈亏平衡和成本-产量-利润依存关系的分析,制定标准成本,并进行成本差异分析,这就可为企业正确地进行经营决策和加强控制提供许多重要的信息。所以,管理会计解析过去,并非财务的简单重复,而是把它延伸到更广更深的领域,使之在管理上发挥更大的作用。

二、控制现在

控制现在是指控制企业的经济活动,使之严格按照决策预定的轨道卓有成效地进行。其基本控制过程可从图1.1中看出。

图1.1表明,企业根据财务会计提供的信息和其他方面的信息,首先进行预测,确定一定时期内可能实现的经营目标,然后通过决策程序确定最可行方案;再对所选定的最可行方案进行加工,形成企业生产经营在一定期间的全面预算,即企业在该时期要完成的总目

标和任务;为促使总目标的实现,还需进一步落实和具体化,为此,就要进行指标分析,形成各个"责任中心"的责任预算,使它们明确各自的目标、任务,并以责任预算所规定的指标作为开展日常活动的准绳;各个责任中心在日常经营过程中,对预算的执行情况进行系统的记录和计量,对实际完成情况和预定目标进行对比,评价和考核各个责任中心及其有关人员的工作业绩,并通过信息反馈,及时对企业生产经营的各个方面充分发挥作用,形成一种综合性的职能。

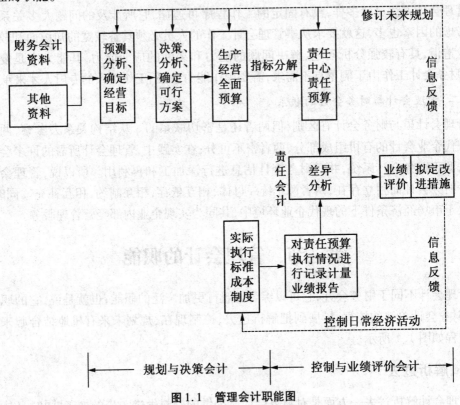

图1.1 管理会计职能图

三、规划未来

预测和决策是筹划未来的重要形式。预测是根据现在预计未来,根据已知推测未知,它着重于提供一定条件下生产经营各个方面未来一定时期内可能实现的目标。而决策是以预测为基础,对为实现一定经营目标可供选择的有关方案,通过分析比较、权衡得失,从中选取最优方案。在这些环节中,管理会计的重要作用在于:充分利用所掌握的丰富资料,严密地进行定性、定量分析,帮助管理部门客观地掌握情况,从而提高预测与决策的科学性。

第四节 管理会计的工作组织

在西方企业的组织机构里,财务与会计工作通常有明确的分工。会计部门的工作,通常由主计长负责,它与负责财务工作的财务长一起,同为财务副总经理的直接下属,都是财务副总经理的参谋。西方企业的会计部门组织系统如图1.2所示。

在我国,大中型企业的财务与会计工作并无明确分工,且均在会计师的领导下工作,相当于西方企业财务副总经理,但是迄今为止,我国的大中型企业尚无专门负责管理会计工作的岗位。有关管理会计的工作,通常由财务会计人员来完成,在财务会计人员较忙的情况下,管理会计工作往往被忽视,影响管理会计预测、规划与控制的作用。

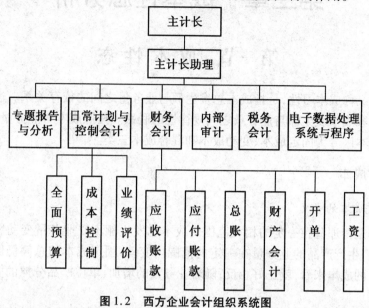

图1.2 西方企业会计组织系统图

今后,我们有必要在总会计师领导下,设置专门的负责管理会计的机构,并配备必要的管理会计人员,从事这方面工作。

会计工作中管理会计岗位可参照图1.3的设置。

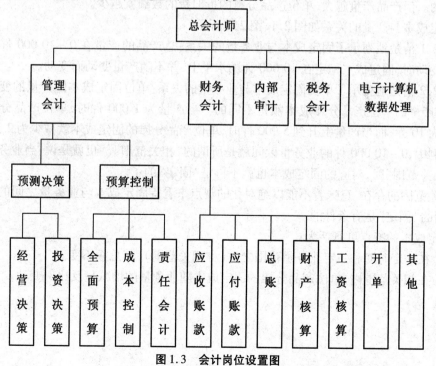

图1.3 会计岗位设置图

第二章 成本性态分析

第一节 成本性态

成本性态又称成本习性,是指成本总发生额与业务量之间的依存关系。进行成本性态分析就是要考察成本发生额与业务量之间规律性的联系。按照成本对业务量的依存关系,我们通常将成本区分为固定成本、变动成本和混合成本三类。

一、固定成本

(一)固定成本的含义

固定成本是指那些在一定的相关范围内成本总发生额不受业务量变动影响的成本项目。也就是说,生产产品的业务量在一定的范围内变动,固定成本的总额仍保持不变。但是从单位产品的成本来看,就正好相反:随着业务量的增加,单位产品分摊的固定成本的份额相应减少。

例如,一台机器设备原值200 000元,预计使用20年,期满无残值;采用直线法计提折旧。每年应提取折旧费为200 000/20 = 10 000(元),该机器设备年最高生产能力为10 000件,那么不论每年的生产量有何变化,只要不超过设备允许的生产能力,所提的折旧费始终是固定的。但产品产量越大,单位产品分摊的折旧费的数额就越少。

固定成本与产量的关系如图2.1、图2.2所示。

图2.1 清楚地列示了固定成本与业务量的关系:总产品的产量在0~10 000件之间的范围内变动时,固定成本稳定在10 000元的水平上,并不随产量变动而变动。

图2.2 清楚地列示了单位固定成本与业务量的关系:单位固定成本随产量的变动而变动,不同产量的单位产品分摊成本额是不同的。当产量为1 000件时,单位产品分摊的固定成本为10元,而当产量上升到5 000件时,单位产品分摊的固定成本就减少为2元。

上例中,0~10 000件的业务量区间就是所谓的"相关范围"。也就是说,当业务量超过整个"相关范围"时,对应的固定成本也就不再是"固定"的了。

相关范围的存在,意味着不能以绝对化的观点来看待固定成本与业务量之间的依存关系,所谓的"固定"是有条件的。

固定成本的特点可概括为:
(1)在一定时期和一定业务量范围之内(称相关范围),其总额不变。
(2)在相关范围内,单位产品分摊的固定成本随业务量的增减呈反比例变动。

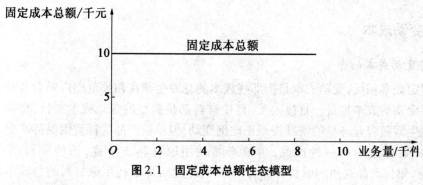

图2.1 固定成本总额性态模型

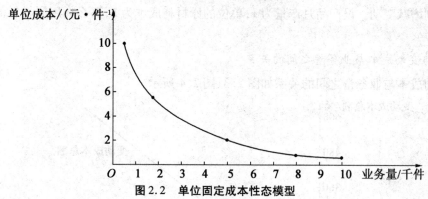

图2.2 单位固定成本性态模型

(二)固定成本的分类

根据固定成本的性质,还可以将固定成本进一步区分为约束性固定成本和酌量性固定成本。

1. 约束性固定成本

约束性固定成本,又称经营能力成本,是指那些与形成企业生产能力(包括物质的和组织机构的)相联系的支出,如固定资产折旧费、修理费用、保险费,以及主要管理人员的薪金等都是典型的约束性固定成本。

一般来说,企业的生产能力一经形成,不论各个期间内生产能力利用程度如何,其成本水平将在较长时间内稳定存在。例如,某企业具有年产1 000 000件产品的生产能力,不论实际生产量是100 000件,还是800 000件,企业的约束性固定成本都是一样的。也就是说,总的生产成本中包括了已使用的生产能力和闲置的生产能力两个部分的成本,并不能因为有一部分生产能力未得到利用就不予列支。因此约束性固定成本具有很大的约束性,管理当局的决策行为不能轻易改变其数额。要想降低约束性固定成本,只能从合理利用经营能力入手。

2. 酌量性固定成本

酌量性固定成本,又称经营成本,是指企业领导层根据企业经营方针确定的一定期间(通常是一年)预算额而形成的固定成本。广告费、研究与开发费、职业培训费等都是典型的酌量性固定成本。这些成本的支出,是可以随企业方针的变化而变化的,一般在一个预算年度开始,管理当局要根据企业经营方针和财务状况,斟酌这部分成本的开支情况。因此,要降低酌量性固定成本,就要在预算时精打细算,合理确定这部分成本的数额。

二、变动成本

(一)变动成本的含义

与固定成本相反,变动成本是指那些成本的总发生额在相关范围内随着业务量的变动而呈线性变动的成本项目。直接人工、直接材料都是典型的变动成本项目,在一定期间内它们的发生额随着业务量的增减按照正比例变动,但单位产品的耗费则保持不变。

例如,某企业生产一种产品,单位产品耗用原材料3千克,该种原材料的价格为2元/千克,单位产品耗用的原材料都为 $3 \times 2 = 6$(元),那么耗用原材料的总成本随业务量呈正比例增减变动。设产品月产量为 x,单位的原材料成本为 b,那么耗用原材料的总成本为 bx。

(二)变动成本与业务量之间的关系

变动成本与业务量之间的关系如图2.3、图2.4所示。

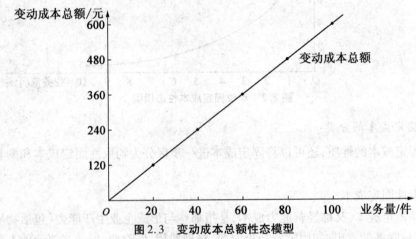

图2.3 变动成本总额性态模型

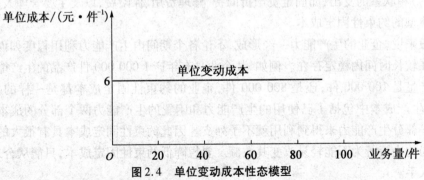

图2.4 单位变动成本性态模型

同样,应该强调,单位变动成本在相关范围内表现为一个固定数,超过这一范围,则变动成本表现为非线性关系,如图2.5所示。

变动成本的特点可归纳如下:

(1)在相关范围内变动成本总额随业务量呈正比例增减变动。

(2)在相关范围内单位变动成本不随业务量的变化而变化,它是固定不变的。

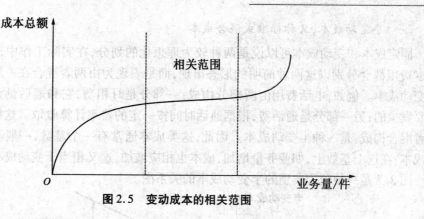

图2.5　变动成本的相关范围

三、总成本性态模型

由于管理会计根据成本性态将企业的全部成本分为变动成本和固定成本两大类。因此，企业的总成本公式表述为

总成本 = 固定成本总额 + 变动成本总额 = 固定成本总额 + 单位变动成本 × 业务量

或

$$y = a + bx$$

式中　y——总成本；
　　　a——固定成本；
　　　b——单位变动成本；
　　　x——产量。

上述公式从数学的观点来看是一直线方程式：x 是自变量，y 是因变量，a 是常数，b 是直线的斜率。其模型如图2.6所示。

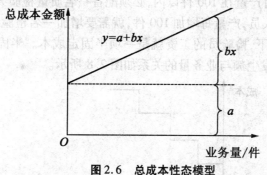

图2.6　总成本性态模型

显然，若能求出公式中 a 和 b 的值，就可以利用这个直线方程来进行成本预测、成本决策和其他短期决策，所以，总成本性态模型是一个非常重要的模型。

第二节　混合成本及其分解

一、混合成本的分类

混合成本是指同时兼有固定成本和变动成本两种性质的成本。混合成本一般可分为半变动成本、半固定成本、延期变动成本。

(一)半变动成本,又称标准式混合成本

固定成本和变动成本可以说是两种较为理想化的划分,在实际工作中,并不是所有的成本费用都会分别以这两种简明的形态出现,而是表现为由两者混合在一起的形态,称为半变动成本。例如,电话费用由两部分构成:一部分是月租费,它和通话量无关,是按月固定要发生的;另一部分是通话费,根据通话时间按一定的费率计算收取。这样,电话费就由两者混合构成,是一种半变动成本。因此,这类成本通常有一个基数,一般不变,相当于固定成本,在这个基数上,如业务量增加,成本也相应增加,这又相当于变动成本。

图2.7是一种较为典型的半变动成本的关系图。

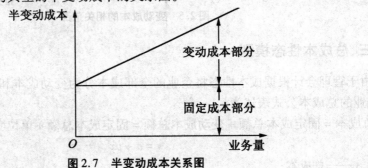

图2.7 半变动成本关系图

(二)半固定成本,又称阶梯式混合成本

半固定成本在一定业务量范围之内其发生额是固定的,当业务量增长到一定限度,其发生额就突然跳跃到一个新的水平,然后在业务量增长的一定限度内其发生额又保持不变,直到另一个新的跳跃为止。

例如,某企业的产品月产量在100件以内,必须配备一名质量检验人员,如果产量超过了这一限度,就必须增加人员,产量每增加100件,就需要增加一名检验员。检验员的工资均为450元。在这种情况下,检验员的工资就是一项半固定成本。半固定成本又称为"阶梯式变动成本"。其成本发生额与业务量的关系如图2.8所示。

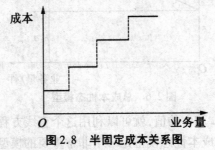

图2.8 半固定成本关系图

(三)延期变动成本,又称阶梯式混合成本

这类成本表现为:在正常业务量范围之内其发生额固定不变,但当业务量超过正常水平,其发生额与业务量成比例地增长。例如,在正常工作时间的情况下,企业对职工支付的工资是固定的。但若延长工作时间,就需要根据延长时间的长短按比例支付加班工资和津贴。延期变动成本如图2.9所示。

第二章 成本性态分析

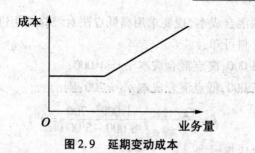

图 2.9 延期变动成本

二、混合成本分解的一般方法

按照一定的方法把混合成本分解为变动成本和固定成本,叫作混合成本的分解。这里只研究相关范围内的混合成本分解。其分解方法有以下几种。

(一)高低点法

高低点法是根据历史资料中最高业务量与最低业务量的相应混合成本,测算混合成本中的固定成本和变动成本各占多少的方法。这里,高点是指资料中业务量最大值对应的混合成本;低点是指资料中业务量最小值对应的混合成本。高低点法的基本原理,从几何意义上讲是两点决定一条直线。从经济意义上讲,是因为,混合成本历史资料属于相关范围,这样,高点的混合成本与低点的混合成本都包含有相同的固定成本和单位变动成本,二者的差别仅仅是由于业务量不同引起的变动成本之差。即有如下关系:

$$y_{高} = a + bx_{高}$$
$$y_{低} = a + bx_{低}$$

两式相减得

$$y_{高} - y_{低} = b(x_{高} - x_{低})$$

所以

$$b = \frac{y_{高} - y_{低}}{x_{高} - x_{低}}$$

再将 b 代入高点(或低点)的混合成本模型:

$$y_{高} = a + bx_{高} \text{ 或 } y_{低} = a + bx_{低}$$

求得

$$a = y_{高} - bx_{高} \text{ 或 } a = y_{低} - bx_{低}$$

从而得到

$$y = a + bx$$

例如,假定某车间 1~6 月份相关范围内的机器维修工时和维修费见表 2.1。

表 2.1 机器设备维修费表

月份	维修工时(x)	维修费(y)
1	5 500	745
2	7 000	850
3	5 000	700
4	6 500	820
5	7 500	960
6	8 000	1 000

机器维修费是一项混合成本,现要求用高低点法对维修费用进行分解。

根据表2.1中的资料可知:

高点业务量 $x_{高} = 8\,000$,高点混合成本 $y_{高} = 1\,000$;

低点业务量 $x_{低} = 5\,000$,低点混合成本 $y_{低} = 700$;则

$$b = \frac{y_{高} - y_{低}}{x_{高} - x_{低}} = \frac{1\,000 - 700}{8\,000 - 5\,000} = 0.1$$

将 b 代入高点混合成本模型,得

$$1\,000 = a + 0.1 \times 8\,000$$

所以

$$a = 1\,000 - 0.1 \times 8\,000 = 200$$

混合成本维修费模型为

$$y = 200 + 0.1x$$

采用高低点法分解混合成本简便易懂,但由于方法只利用两个极端的数据资料来建立成本模型,因而当极端值受偶然因素的影响,会使成本模型不准确。所以,这种方法只适用于历史资料中混合成本比较稳定的情况。

(二)散布图法

散布图法是根据历史混合成本数据,在直角坐标图中绘出若干个混合成本点称散布点,在散布点之间画一条近似反映混合成本变动趋势的直线,据以确定混合成本中固定成本和变动成本的方法。其具体做法是:先建立直角坐标系,以横轴代表业务量(x),以纵轴代表混合成本(y);再将各个历史混合成本数据逐一在坐标图中描点,这样,各个历史数据就形成若干散布点;然后再用目测的方法,在各混合成本点之间画一条近似反映混合成本变动趋势的直线,该直线与纵轴交点处所对应的金额,即为混合成本中的固定成本数,扣除固定成本总额即为变动成本额。仍以上例,作图如图2.10所示。

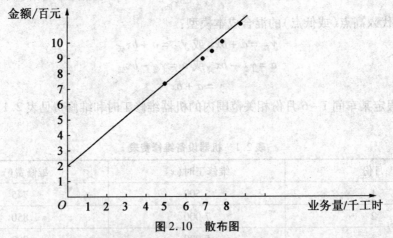

图2.10 散布图

由图2.10可见,直线与纵轴相交处的金额为200元,即固定成本总额 $a = 200$ 元。图2.10中成本趋势线的斜率为单位变动成本 b,可用下列公式计算:

$$b = \frac{y - a}{x}$$

该公式可代入直线上任意一点数值,如代入 $x = 8\,000$,$y = 1\,000$,则

$$b = \frac{1\,000 - 200}{8\,000} = 0.1$$

混合成本的模型为
$$y = 200 + 0.1x$$

散布图法以全部成本资料为依据,具有简单和形象化的优点。但由于混合成本趋势线是目测而来的,带有明显的主观因素,绘制时容易出现误差,所以测得的数据不够准确。

(三)回归直线法

回归直线法是根据过去一定期间业务量(x)和混合成本(y)的历史资料,运用最小平方法确定混合成本中固定成本与变动成本的方法。回归直线法的基本原理是将各历史混合成本数据在直角坐标系中逐一描点,形成散布图。在图中,人为配合一条最合理的近似直线,$y = a + bx$,使 y 上各点的数据,与实际的混合成本资料 y_i 形成的误差,先平方后加总,使之达到最小值,满足这个条件下的直线是一条唯一的直线。故此,这种方法又称为"最小二乘法"或"最小平方法"。这条最合理的直线 $y = a + bx$,其中 a, b 称为回归参数。它是根据已知资料(x_i, y_i)按误差平方和为最小值的条件,计算出来的参数。

回归分析法简单的推导如下。

先以合计数形式表示 $y = a + bx$ 的每一项,即

$$\sum y = na + b \sum x \qquad ①$$

可以推导出

$$a = \frac{\sum y - b \sum x}{n} \qquad ②$$

以 x 乘以式①的各项,即得

$$\sum xy = a \sum x + b \sum x^2 \qquad ③$$

将式②代入式③,得出

$$\sum xy = \frac{\sum y - b \sum x}{n} \sum x + b \sum x^2$$

推导出

$$b = \frac{n \sum xy - \sum x \sum y}{n \sum x^2 - (\sum x)^2} \qquad ④$$

再把式④代入式②,得出

$$a = \frac{\sum x^2 \sum y - \sum x \sum xy}{n \sum x^2 - (\sum x)^2} \qquad ⑤$$

应该说明,采用回归直线法不仅可用于混合成本分解,也可以用它去建立其他的经济数学模型。这里有一个条件,即自变量 x 与因变量 y 必须存在线性相关关系,否则,所建的模型没有意义。为此,采用回归直线法建立模型前,要检验已知资料中 x 与 y 是否存在线性相关关系。除画散点图外,更多地可通过计算线性相关系数加以判断检验。尤其是资料个数偏少时会出现虚假相关现象。所以,必须进行上述这种检验。其线性相关系数计算公式为

$$r = \frac{n\sum xy - \sum x \sum y}{\sqrt{[n\sum x^2 - (\sum x)^2][n\sum y^2 - (\sum y)^2]}}$$

计算结果讨论:

$r=0$ 表示 x 与 y 不存在线性相关关系。

$|r|=1$ 表示与 x 与 y 完全线性相关(+1 为正相关,−1 为负相关)。

一般情况 $0<|r|<1$,表示 x 与 y 在一定程度上存在线性相关关系。

例如,某厂有 6 个月的混合成本与业务量的对应资料见表 2.2。

表 2.2 混合成本与业务量资料表

月份	业务量 x(机器小时)	混合成本 y(维修费)
1	30	270
2	40	330
3	50	450
4	40	370
5	60	460
6	80	520

要求用回归直线法将混合成本进行分解,并写出混合成本的数学模型。

首先将表 2.2 中的已知资料进行整理,见表 2.3。

表 2.3 资料整理表

月份	x	y	x^2	xy	y^2
1	30	270	900	8 100	72 900
2	40	330	1 600	13 200	108 900
3	50	450	2 500	22 500	202 500
4	40	370	1 600	14 800	136 900
5	60	460	3 600	27 600	211 600
$n=6$	$\sum x = 300$	$\sum y = 2\,400$	$\sum x^2 = 16\,600$	$\sum xy = 127\,800$	$\sum y^2 = 1\,003\,200$

计算线性相关系数 r:

$$r = \frac{n\sum xy - \sum x \sum y}{\sqrt{[n\sum x^2 - (\sum x)^2][n\sum y^2 - (\sum y)^2]}} = \frac{6 \times 127\,800 - 300 \times 2\,400}{\sqrt{[6 \times 16\,600 - 300^2][6 \times 1\,003\,200 - 2\,400^2]}} = 0.938\,2$$

可以认为这里 x(业务量)与 y(维修费)存在线性相关关系,再将有关系数代入回归系

数 a,b 计算公式。得

$$b = \frac{n\sum xy - \sum x \sum y}{n\sum x^2 - (\sum x)^2} = \frac{6 \times 127\,800 - 300 \times 2\,400}{6 \times 16\,600 - 300^2} = 4.875(元/时)$$

$$a = y - bx = \frac{2\,400}{6} - 4 \cdot 875 \times \frac{300}{6} = 156.25(元)$$

维修费混合成本模型为

$$y = 156.25 + 4.875x$$

用回归分析法分解混合成本,计算结果较为准确,但计算过程比较复杂,如能借助电子计算机等工具,则可扬长避短。

成本性态分析在管理会计中有着广泛的应用范围,变动成本计算和本量利分析是其最有应用效果的两个领域。

第三章 变动成本法

第一节 变动成本法的计算原理

为了便于说明变动成本法的计算原理,下面将变动成本法与完全成本法对比介绍。

一、完全成本法及其成本构成

完全成本法是将一定期间内为生产一定数量的产品而耗用的所有直接材料、直接人工和全部制造费用(包括固定制造费用和变动制造费用),都计入产品生产成本中去的一种方法。正是由于计算的产品成本吸收了固定性制造费用,完全成本法又称为吸收成本法。

采用完全成本法,要求把一定期间内企业发生的全部成本按其经济职能划分为生产成本和非生产成本两大类。生产成本包括直接材料、直接人工和全部制造费用;非生产成本包括销售费用、管理费用等。在编制损益表时,要求把非生产成本列为期间成本,从当期的收益中全部扣除。完全成本法下全部成本构成如图 3.1 所示。

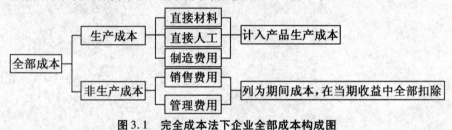

图 3.1 完全成本法下企业全部成本构成图

二、变动成本法及其成本构成

变动成本法又叫直接成本法,即将生产一定数量的产品所耗用的直接材料、直接人工和变动制造费用计入产品生产成本中的一种方法。

采用变动成本法,要求把一定期间内企业所发生的全部成本按成本习性划分为固定成本和变动成本两大类。变动成本中包括变动生产成本与变动非生产成本。其中,变动生产成本包括:直接材料、直接人工和变动制造费用。而变动非生产成本包括变动销售费用和变动管理费用。固定成本中包括固定生产成本与固定非生产成本。其中,固定生产成本就是固定制造费。固定非生产成本包括固定销售费与固定管理费。在编制企业损益表时,要求把本期的固定制造费和固定销售费、管理费列作期间成本,从当期收益中扣除。变动成本法下全部成本构成如图 3.2 所示。

变动成本法在成本性态分析的基础上,将与生产过程没有直接关系的固定性制造费用排除在外,计入产品成本的只是与生产过程有直接关系的直接材料、直接人工和变动性制造费用。其理由是,固定性制造费用是为企业提供一定的生产经营条件而发生的,这些生产经营条件一经形成,不管其实际利用程度如何,有关的费用照样发生,并不随产量变动而变动,因此是一种和生产经营期间长短有关的成本。在处理上,应当作为期间成本,使之随期间的推移而消逝,而不应递延到下一个期间去。

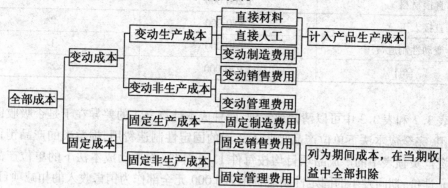

图 3.2　变动成本法下企业全部成本构成图

例如,假设某企业只生产一种产品,期初无存货,本期完工 240 000 件,有关成本资料见表 3.1。

表 3.1　成本资料表

成本项目	金额/元
生产耗用的原材料	1 200 000
生产耗用的直接人工	480 000
发生的变动性制造费用	240 000
发生的固定性制造费用	720 000
合计	2 640 000

根据完全成本法和变动成本法计算的单位产品成本见表 3.2 和表 3.3。

表 3.2　完全成本法计算的产品成本

成本项目	总成本/元	单位成本/(元·件$^{-1}$)
生产耗用的原材料	1 200 000	5
生产耗用的直接人工	480 000	2
发生的变动性制造费用	240 000	1
发生的固定性制造费用	720 000	3
合计	2 640 000	11

表 3.3　变动成本法计算的产品成本

成本项目	总成本/元	单位成本/(元·件$^{-1}$)
直接材料	1 200 000	5
直接人工	480 000	2
变动性制造费用	240 000	1
合计	1 920 000	8

从表 3.2 和表 3.3 中可以清楚地看到,两种成本计算方法的差异在于是否吸收固定性制造费用,完全成本法下单位产品吸收了 3 元的固定性制造费用,损益表的产品销售成本项目和资产负债表中的产成品项目均按每件 11 元计价;而变动成本法下的单位产品成本均按 8 元计价,期间发生的固定性制造费用 720 000 元全部作为销售收入的扣减项目,直接进入当期损益表,不再结转下期。

三、两种方法的主要区别

由上述分析可以看出,变动成本法与完全成本法的不同在于,产品单位成本中是否包含了固定性制造费用,由此造成两种方法下对产品计价和分期损益确定的差异。

(一)产品计价

在完全成本法下,固定性制造费用与其他生产费用一样,要在完工产品和在产品之间进行分配,使期末在产品成本中包含了固定性费用,完工产品又可分为期末已销和期末未销完工产品,期末未销成本中也同样包含固定性制造费用,这样,期末在产品和期末未销产品中都"吸收"了固定性制造费用;在变动成本法下,无论是期末在产品、期末已销完工产品成本,都排除了固定性制造费用,也就是说产品存货是按变动成本计价的。因此,完全成本法下的产品存货肯定要比变动成本法下的产品存货成本高。

(二)分期损益确定

在完全成本法下,由于期末在产品和期末未销完工产品中都包括了固定性制造费用,期末产品存货越多,所吸收的固定性制造费用就越多,也就是固定性制造费用随着期末产品存货"递延"到下一期去了;在变动成本法下,固定性制造费用是全额作为期间成本列入损益表的,不计入期末产品存货成本中,它对当期的影响是不变的,与期末产品存货的多少无关。

这样,当本期的产量等于销量时,期初期末的产品存货数量没有变化,在完全成本法下的固定性制造费用金额为本期已销完工产品所吸收,进入产品销售成本,从销售收入中扣减,与变动成本法下的固定性制造费用金额作为期间成本列入损益表得到相同的效果,两种方法下所确定的分期损益是一样的。

当本期的产量大于销量时,在完全成本法下,期末产品存货比期初增加,多吸收了一部分固定性制造费用,本期已销完工产品成本中包含的固定性制造费用就小于本期实际发生的全部固定性制造费用。因此,在完全成本法下,确定的分期损益会高于变动成本法下确定的分期损益。

与此相反,当本期的产量小于销量时,在完全成本法下,进入产品销售成本,从销售收入中扣减的固定性制造费用,除了本期发生的金额以外,还包括进入本期销售的期初产品存货成本中原来吸收的部分。因此,在完全成本法下确定的分期损益会低于变动成本法下确定的分期损益。对此,将在下节举例详细说明。

第二节　两种成本计算方法在编制利润表方面的差别

一、在没有期初存货的情况下,两种方法在编制利润表方面的差别

为便于说明问题,下面通过实例进行比较:

例如,假设大华公司仅生产一种产品,2005年年初开始投产,本年度内的产销情况见表3.4。

表3.4　产销情况表

（2005年）　　　　　　　　　　　　　　　　　　单位:元

1. 销售量/件	200 000
单价/(元·件$^{-1}$)	20
销售收入	4 000 000
2. 制造成本	
生产耗用的原材料	1 200 000
生产耗用人工	480 000
变动性制造费用	240 000
固定性制造费用	720 000
合计	2 640 000
产量/件	240 000
3. 销售及管理费用	
变动性销售及管理费用	400 000
固定性销售及管理费用	600 000
4. 期末库存/件	40 000

根据表3.4中的资料,按完全成本法和变动成本法编制的利润表分别见表3.5和表3.6。

通过表3.5和表3.6的对比分析,我们可以看出,两种成本计算方法在编制损益表方面有如下区别。

（一）成本分类与排列方式不同

按完全成本法编制的利润表称"职能式"利润表,成本按职能分类,排列方式为:销售收入－销售成本＝销售毛利;销售毛利－销售及管理费用＝税前利润。按变动成本法编制的利润表称"贡献式"利润表,成本按成本性态分类,排列方式为:销售收入－变动性成本＝贡献毛益;贡献毛益－固定性成本＝税前利润。

(二)对固定性制造费用的处理方式不同

按完全成本法编制的职能式利润表,固定性制造费用全部被吸收到产品生产成本中去;而按变动成本法编制的贡献式利润表中,固定性制造费用作为期间成本,从销售收入中全部扣减。

(三)计算出的税前利润不同

本例中,按完全成本法编制的职能式利润表计算的税前利润为 800 000 元,而按变动成本法编制的贡献式利润表计算的税前利润为 680 000 元。两者相差 120 000 元。

表 3.5 大华公司职能式利润表
(按完全成本计算) 单位:元

销售收入	4 000 000
减:销售成本	
期初存货	0
本期生产产品成本	2 640 000
可供销售产品成本	2 640 000
期末存货	440 000
销售成本	2 200 000
销售毛利	1 800 000
减:销售及管理费用	
变动性销售及管理费用	400 000
固定性销售及管理费用	600 000
销售及管理费用合计	1 000 000
税前利润	800 000

表 3.6 大华公司贡献式利润表
(按变动成本法编制) 单位:元

销售收入	4 000 000
减:变动性成本	
变动性制造费用	1 600 000
变动性销售及管理费用	400 000
变动性成本合计	2 000 000
贡献毛益	2 000 000
减:固定性成本	
固定性制造费用	720 000
固定性销售及管理费用	600 000
固定性成本合计	1 320 000
税前利润	680 000

形成差异的原因,在于对固定性制造费用的处理不同。按照变动成本法,本期发生的固定性制造费用720 000元不计入产品生产成本,而是作为期间成本全部从当期的销售收入中扣减;按照完全成本法,本期发生固定性制造费用720 000元均计入产品生产成本,由240 000件产品分摊,每件产品分摊3元,期末有40 000件产品未销售,因而这40 000件产品吸收了固定性制造费用120 000(40 000×3)元,随着期末存货转至下一会计期间,这样,本期就少扣除120 000元,从而使税前利润多了120 000元。

二、两种成本计算方法对分期损益影响的规律

变动成本法与完全成本法由于对固定成本的处理不同,所计算出的税前利润也不一样。但如果企业所生产的产品全部完工并销售,没有产成品期末存货,则两种方法计算的税前利润仍然一致,因为当期的固定成本不管计入产品成本还是列作期间固定成本,最后都全部计入当期的损益。然而对于大部分制造企业来说,这种情况几乎是不可能的。下面根据不同产量、销量关系来说明两种成本计算法对分期损益影响的规律。

(一)各年产量稳定、销量变动情况下,成本计算方法对税前利润的影响

例如,大华公司仅生产一种产品,2001年开始生产,2001~2004年的产销情况见表3.7。

表3.7 产销情况表

(2001~2004年)

单位:元

项目	第1年	第2年	第3年	第4年
1. 销售量/件	200 000	240 000	280 000	240 000
单价/(元·件$^{-1}$)	20	20	20	20
销售收入	4 000 000	4 800 000	5 600 000	4 800 000
2. 制造成本数据				
生产耗用的原材料	1 200 000	1 200 000	1 200 000	1 200 000
生产耗用的人工	480 000	480 000	480 000	480 000
发生的变动性制造费用	240 000	240 000	240 000	240 000
期间的固定性制造费用	720 000	720 000	720 000	720 000
合计	2 640 000	2 640 000	2 640 000	2 640 000
产量/件	240 000	240 000	240 000	240 000
3. 销售及管理费用				
变动性销售费用	400 000	480 000	560 000	480 000
固定性销售及管理费用	600 000	600 000	600 000	600 000
4. 期末库存/件	40 000	40 000		

假设大华公司的存货计价采用先进先出法。根据上述资料,按完全成本法和变动成本法编制的利润表见表3.8和表3.9。

表3.8 大华公司利润表
（完全成本法）
单位：元

项目	第1年	第2年	第3年	第4年
销售收入	4 000 000	4 800 000	5 600 000	4 800 000
减：销售成本				
期初存货	—	440 000	440 000	—
本期生产产品成本	2 640 000	2 640 000	2 640 000	2 640 000
可供销售产品成本	2 640 000	3 080 000	3 080 000	2 640 000
期末存货	440 000	440 000	—	—
销售成本	2 200 000	2 640 000	3 080 000	2 640 000
销售毛利	1 800 000	2 160 000	2 520 000	2 160 000
减：销售及管理费用				
变动部分	400 000	480 000	560 000	480 000
固定部分	600 000	600 000	600 000	600 000
销售及管理费用合计	1 000 000	1 080 000	1 160 000	1 080 000
税前利润	800 000	1 080 000	1 360 000	1 080 000

表3.9 大华公司利润表
（变动成本法）
单位：元

项目	第1年	第2年	第3年	第4年
销售收入	4 000 000	4 800 000	5 600 000	4 800 000
减：变动性成本				
变动性制造费用	1 600 000	1 920 000	2 240 000	1 920 000
变动性销售管理费用	400 000	480 000	560 000	480 000
变动性成本合计	2 000 000	2 400 000	2 800 000	2 400 000
贡献毛益	2 000 000	2 400 000	2 800 000	2 400 000
减：固定性成本				
固定性制造费用	720 000	720 000	720 000	720 000
固定性销售管理费用	600 000	600 000	600 000	600 000
固定性成本合计	1 320 000	1 320 000	1 320 000	1 320 000
税前利润	680 000	1 080 000	1 480 000	1 080 000

比较上述两种利润表可以看出，在产量稳定的情况下，两种成本计算方法对税前利润计算的影响规律如下：

（1）如果期末存货大于期初存货，即产大于销时，按变动成本法计算的税前利润小于按完全成本法计算的税前利润。这是因为一部分固定性制造费用随着存货的转移而被转入下期，其差额等于单位固定性制造费用乘上期末存货比期初存货增加的数量。在本例中第1年税前利润差额为120 000元就等于单位固定性制造费用3（720 000/240 000）元乘上期末存货的增加量 40 000 件。

(2) 如果期末存货等于期初存货,即产销平衡时,则两种成本计算方法计算的税前利润相等。例如本例中第 2、第 4 年两种计算方法的税前利润相等,这是因为在产量稳定和成本消耗水平不变的情况下,各年按完全成本法计算的单位产品成本是相等的。这样,当期末存货与期初存货相等时,期末与期初存货中包括的固定性制造费用也相等,所以在完全成本计算法下,当年发生的固定性制造费用也全部在当年的销售收入中扣除,其利润也就和按变动成本法计算的税前利润相同。

(3) 如果期末存货小于期初存货,即销量大于产量时,按变动成本法计算的税前利润大于按完全成本法计算的税前利润。这是因为变动成本法仅承担本年发生的固定性制造费用,而完全成本法除了承担本年的固定性制造费用外,还需承担以前年度的固定性制造费用,这部分固定性制造费用就是期末存货比期初存货的减少数乘上单位固定性制造费用。例如本例中的第 3 年,变动成本法比完全成本法计算的税前利润多 120 000(1 480 000 − 1 360 000)元,就是因为在完全成本法下,期末存货减少了 40 000 件,每件产品的单位固定性制造费用为 3 元,说明第 3 年完全成本法承担的固定性制造费用比变动成本法多 120 000 元,所以税前利润减少 120 000 元。

(二) 在各年销售量稳定、产量变动的情况下,两种成本计算方法对税前利润的影响

这种情况的特点是:销售量稳定意味着各年的销售收入相同;产量变动则意味着在完全成本法下各年的单位成本不同。因固定性制造费用总额相等,而产量不同,单位固定性制造费用就不同。现举例说明。

例如,假设大华公司仅生产一种产品,有关数据见表 3.10。

表 3.10 成本资料表

单位:元

项目	第 1 年	第 2 年	第 3 年	第 4 年
1. 销售量/件	240 000	240 000	240 000	240 000
单价/(元·件$^{-1}$)	20	20	20	20
销售收入	4 800 000	4 800 000	4 800 000	4 800 000
2. 制造成本数据				
生产耗用的原材料	1 400 000	1 200 000	1 000 000	1 200 000
生产耗用的人工	560 000	480 000	400 000	480 000
发生的变动性制造费用	280 000	240 000	200 000	240 000
期间的固定性制造费用	720 000	720 000	720 000	720 000
合计	2 960 000	2 640 000	2 320 000	2 640 000
产量/件	280 000	240 000	200 000	240 000
3. 销售及管理费用				
变动性销售及管理费用	480 000	480 000	480 000	480 000
固定性销售及管理费用	600 000	600 000	600 000	600 000
4. 期末库存/件	40 000	40 000	—	—

假设该公司2001年开始投产,企业的存货计价采用先进先出法。以完全成本法和变动成本法为基础确定的分期损益见表3.11和表3.12。

表3.11 大华公司利润表
（完全成本法）
单位:元

项目	第1年	第2年	第3年	第4年
销售收入	4 800 000	4 800 000	4 800 000	4 800 000
减:销售成本				
期初存货	—	422 856	440 000	—
本期生产产品成本	2 960 000	2 640 000	2 320 000	2 640 000
可供销售产品成本	2 960 000	3 062 856	2 760 000	2 640 000
期末存货	422 856	440 000	—	—
销售成本	2 537 144	2 622 856	2 760 000	2 640 000
销售毛利	2 262 856	2 177 144	2 040 000	2 160 000
减:销售管理费用				
变动部分	480 000	480 000	480 000	480 000
固定部分	600 000	600 000	600 000	600 000
销售及管理费用合计	1 080 000	1 080 000	1 080 000	1 080 000
税前利润	1 182 856	1 097 144	960 000	1 080 000

表3.12 大华公司利润表
（变动成本法）
单位:元

项目	第1年	第2年	第3年	第4年
销售收入	4 800 000	4 800 000	5 600 000	4 800 000
减:变动性成本				
变动性制造费用	1 920 000	1 920 000	1 920 000	1 920 000
变动性销售管理费用	480 000	480 000	480 000	480 000
变动性成本合计	2 400 000	2 400 000	2 400 000	2 400 000
贡献毛益	2 400 000	2 400 000	2 400 000	2 400 000
减:固定性成本				
固定性制造费用	720 000	720 000	720 000	720 000
固定性销售管理费用	600 000	600 000	600 000	600 000
固定性成本合计	1 320 000	1 320 000	1 320 000	1 320 000
税前利润	1 080 000	1 080 000	1 080 000	1 080 000

比较上述的两张利润表,在产量变动、销售量稳定的情况下,两种成本计算方法对分期

损益的确定具有以下特点：

（1）采用变动成本法计算的各期税前利润是一定的，例如，本例均为1 080 000元，这是因为每年的销售量、销售收入相同，而且每年的成本费用水平都一致，所以税前利润都相同。

（2）前述在生产稳定、销售量变动的情况下变动成本法和完全成本法对税前利润影响的3条规律基本适用，但不完全一致。这是因为在完全成本法下，各年的产量发生变动后，单位产品分摊的固定性制造费用就不相同，这样即使期初期末存货数量相同，但存货的成本就不完全相同，如本例中的第2年，虽然期初期末存货数量都是40 000件，但期初存货的单位成本为10.571 4(2 960 000/280 000)元，而期末存货的单位成本为11.00(2 640 000/240 000)元，所以两种成本计算方法确定的税前利润不一致。其差额就等于期末期初单位成本的差额乘上存货数量，如本例中两种计算方法确定的税前利润差额为17 144元，就等于0.428 6(11.00－10.571 4)元乘上存货数量40 000件计算而得。除此之外，当期末存货大于期初存货和期末存货小于期初存货时，两种成本计算方法对税前利润的影响规律仍适用。

三、两种成本计算方法下税前利润的调整

从上述分析可知，两种成本计算方法对税前利润的计算过程及结果不一定相同，产生差异的原因在于对固定性制造费用的处理不同。

在企业存货计价采用"先进先出法"的情况下按完全成本法计算某一会计期间税前利润时，如果期初有存货，本期销售产品就会吸收期初存货所带来的上期固定性制造费用，从而冲减本期的销售收入，减少本期税前利润；如果期末有存货，则期末存货分摊的固定性制造费用随着存货结转到下期，本期销售收入中减少了这部分固定性制造费用，从而增加了本期的税前利润。因此，将变动成本法下的税前利润调整为完全成本法下的税前利润的步骤如下：

变动成本法下的税前利润
加：期末存货中的固定性制造费用
<u>减：期初存货中的固定性制造费用</u>
完全成本法下的税前利润

即完全成本法下的税前利润与变动成本法下的税前利润相比较，有如下差额：

差额＝期末存货量×期末单位存货固定性制造费用－期初存货量×期初单位存货固定性制造费用

完全成本法下的利润＝变动成本法下的利润＋差额

根据上面所介绍的调整步骤，现将各年产量稳定、销量变动情况下，根据变动成本法计算的税前利润调整为完全成本法下编制的贡献式利润表中的税前利润，其过程见表3.13。

由表3.13看出：可以根据期初存货与期末存货中所包含的固定性制造费用的金额变动归纳如下规律：

（1）若本期生产量＝本期销售量，且期初存货为零，则两种成本法下的税前利润必然相等。

（2）若本期生产量＞本期销售量，则按全部成本法计算的税前利润大于按变动成本法

计算的税前利润,其差额=期末存货量×期末单位固定性制造费用-期初存货量×期初单位固定性制造费用。

(3)若本期生产量<本期销售量,则按全部成本法计算的税前利润小于按变动成本法计算的税前利润,其差额=期初存货量×期初单位固定性制造费用-期末存货量×期末单位固定性制造费用。

表3.13　变动成本法与完全成本法税前利润调整表

单位:元

项目	第1年	第2年	第3年	第4年
按变动成本法计算的税前利润	680 000	1 080 000	1 480 000	1 080 000
加:期末存货的固定性制造费用	3×40 000=120 000	3×40 000=120 000	0	0
减:期初存货的固定性制造费用	0	3×40 000=120 000	3×40 000=120 000	0
按全部成本法计算的税前利润	800 000	1 080 000	1 360 000	1 080 000

第三节　对两种成本计算方法的评价

一、对完全成本法的评价

(一)完全成本法的优点

完全成本法符合人们对产品成本的传统看法,产品成本"是为了获得某些产品或劳务而做出的一切牺牲",因此,不论是变动成本还是固定成本,都是产品生产过程中所必须耗费的支出,故都应作为产品成本的构成要素。

按完全成本法计算产品成本,其中的固定性制造费用在相关范围内是一个定数,只要增加产量,单位产品分摊的固定性制造费用必然减少,从而使单位产品成本降低。这成为完全成本法的一大特点。

(二)完全成本法的缺点

(1)用完全成本法编制的利润表,所得到的税前利润,有时候会出现令人不可思议的结果。例如当固定成本、单位变动成本、产品售价均不变的条件下,会出现产品销售量不变化,企业利润反而变化的奇怪现象。如表3.11,每年的销售量、销售收入都是一样的,但由于第1年年产量较大,单位产品分摊的固定性制造费用较低,相应地,期间利润较高;而第3年的情况正好相反;第2年和第4年虽然实现了当年的产销平衡,但由于期初存货的影响而导致了期间利润的不一致。上述情况令人费解。事实上,利润的实现必须通过销售,应该是利润与销售同方向变化。但是,上述事实,却表明产量大、利润大。这样会给企业错误的导向,使企业盲目扩大生产,不重视销售。

(2)按完全成本法必然有固定性制造费用的分摊工作,这一工作量大,且分摊时有主观随意性。

(3)完全成本法所提供的信息,不能满足企业预测、决策的需要,不利于企业优化管理。

它体现不出企业成本、业务量、利润之间的数量关系。

二、对变动成本法的评价

（一）变动成本法的优点

（1）变动成本法揭示了企业成本、业务量、利润三者之间的关系，能为企业优化管理提供重要的信息。

（2）变动成本法符合会计公认的配比原则（费用与收益相配合），其制造费用是维持本期生产能力的费用，所以，它不应计入产品生产成本中，随着存货发生递延，而应作为期间成本。这与"权责发生制"原则是相吻合的。

（3）实现了利润与销售的同方向变化，引导企业重视销售。

（4）变动成本法提供的信息，便于成本控制与业绩评价。

（5）变动成本法省去了固定性制造费用的分摊工作，减少了工作量。

（二）变动成本法的缺点

（1）变动成本法要求把混合成本进行分解，实际工作中，这种分解有一定的假定性，有时候很难分清它是固定成本或变动成本。所以，分解后的固定成本与变动成本并不都十分准确。

（2）按变动成本法编制利润表，当期末存货增加时，会使企业的税前利润减少，直接影响各有关方面的经济利益，投资者、政府、税务部门等均不赞同。因此，它只能作为内部管理应用。

（3）变动成本法所提供的信息只能用于企业短期决策，不能用于长期决策。因为从长期来看，由于产品结构的调整，技术的发展以及经营方针的改变，固定成本不可能长期保持稳定，单位变动成本及售价在较长时期也会发生变动。因此，变动成本法提供的信息只能满足现有经营条件不变的短期决策。

（4）变动成本法的计算不符合传统成本概念。传统的成本被喻为获得商品或劳务的一切牺牲，这种牺牲包括变动成本又包括固定成本，它们都必须从销售收入中得到补偿，而变动成本法不包括固定成本。因此，不能全面反映产品生产的全部消耗，也就不能用它作为定价决策的依据。

第四章 本量利分析

第一节 本量利分析的基本模型

一、本量利分析的基本公式

如果我们把成本、业务量和利润三者之间的依存关系用方程式来描述,那就是本量利分析的基本公式,即

销售收入总额 −(变动成本总额 + 固定成本总额)= 利润

或

销售单价 × 销售量 −(单位变动成本 × 销售量 + 固定成本总额)= 利润

现用符号表示上述方程式,则为

$$pQ-(a+bQ)=P$$

设 p——销售单价;

Q——销售量;

a——固定成本总额;

b——单位变动成本;

P——利润。

例如,大华公司产销一种产品,2004 年度计划销售 100 000 件,售价为 20 元。该公司的费用预算见表 4.1(假设产销量一致)。

表 4.1 费用预算表
(2004 年)

	单位成本/(元·件$^{-1}$)	总金额/元
制造成本		
原材料	5	500 000
直接人工	2	200 000
变动性制造费用	2	200 000
固定性制造费用		600 000
合计		1 500 000
销售费用		
变动性销售费用	1	100 000
固定性销售费用		25 000

续表4.1

	单位成本/(元·件$^{-1}$)	总金额/元
合计		125 000
管理费用		
变动性管理费用	0.5	50 000
固定性管理费用		80 000
合计		130 000
费用合计		1 755 000

求大华公司2004年度的预计销售利润。

根据表4.1的资料,可求得:

变动成本总额$(bQ) = 500\,000 + 200\,000 + 200\,000 + 100\,000 + 50\,000 = 1\,050\,000$(元)

固定成本总额$(a) = 600\,000 + 25\,000 + 80\,000 = 705\,000$(元)

单位变动成本$(b) = 5 + 2 + 2 + 1 + 0.5 = 10.5$(元/件)

则　　　$P = pQ - bQ - a = 20 \times 100\,000 - 1\,050\,000 - 705\,000 = 245\,000$(元)

或　　　$P = 20 \times 100\,000 - 10.5 \times 100\,000 - 705\,000 = 245\,000$(元)

在上述本量利分析的基本公式中,涉及五个因素,即p、a、b、Q、P,并将P放在等式右边,这种形式有利于确定计划期的预计利润。若待求的数值是利润(P)以外的其他变量,则可通过移项,把待求变量放在等号左边,其他参数放在右边,从而就形成如下本量利分析基本公式的四个变型方程式:

$$\text{预计销售单价} = \frac{\text{固定成本总额} + (\text{单位变动成本总额} \times \text{销售量}) + \text{预计利润}}{\text{销售量}}$$

即

$$p = \frac{a + bQ + P}{Q}$$

$$\text{预计单位变动成本} = \frac{(\text{销售单价} \times \text{销售量}) - \text{固定成本总额} - \text{预计利润}}{\text{销售量}}$$

即

$$b = \frac{pQ - a - P}{Q}$$

或

预计固定成本总额 = (销售单价 × 销售量) − (单位变动成本 × 销售量) − 预计利润

即

$$a = pQ - bQ - P$$

或

$$\text{预计销售量} = \frac{\text{固定成本总额} + \text{预计利润}}{\text{销售单价} - \text{单位变动成本}}$$

即

$$Q = \frac{a + P}{p - b}$$

二、贡献毛益

成本性态分析是管理会计的基础。与成本性态分析相联系的一个重要概念——贡献毛益,是管理会计中常用的重要指标。贡献毛益通常有两种表现形式:单位贡献毛益和贡献毛益总额。

（一）单位贡献毛益

单位贡献毛益是指某产品在现有销量的基础上，再多销一个单位产品所得到的追加的利润。其计算公式为

$$单位贡献毛益 = 销售单价 - 单位变动成本$$

即

$$m = p - b$$

式中　m——单位贡献毛益；
　　　p——销售单价；
　　　b——单位变动成本。

例如，根据表 4.1 中的资料，计算大华公司该产品的单位贡献毛益为

$$m = p - b = 20 - 10.5 = 9.5(元)$$

（二）贡献毛益总额

贡献毛益总额是在现有的销量的基础上，再多销 Q 个产品所得到的追加利润，也即销售收入总额减去变动成本总额后的余额，其计算公式为

$$贡献毛益总额 = 销售收入总额 - 变动成本总额$$

$$M = pQ - bQ = (p - b)Q$$

式中　M——贡献毛益总额。

例如，根据表 4.1 中的资料，大华公司贡献毛益总额可计算为：

销售收入（20×100 000）	2 000 000
减：变动成本总额	
变动性制造费用（500 000 + 200 000 + 200 000）	900 000
变动性销售费用	100 000
变动性管理费用	50 000
贡献毛益总额	950 000

即

$$M = (p - b) \times Q = (20 - 10.5) \times 100\ 000 = 950\ 000(元)$$

从本量利计算公式 $P = pQ - bQ - a = M - a$ 可以看出，贡献毛益首先要补偿固定成本，如果 $M > a$，即贡献毛益补偿固定成本之后还有剩余，才能为企业提供利润，如果 $M < a$，即贡献毛益不足补偿固定成本，那么企业就会发生亏损，因此贡献毛益是补偿固定成本能力大小的度量。

由于固定成本 a 在相关范围内为常数，显然，M 越大，$M - a$ 越大，即 P 越大；反之，M 越小，$M - a$ 越小，P 越小，因此，贡献毛益是反映为企业获利所做贡献大小的度量指标。

（三）贡献毛益率

单位贡献毛益、贡献毛益总额都是以绝对值的形式表示的，我们还可以选择以相对值指标来表示，即贡献毛益率。

贡献毛益率是指单位贡献毛益与销售单价的比率，或贡献毛益总额与销售收入总额的比率。其计算公式为

$$贡献毛益率 = \frac{单位贡献毛益}{单位产品售价}, 即\ mR = \frac{m}{p}$$

或

$$贡献毛益率 = \frac{贡献毛益总额}{销售收入总额}, 即\ mR = \frac{M}{S}$$

式中　mR——贡献毛益率；

　　　S——销售额。

例如,根据表 4.1 中的资料,大华公司的贡献毛益率可计算如下：

$$mR = \frac{m}{p} = \frac{20 - 10.5}{20} \times 100\% = 47.5\%$$

或

$$mR = \frac{M}{S} = \frac{950\,000}{2\,000\,000} \times 100\% = 47.5\%$$

若企业同时产销多种产品,由于各种产品的价格和单位变动成本不同,每一种产品的贡献毛益也往往不同,则综合贡献毛益率 $\overline{mR}$ 为

$$\overline{mR} = \frac{\sum M_i}{\sum S_i}$$

即综合贡献毛益率是各种产品贡献毛益总额合计与各种产品销售收入合计的比值。它反映企业在产销多种产品的情况下,其销售收入获利能力或补偿固定成本的平均能力。

企业综合贡献毛益率也可以用每一种产品各自贡献毛益率进行加权平均计算,销售比重作为权数。计算公式为

$$\overline{mR} = \sum (mR_i \times 销售比重_i)$$

贡献毛益率是以相对数的形式反映一个企业或一种产品的盈利能力的。贡献毛益率越高,盈利能力越大；贡献毛益率越低,盈利能力越小。

(四)变动成本率

变动成本率是以单位变动成本除以销售单价的比值,或以变动成本总额除以销售收入总额的比值。其计算公式为

$$变动成本率 = \frac{单位变动成本}{单位产品售价}, 即\ bR = \frac{b}{p}$$

或

$$变动成本率 = \frac{变动成本总额}{销售收入总额}, 即\ bR = \frac{V}{S}$$

式中　bR——变动成本率；

　　　V——变动成本总额。

若企业同时产销多种产品,则综合变动成本率为

$$\overline{bR} = \frac{\sum V_i}{\sum S_i}$$

即综合变动成本率是各种产品变动成本合计与各种产品销售收入合计的比率。

例如,根据表 4.1 中的资料,大华公司该产品的变动成本率为

$$bR = \frac{b}{p} = \frac{10.5}{20} \times 100\% = 52.5\%$$

(五)贡献毛益率与变动成本率的关系

就某一种产品而言,贡献毛益率与变动成本率存在如下关系:

$$mR = \frac{m}{p} = \frac{p-b}{p} = 1 - \frac{b}{p} = 1 - bR$$

即
$$mR + bR = 1$$

就企业的全部产品而言,两者存在如下关系:

$$\overline{mR} = \frac{\sum M}{\sum S} = \frac{\sum(S-V)}{\sum S} = 1 - \overline{bR}$$

即
$$\overline{mR} + \overline{bR} = 1$$

可见,每一种产品的贡献毛益率与其变动成本率之和为1。企业的综合贡献毛益率与综合变动成本率之和为1。凡变动成本率低的企业,则贡献毛益率高,创利能力强;凡变动成本率高的企业,则贡献毛益率低,创利能力弱。

例如,胜利公司2004年生产A、B、C三种产品,其有关资料见表4.2。

表4.2 产销资料表

(2004年)

产品名称 项目名称	A	B	C
产销量	20 000	16 000	24 000
销售单价/(元·件$^{-1}$)	10	13	12
单位变动成本/(元·件$^{-1}$)	8	11	9
固定成本总额/元	60 000		

试计算企业综合贡献毛益率及综合变动成本率。

(1)计算企业销售总额:

$$S_A = 10 \times 20\,000 = 200\,000(元)$$
$$S_B = 13 \times 16\,000 = 208\,000(元)$$
$$S_C = 12 \times 24\,000 = 288\,000(元)$$
$$\Delta S = 200\,000 + 208\,000 + 288\,000 = 696\,000(元)$$

(2)计算企业贡献毛益总额:

$$M_A = (10-8) \times 20\,000 = 40\,000(元)$$
$$M_B = (13-11) \times 16\,000 = 32\,000(元)$$
$$M_C = (12-9) \times 24\,000 = 72\,000(元)$$
$$\Delta M = 40\,000 + 32\,000 + 72\,000 = 144\,000(元)$$

(3)计算企业的变动成本总额:

$$V_A = 8 \times 20\,000 = 160\,000(元)$$
$$V_B = 11 \times 16\,000 = 176\,000(元)$$
$$V_C = 9 \times 24\,000 = 216\,000(元)$$
$$\Delta V = 160\,000 + 176\,000 + 216\,000 = 552\,000(元)$$

(4)企业的综合贡献毛益率和变动成本率分别为

$$\overline{mR} = \frac{\sum M}{\sum S} = \frac{144\,000}{696\,000} \times 100\% = 20.7\%$$

$$\overline{bR} = \frac{\sum V}{\sum S} = \frac{552\,000}{696\,000} \times 100\% = 79.3\%$$

可见
$$\overline{mR} + \overline{bR} = 20.7\% + 79.3\% = 100\%$$

(六)经营杠杆

1. 经营杠杆的概念

在其他条件不变的情况下,产销量的增加虽然一般不会改变固定成本总额,但会降低单位固定成本,从而提高单位利润,使息税前利润的增长率大于产销量的增长率;反之,产销量的减少会提高单位固定成本,降低单位利润,使利润下降率也大于产销量下降率。如果不存在固定成本,所有成本都是变动的,那么贡献毛益就是息税前利润,这时利润变动率就同产销量变动率完全一致。在某一固定成本比重下,销售量变动对利润产生的作用,称为经营杠杆。

产销量的变动必然引起贡献毛益的变动,而且两者的变动率是一致的。这一点由下式可以证明:

$$M = (p - b) \cdot Q$$

式中 M——贡献毛益总额;

p——单价;

b——单位变动成本;

Q——产销量。

上式两端同时乘以一个常数,其恒等式关系不变。因此,在单价和单位变动成本不变的条件下,产销量和贡献毛益的变动率相等。

产销量的变动同时会引起利润的变动,但是,由于固定成本的存在,产量的变动率与利润变动率不相等,后者大于前者。

除非固定成本是零或业务量无穷大,否则,利润的变动率总是大于贡献毛益的变动率,而贡献毛益的变动率与产销量变动率相等,因此,利润变动率大于产销量变动率。

2. 经营杠杆的计量

从上述情况可知,只要企业存在固定成本,就存在经营杠杆的作用。但不同企业,经营杠杆作用的程度是不完全一致的,为此,需要对经营杠杆进行计量。对经营杠杆进行计量的最常用指标是经营杠杆系数或经营杠杆度。所谓经营杠杆系数,是指利润变动率相当于产销量变动率的倍数。其计算公式为

$$经营杠杆系数 = \frac{利润变动率}{产销量变动率}$$

或

$$DOL = \frac{\frac{\Delta P}{P}}{\frac{\Delta S}{S}}$$

式中 DOL——经营杠杆系数；
  P——变动前的利润；
  ΔP——利润的变动额；
  S——变动前的产销量；
  ΔS——产销量的变动额。

例如，北方公司有关资料见表4.3，试计算该企业的经营杠杆系数。

表 4.3 北方公司资料表

单位：元

项目	产销量变动前	产销量变动后	变动额	变动率/%
销售额	10 000	12 000	2 000	20
变动成本	6 000	7 200	1 200	20
贡献毛益	4 000	4 800	800	20
固定成本	2 000	2 000	—	—
息税前利润	2 000	2 800	800	40

注：假设产销量一致

根据上述公式得

$$DOL = \frac{\frac{\Delta P}{P}}{\frac{\Delta S}{S}} = \frac{\frac{800}{2\,000}}{\frac{2\,000}{10\,000}} = \frac{40\%}{20\%} = 2$$

上述公式是计算经营杠杆系数的常用公式，但利用该公式，必须根据变动前和变动后的有关资料才能进行计算，而不能仅仅根据基期资料计算。为此，我们根据上述公式推导出用基期资料计算经营杠杆系数的公式。

因为产销量变动率与贡献毛益变动率一致，所以，变动后的贡献毛益为

$$M + M \cdot \frac{\Delta S}{S}$$

则

$$DOL = \frac{\frac{\Delta P}{P}}{\frac{\Delta S}{S}} = \frac{\Delta P}{\frac{\Delta S}{S} \cdot P} = \frac{(M + M \cdot \frac{\Delta S}{S} - a) - (M - a)}{\frac{\Delta S}{S} \cdot P} = \frac{M \cdot \frac{\Delta S}{S}}{\frac{\Delta S}{S} \cdot P} = \frac{M}{P}$$

于是得到下列公式：

$$综合杠杆系数 = \frac{基期贡献毛益}{基期利润}$$

将表 4.3 资料代入得

$$DOL = \frac{4\,000}{2\,000} = 2$$

3. 经营杠杆与经营风险

引起企业经营风险的主要原因,是市场需求和成本等因素的不确定性,经营杠杆本身并不是利润不稳定的根源。但是,产销量增加时,利润将以 DOL 的倍数的幅度增加;而产销量减少时,利润又将以 DOL 的倍数的幅度减少。可见,经营杠杆扩大了市场和生产等不确定因素对利润变动的影响。而且经营杠杆系数越高,利润变动越激烈,企业的经营风险就越大。于是,企业经营风险的大小和经营杠杆有重要关系。一般来说,在其他因素不变的情况下,固定成本越高,经营杠杆系数越大,经营风险越大。由经营杠杆的计算公式可知:

$$DOL = \frac{M}{P}$$

因为
$$P = M - a$$

所以
$$DOL = \frac{M}{M - a}$$

上式表明,DOL 将随 a 的变化呈同方向变化,即在其他因素一定的情况下,固定成本越高,DOL 越大。同理,固定成本越高,企业经营风险也就越大。

第二节 盈亏平衡点分析

一、盈亏平衡点的含义

了解了单位贡献毛益、贡献毛益和贡献毛益率等基本概念后,我们就可以测算企业需要达到什么样的业务量水平才可以补偿企业的所有成本——正好够本,即盈亏相抵。这就是盈亏平衡点分析,它是本量利分析的特例。

(一)盈亏平衡点

根据变动成本计算和本量利分析,我们知道企业的利润可以通过下列公式确定:

$$P = pQ - bQ - a$$

其中 $pQ - bQ$ 为总的贡献毛益。企业的贡献毛益首先要用来补偿特定期间发生的固定成本,补偿后还有剩余才成为企业的经营利润;补偿不足,就会发生亏损。

盈亏平衡点又叫保本点,就是企业贡献毛益刚好等于固定成本,企业处于不盈不亏的状态时的业务量或业务额。企业的业务量如果低于该点,就发生亏损;如果高于该点,则取得盈利。

根据盈亏平衡点的定义,可以推导出如下等式:

$$pQ_0 - bQ_0 - a = 0$$

或
$$Q_0 = \frac{a}{p - b} = \frac{a}{m}$$

其中,Q_0 表示保本点。可以采用如下两种表示方式:

1. 按实物单位计算

如前所述,$p - b$ 就是单位产品的贡献毛益 m,因此

$$\text{盈亏平衡点的销售量}(Q_0)(\text{实物单位}) = \frac{\text{固定成本}}{\text{单位贡献毛益}} = \frac{a}{p-b} = \frac{a}{m}$$

2. 按金额计算

如前所述,单位贡献毛益 m 与单位销售价格 p 的比率为贡献毛益率 mR,因此

$$\text{盈亏平衡点的销售量}(S_0)(\text{金额表示}) = \frac{\text{固定成本}}{\text{贡献毛益率}} = \frac{a}{mR}$$

例如,根据表 4.1 中的资料,大华公司该产品的盈亏平衡销售量和盈亏平衡销售额分别为

$$\text{盈亏平衡点销售量}(Q_0) = \frac{705\ 000}{20 - 10.5} = 74\ 211(\text{件})$$

$$\text{盈亏平衡点销售额}(S_0) = \frac{705\ 000}{47.5\%} = 1\ 484\ 211(\text{元})$$

(二) 盈亏平衡点作业率

盈亏平衡点作业率就是以盈亏平衡点的业务量除以企业正常开工完成的业务量。该指标说明企业要实现盈利所要求的最低作业水平。其计算公式为

$$\text{盈亏平衡点作业率} = \frac{\text{盈亏平衡的业务量}}{\text{正常开工的业务量}}$$

例如,假定大华公司正常开工所完成的产销量就是 100 000 件,那么该公司盈亏平衡点的作业率为

$$\text{盈亏平衡点作业率} = \frac{74\ 211}{100\ 000} \times 100\% = 74.2\%$$

这就是说,当企业的开工作业率低于 74.2% 时,企业发生亏损,只有在开工作业率高于 74.2% 时才有盈利。

(三) 安全边际与安全边际率

1. 安全边际

安全边际是指盈亏平衡点销售量与预计业务量之间的差额。其具体的经济含义是指现有的业务量再降低多少企业将从盈利状态转入亏损状态。与盈亏平衡点一样,安全边际业务量也有实物单位和金额两种表示方式。其计算公式为

$$\text{安全边际量} = \text{预计业务量} - \text{盈亏平衡点业务量} = Q - Q_0$$

$$\text{安全边际额} = \text{预计销售额} - \text{盈亏平衡点销售额} = S - S_0$$

例如,根据表 4.1 中的资料,大华公司该种产品的安全边际业务量可计算为

$$\text{安全边际业务量}(\text{实物单位}) = 100\ 000 - 74\ 211 = 25\ 789(\text{件})$$

$$\text{安全边际业务量}(\text{金额表示}) = 100\ 000 \times 20 - 1\ 484\ 211 = 515\ 789(\text{元})$$

2. 安全边际率

安全边际更常见的做法是以相对指标——安全边际率来表示。安全边际率是安全边际与实际业务量的比率。其计算公式为

$$\text{安全边际率} = \frac{\text{安全边际}}{\text{实际业务量}} \times 100\% = \frac{\text{实际业务量}(\text{额}) - \text{盈亏平衡点业务量}(\text{额})}{\text{实际业务量}(\text{额})} \times 100\%$$

或
$$B = \frac{Q - Q_0}{Q} \times 100\% = \frac{S - S_0}{S} \times 100\%$$

式中 B——安全边际率。

例如,根据表4.1中的资料,大华公司该产品的安全边际率可计算为

$$安全边际率 = \frac{20 \times 100\,000 - 1\,484\,211}{20 \times 100\,000} \times 100\% = 25.79\%$$

安全边际能反映企业经营的风险程度,安全边际越大(无论是绝对量或相对量)表示企业经营越安全,即企业获利的把握性越大;反之,企业的安全边际越小,则企业经营的风险越大,获利的把握性越小。如果实际业务量下降了,但只要还在安全边际内,企业仍然有利可图。西方国家的企业评价安全程度的一般标准见表4.4。

表4.4 企业安全程度评价表

安全边际率	10%以下	11%~20%	21%~30%	31%~40%	40%以上
安全程度	危险	值得注意	比较安全	安全	很安全

3. 销售利润率与安全边际率的关系

销售利润率与安全边际率存在如下关系:

$$销售利润率 = 安全边际率 \times 贡献毛益率$$

可推导如下:

$$销售利润率 = \frac{销售利润}{销售收入} =$$

$$\frac{(实际业务量 - 盈亏平衡点业务量) \times (单位产品价格 - 单位变动成本)}{实际业务量 \times 单位产品价格} =$$

$$\frac{实际业务量 - 盈亏平衡点业务量}{实际业务量} \times \frac{单位产品价格 - 单位变动成本}{单位产品价格} =$$

安全边际率 × 贡献毛益率

或

$$销售利润率 = \frac{P}{S} = \frac{(Q - Q_0) \times (p - b)}{Q \times P} = \frac{Q - Q_0}{Q} \times \frac{p - b}{p} = B \cdot mR$$

该公式的经济含义表明只有安全边际部分(即超过盈亏平衡点的业务量)的贡献毛益才成为企业的利润。

例如,根据前面的有关计算,大华公司该产品的销售利润率为12.25%(25.79% × 47.5%)。

二、盈亏平衡图

盈亏平衡点表达的是成本、业务量、利润之间的线性关系,因此,我们有可能利用坐标图将这种线性关系形象直观地表达出来,如图4.1所示。

绘制盈亏平衡图的程序是:先确定直角坐标系,横坐标代表销售量,纵坐标代表金额;然后,在这个坐标系中,绘制销售收入线和总成本线。由于产品销售单价总会大于产品单

位变动成本,所以,在这个坐标系中,必然销售收入线与总成本线有一个交点。这个交点的经济含义即表示收入等于成本,即"平衡点"的概念,记作 BE。该平衡点所对应的横坐标数值即为盈亏平衡销售量,该点所对应的纵坐标数值即为盈亏平衡销售额。

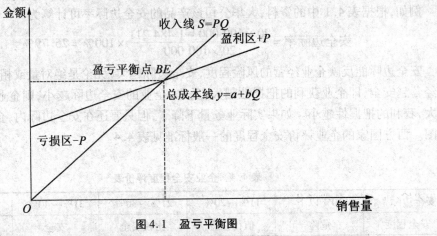

图 4.1　盈亏平衡图

从图 4.1 可以看出,盈亏平衡图不仅直观形象地反映了盈亏平衡点的数量,而且生动地反映了成本、销售量、利润三者数量之间的静态关系。平衡点 BE 将图分为上下两个三角区,上三角区称盈利区,下三角区称亏损区。显然,只有实际销售量大于盈亏平衡点销售量时,企业才能获得利润。于是从盈亏平衡图中得到启示,计算利润可用如下公式:

$$P = (Q - Q_0) \cdot m$$

或

$$P = (S - S_0) \cdot mR$$

对图 4.1 再进行深入研究,我们还能得到业务量、成本、利润三者数量之间的规律性动态关系,主要有以下几个方面:

(1)盈亏平衡点不变,业务量越大,实现的利润越多或亏损越少;业务量越少,实现的利润也越少或亏损越多。

(2)业务量不变,盈亏平衡点越高,能实现的利润越少;盈亏平衡点越低,实现的利润也越多。

(3)在销售收入确定的情况下,盈亏平衡点的高低取决于固定成本的高低和单位变动成本的大小。固定成本越高或单位产品的变动成本越高,盈亏平衡点就越高;固定成本越低,或单位产品的变动成本越低,盈亏平衡点就越低。

(4)在销售的总成本确定的情况下,盈亏平衡点的高低受单位产品售价的影响。售价越高,盈亏平衡点越低,利润越多;售价越低,盈亏平衡点越高,利润越少。

三、产销多种产品企业的盈亏平衡点分析

以上所讲的都是单一产品的盈亏平衡分析。若企业生产并销售多种产品时,其盈亏平衡的分析就不能用实物量表现,而只能用金额来反映,即只能计算它们的盈亏平衡点销售额。

关于多种产品的盈亏平衡点分析的方法主要有以下几种:

(一)主要产品法

企业生产销售多种产品,以其中最主要的拳头产品作代表,用它的盈亏平衡点近似作

为企业的盈亏平衡点。企业的最主要产品应该是贡献毛益率大而且销售比重也很大的产品。或者,各种产品的贡献毛益率十分接近,可以近似视为一种产品。用这种方法计算的企业盈亏平衡点会有误差,只要事前掌握误差的方向和大致幅度,主要产品法不失为一种简便方法。

(二) 分算法

先把企业的固定成本总额分配给各产品,其中专属固定成本有明确归属的直接分配,共同固定成本选择适当的标准进行分配,然后,对每个产品按单一产品计算盈亏平衡销售额,汇总后为企业的盈亏平衡点。这里对共同固定成本的分配无论用什么方法,都有一定的主观性,所以,此法也是一种近似计算法。固定成本所选择分配的标准不同,分配给产品的固定成本数额不同,计算出的销售额也就不同。

(三) 加权平均法

加权平均法计算盈亏平衡点是比较科学的方法,也是应用较为广泛的一种方法。其基本思路是先计算企业综合贡献毛益率,然后将单一产品盈亏平衡销售额计算公式加以扩展,从而计算出企业的综合盈亏平衡销售额,再按原销售比重,对综合盈亏平衡销售额进行分配,得到每种产品的盈亏平衡销售额、盈亏平衡销售量。这里,计算企业综合贡献毛益率是最关键的一步。综合贡献毛益率的计算方法有多种(已做过介绍),其中,有一种是加权平均计算的,故本方法称为加权平均法。

其主要计算公式为

$$各产品销售比重 = \frac{各产品销售额}{企业销售总额} \times 100\%$$

$$企业综合贡献毛益率 = \frac{企业贡献毛益总额}{企业销售总额} \times 100\% =$$

$$1 - 企业综合变动成本率 =$$

$$\sum 各产品贡献毛益率 \times 各产品销售比重$$

$$综合盈亏平衡销售额 = \frac{企业固定成本总额}{企业综合贡献毛益额} \times 100\%$$

例如,某企业计划期产销甲、乙、丙三种产品,固定成本总额21 600元,其他资料见表4.5。

表4.5 计划期企业资料

摘要	甲	乙	丙
产销量/件	1 000	2 000	2 500
单价/(元·件$^{-1}$)	50	15	8
单位变动成本/(元·件$^{-1}$)	40	9	6

试用加权平均法计算该企业计划期的综合盈亏平衡销售额及各产品的盈亏平衡销售额、盈亏平衡销售量。

首先,计算企业的综合贡献毛益率,整理资料见表4.6。

表4.6 资料整理表

单位:元

摘要	甲	乙	丙	合计
1.产销量/件	1 000	2 000	2 500	
2.单价/(元·件$^{-1}$)	50	15	8	
3.单位变动成本/(元·件$^{-1}$)	40	9	6	
4.销售额(1×2)	50 000	30 000	20 000	100 000
5.销售比重(4÷4合计)	50%	30%	20%	100%
6.单位贡献毛益(2-3)	10	6	2	
7.变动成本额(1×3)	40 000	18 000	15 000	73 000
8.贡献毛益率(6÷2)	20%	40%	25%	27%

$$\text{企业综合贡献毛益率}(\overline{mR}) = 1 - \frac{73\,000}{100\,000} = 0.27 = 27\%$$

或

$$\overline{mR} = 20\% \times 50\% + 40\% \times 30\% + 25\% \times 20\% = 27\%$$

$$\text{企业盈亏平衡销售额} = \frac{21\,600}{27\%} = 80\,000(\text{元})$$

其次,计算甲、乙、丙各产品的盈亏平衡销售额和销售量。

$$\text{甲产品盈亏平衡销售额} = 80\,000 \times 50\% = 40\,000(\text{元})$$

$$\text{盈亏平衡销售量} = \frac{40\,000}{50} = 800(\text{件})$$

$$\text{乙产品盈亏平衡销售额} = 80\,000 \times 30\% = 24\,000(\text{元})$$

$$\text{盈亏平衡销售量} = \frac{24\,000}{15} = 1\,600(\text{件})$$

$$\text{丙产品盈亏平衡销售额} = 80\,000 \times 20\% = 16\,000(\text{元})$$

$$\text{盈亏平衡销售量} = \frac{16\,000}{8} = 2\,000(\text{件})$$

(四)保本率法

保本率是指盈亏销售量(或销售额)占实际销售量(或实际销售额)的比率。倘若保本率已知,则实际销售量(或实际销售额)乘上保本率可得盈亏平衡点。这种方法的关键是计算保本率。因为预先盈亏平衡点未知,所以保本率的计算不能用它的定义式,而要用其他方法。保本率计算公式为

$$\text{保本率} = \frac{S_0}{S} = \frac{a}{M} = \frac{\text{固定成本总额}}{\text{贡献毛益总额}}$$

综合盈亏平衡销售额 = 企业销售总额 × 保本率

各产品盈亏平衡销售额 = 各产品销售额总额 × 保本率

例如,仍用表4.4中的资料,改用保本率法计算计划期企业的综合盈亏平衡销售额及各产品的盈亏平衡销售额。

$$保本率 = \frac{a}{M} = \frac{21\,600}{100\,000 - 73\,000} = \frac{21\,600}{27\,000} = 0.8$$

综合盈亏平衡销售额 = 100 000 × 0.8 = 80 000(元)
甲产品盈亏平衡销售额 = 50 000 × 0.8 = 40 000(元)
乙产品盈亏平衡销售额 = 30 000 × 0.8 = 24 000(元)
丙产品盈亏平衡销售额 = 20 000 × 0.8 = 16 000(元)

可见,加权平均法与保本率法计算所得盈亏平衡点结果一致。

第三节 各因素变动对盈亏平衡点的影响

前面介绍盈亏平衡点时,是建立在一系列严格的基本假定基础上的。这些假定主要包括:

(1)在分析范围内,企业业务收入和费用的支付均随业务量的增减变化呈直线的变动。
(2)发生的费用可以明确地划分为变动性和固定性两类。
(3)企业生产的产品品种构成比例不变。
(4)计算期间损益时,均假设期初、期末存货水平不变。

倘若实践中,不符合上述基本假设,其盈亏平衡点会有什么变化?这就要考察各变动因素变动对盈亏平衡点的影响。其思路是在各因素变动之前先计算盈亏平衡点,各因素变动后再计算盈亏平衡点,然后将二者对比,从而观察出因素变动对盈亏平衡的影响方向及程度。

例如,丰华公司仅生产一种产品A,单位变动成本7.5元,期间的固定成本300 000元,产品单位售价12.5元。企业的盈亏平衡点销售量是60 000件或销售额750 000元。

一、销售价格变动的影响

图4.1中,销售收入曲线的斜率即表示产品的单位售价,单位售价越高,曲线的斜率也越大,在其他条件不变的情况下,产品的单位贡献毛益就越大,补偿期间固定成本所需的业务量也会相应少一些;而售价越低,曲线的斜率越小,这意味着需要销售更多的产品才能补偿期间的固定成本。

如本例中,产品A的单位售价从12.5元提高到15元,其他条件不变。新的盈亏平衡点为

$$盈亏平衡点销售量(实物单位) = \frac{300\,000}{15 - 7.5} = 40\,000(件)$$

变化后的盈亏平衡图如图4.2所示。

可见,在其他条件不变的前提下,销售价格提高,盈亏平衡点会相应降低。

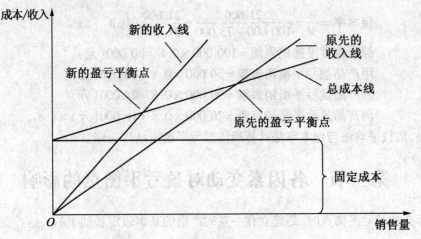

图4.2 售价提高后的盈亏平衡图

二、单位产品变动成本变动的影响

图4.1中,总成本线的斜率就是单位产品的变动成本,单位变动成本上升,总成本线的斜率就变大,单位产品的贡献毛益就减小,盈亏平衡点相应提高。

如上例中,单位产品的变动成本由7.5元上升到8.5元,其他条件不变。新的盈亏平衡点为

$$盈亏平衡点销售量(实物单位) = \frac{300\,000}{12.5 - 8.5} = 75\,000(件)$$

变化后的盈亏平衡图如图4.3所示。

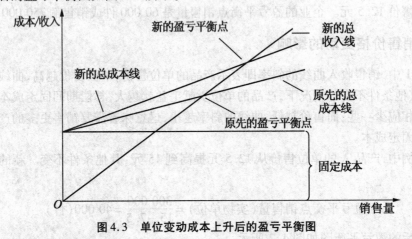

图4.3 单位变动成本上升后的盈亏平衡图

三、固定成本变动的影响

由于盈亏平衡点可以被定义为正好可补偿企业期间固定成本的业务量,可见期间的固定成本越大,需要的盈亏平衡点业务量也越大;期间固定成本越小,需要的盈亏平衡点业务量也越小。

如上例中,固定成本由原先的300 000元减少到275 000元,那么,新的盈亏平衡点为

$$盈亏平衡点销售量(实物单位) = \frac{275\ 000}{12.5 - 7.5} = 55\ 000(件)$$

变化后的盈亏平衡图如图 4.4 所示。

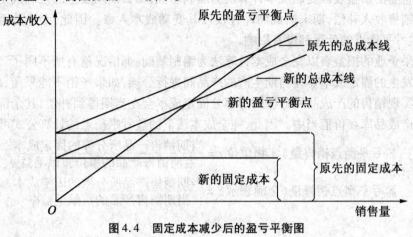

图 4.4 固定成本减少后的盈亏平衡图

四、企业产品结构变动的影响

当一个企业同时生产多种产品时,由于各种产品的贡献毛益通常是不一样的,因此产品组合变动也会对企业的盈亏平衡点产生影响。

例如,丰华公司除原计划生产的 50 000 件产品外,还有部分剩余的生产能力,可以用来将 20 000 件产品 A 做进一步的深加工,形成新的产品 B。深加工过程中,每单位产品需发生新增的变动成本 5 元,产品 B 单位售价 25 元。

可以确定产品 A 和产品 B 的贡献毛益率分别为 40% 和 50%,具体见表 4.7。

表 4.7 A、B 产品资料表

产品	销售收入/元	贡献毛益	
		金额/元	贡献毛益/%
产品 A	375 000	150 000	40%
产品 B	500 000	250 000	50%
合计	875 000	400 000	45.71%

根据表 4.7,新的盈亏平衡点为

$$盈亏平衡点销售量(金额表示) = \frac{300\ 000}{45.71\%} = 656\ 311(元)$$

产品结构发生调整,不同贡献毛益率的产品在总销售收入中的比重发生变动,企业的综合贡献毛益率也因此改变,其结果必然会反映到盈亏平衡点上来。

五、产销不平衡的影响

在进行个别因素变动分析时,我们基本上采用的是变动成本计算法。由于假定企业产销平衡,变动成本计算和完全成本计算确定的期间利润是一样的。但在产销不平衡的情况下,变动成本计算和完全成本计算确定的期间利润是不一样的。

如果企业的损益表以变动成本计算法为编制基础,那么期间发生的全部固定成本均要由当期的销售收入补偿,期末产成品库存仅以其变动成本入账。因此,无论是否实现产销平衡,对盈亏平衡点的计算都没有影响。

但如果企业的损益表以完全成本计算法为编制基础,那情况就有所不同了。完全成本计算要求发生的固定成本要在当期生产的产品间进行分摊,如果产销不能平衡,那么,只有由当期已实现销售的产成品所分摊的那部分固定成本会在当期得到补偿,其余部分则反映在期末的产成品库存价值当中。因此,完全成本法下的盈亏平衡点的计算公式可以调整为

$$盈亏平衡点销售量(实物单位) = \frac{当期销售产品所分摊的固定成本}{当期销售产品的单位贡献毛益}$$

$$盈亏平衡点销售量(金额表示) = \frac{当期销售产品所分摊的固定成本}{当期销售产品的贡献毛益率}$$

第五章 预测分析

第一节 预测分析概述

一、经济预测及其分类

经济预测是人们事先对未来经济活动可能产生的经济效益及其发展趋势提出的一种科学预见。它是在一定的经济理论指导下,以经济发展的历史和现状为出发点,以统计资料、会计资料和调查研究资料为依据,在对经济过程进行深刻的定性分析和严密的定量计算基础上,对经济发展的未来演变预先做出的科学预见,也就是说,经济预测是从事物的过去和现在已经发生并正在发生的情况出发,预测该事物未来的一项分析活动。通过该分析工作的开展,人们可以逐步认识经济发展过程的客观规律性,从而能动地指导各项经济活动。西方国家称之为预测技术。

预测分析一般具有预见性、明确性、相对性、客观性、可检验性和灵活性等特点。

根据预测的时间与范围不同,经济预测分类如下:

(一)按照预测时间的长短,经济预测可分为短期预测、中期预测和长期预测

对1年以内经济发展前景的预测为短期预测;2~5年为中期预测;5年以上为长期预测。预测时间越短影响预测分析结果的因素变化就越小,预测分析结果的误差也就越小;反之,预测分析结果误差越大。

(二)按照预测范围的大小,经济预测可分为宏观预测、中观预测和微观预测

宏观预测是对整个国民经济所做的各种预测,中观预测是对一个部门或地区经济发展所做的预测,而企业范围内所有各种经济预测均称为微观预测或经营预测,比如企业的利润、销售、成本、资金预测等。

二、预测分析程序

预测分析可按如下程序进行:

(一)确定预测目标

预测目标决定预测对象、内容、时间及方法。

(二)收集整理材料

预测目标确定后,应着手收集有关经济的、技术的、市场的计划资料及实际资料,把与预测事物有关的过去和现在的资料尽量收集齐全,然后进行系统分析、整理、综合与取舍。

(三)建立经济数学模型、分析判断

根据预测目标收集资料,选择预测分析方法,建立预测分析模型。所建的经济数学模

型应该进行检验,认定可靠后,才可利用它进行预测。

(四)检验与修正预测分析结果

检查验证前期预测结论及预测方法是否科学有效,以便在本期预测过程中及时加以改正,由于各种因素尤其是不可量化因素的影响,会直接影响预测结果,要对预测结果加以修正和补充,使其更接近实际。

(五)报告预测结论

最终要以一定形式,通过一定程序,将修正过的预测结论向企业的有关领导报告。

预测分析是一项经常性的工作,它要求预测分析者不断在实践中探索,使得预测分析模型的建立和使用尽可能符合实际状况的发展变化。

三、预测分析的基本方法

预测分析方法种类繁多,但具体方法的选定受分析对象、目的、时间以及精确程度等因素的影响,大体上可归纳为定量分析和定性分析两大类。

(一)定量分析法

定量分析法,又称数量分析法,是在完整掌握与预测对象有关的各种要素定量资料的基础上,运用现代数学方法进行数据处理,研究各有关变量之间的规律性联系所进行的预测分析过程。按照其依据的不同,又分为以下两种类型。

1. 因果分析法

因果分析法是依据变量之间相互依存、相互制约的因果函数关系,通过建立相应的经济数学模型进行的预测分析方法,如盈亏平衡分析法、回归分析法、投入产出法和经济计量法等。

2. 趋势分析法

趋势分析法是指将时间作为制约预测对象变化的自变量,把未来作为历史的顺延,运用现代数学方法,进行加工计算,借以预测未来发展趋势的一种动态预测方法。如算术平均法、移动平均法、趋势平均法、加权平均法、平滑指数法和修正的时间序列回归法等。

(二)定性分析法

定性分析法,又称非数量分析法,是指借助有关专业人员的知识技能、个人体验和综合分析能力,在调查研究基础上,结合预测对象的特点进行综合分析,对某一未来事件发展趋势做出判断的一类预测方法。

西方国家常称此法为分析判断法或集合意见法。这种方法通常在无法进行定量分析或影响因素复杂多变的情况下采用,如市场调查法、集合意见法、特尔菲法等。

在预测分析实践中,两种分析方法并不矛盾、相互排斥,往往根据具体情况运用两种方法进行分析,相得益彰,会取得意想不到的分析效果,从而保证预测的正确、可靠和及时。

四、预测分析的基本内容

(一)销售预测

广义的销售预测包括两个方面:一是市场调查;二是销售量预测,狭义的销售预测则专指后者。市场调查是指通过了解与特定产品有关的供销环境和各类市场的情况,做出该产品有无现实市场或潜在市场以及市场大小的结论的过程。它是销售预测的基础。销售量预测又叫产品需求量预测，是根据市场调查所得到的有关资料，通过对有关因素的分析研究，预计测算特定产品在未来一定时期内的市场销售量水平及变化趋势，进而预测本企业产品未来销售量的过程。

（二）利润预测

利润预测是指在销售预测的基础上，根据企业未来发展目标和其他相关资料，预计、推测或估算未来应当达到的和可望实现的利润水平及其变动趋势的过程。

（三）成本预测

成本预测是根据企业未来发展目标和有关资料，运用专门方法推测与估算未来成本水平及发展趋势的过程。它包括多项内容，如全部成本预测和单项成本预测、设计成本预测和生产预测、目标成本预测、成本变动趋势预测以及决策成本预测。

（四）资金预测

资金预测是在销售预测、利润预测和成本预测的基础上，根据企业未来经营发展目标并考虑影响资金的各项因素，运用一定方法预计、推测企业未来一定时期内或一定项目所需要的资金数额、来源渠道、运用方向及其效果的过程。广义资金预测包括全部资金需用量及其来源预测、现金流量预测、资金分析预测和资金运用效果预测。狭义的资金预测是指资金需用量预测，具体包括固定资产项目投资需用量预测、流动资金需用量预测和追加资金需用量预测。

第二节 销售预测

一、销售预测的意义

销售预测是根据历史销售资料，预测未来一定时期内有关产品的销售数量和销售状态及其变化趋势的预测。销售是企业管理的龙头，商品的销售业务量是企业经营的主要目标之一，企业在各项工作中所做的努力，其成果只有在销售后才能实现，离开了可靠的销售预测，企业所做的其他各种预测决策将无任何意义。在企业预测系统中，它处在先导地位，对于指导利润预测、成本预测和资金预测，进行长短期决策安排计划、组织生产都起着重要的作用。

影响销售预测的因素很多，也很复杂，一般可分为外部和内部两类。影响销售的外部因素有：①当前市场环境；②企业的市场占有率；③经济发展趋势；④竞争对手情况等。内部因素有：①产品的价格；②产品的功能和质量；③企业提供的配套服务；④企业的生产能力；⑤各种广告手段的应用；⑥推销的方式等。预测时应区分轻重缓急和主次，并综合地考虑这些因素，选择适当的方法进行预测。

二、销售预测分析的定性预测法

定性预测法是根据一些具有丰富经验的经营管理人员或知识渊博的经济学家、教授等对企业一定期间特定产品的销售情况进行综合研究来估计未来一定时期内市场供需变化趋势，从而确定企业计划期产品销售情况的预测方法，如市场调查法、特尔菲法等，一般适用于不具备完整可靠的历史资料,无法进行定量分析的企业。

（一）市场调查法

市场调查法是根据对某种产品市场供需情况变化的详细调查来预测其销售量(或销售额)的一种专门方法,市场调查一般从以下四个方面进行。

1. 对产品本身的调查

任何工业产品都有其产生、发展、衰亡的过程,经济学家通常把这个过程称为产品的"寿命周期"。它一般可分为试销、成长、成熟、饱和和衰退五个阶段,不同阶段的销售量(销售额)是不相同的,其发展呈抛物线趋势。

2. 对消费者情况进行调查

摸清消费者的经济情况和经营发展前景,掌握消费者的消费心理和个人爱好,消费的风俗习惯,对产品及供应者的要求等。

3. 对市场竞争情况的调查

市场经济离不开竞争,要能在市场竞争中求得生存和发展,既要充分了解同行业中同类产品在质量、包装、价格、运输、售后服务等方面的新举措,又要掌握本企业的市场占有率,以取得主动权。

$$市场占有率 = \frac{本企业该类产品在市场上的销售量}{同类产品在市场上的总销售量} \times 100\%$$

4. 对经济发展趋势的调查

充分了解国内外和本地区经济发展的趋势对本企业产品的影响,便于对产品的市场需求做出正确的判断。

最后,将以上四个方面的调查资料进行综合、整理、加工、计算,就可对产品的销售预测做出判断。

例如,假定2006年某市居民100万户,通过市场调查,已有1.6万户(每户一辆)拥有家用新型轿车,家用新型轿车试销期5年,尚有4年试销期,其市场阶段划分见表5.1。

表5.1 家用新型轿车市场阶段表

寿命周期	试销	成长	成熟	饱和	衰退
年数	1～5	1～5	1～3	1～3	1～5
估计使用户数	0.1%～5%	6%～50%	51%～75%	76%～96%	

经过市场调查分析,本地轿车供应外地每年需要3 000辆,而外地出产的轿车只能在本地销售1 000辆,若本地轿车市场占有率为80%,那么:

(1) 该地轿车每年平均需要量预测值 $= \dfrac{100(万户) \times (5\% - 1.6\%)}{4 年} = 0.85(万辆)$。

(2) 该地轿车在计划期间的预计销量 = (该地每年平均需要量 + 该地对外地区供应量 - 外地区在该地的销售量) × 该地轿车市场占有率 = (8 500 + 3 000 - 1 000) × 80% = 8 400(量)。

（二）特尔菲法

特尔菲法又称专家调查法,它是一种客观判断法,由美国兰德公司在20世纪40年代首先倡导使用。这种调查法的做法是:通过函询方式向若干经济专家分别征求意见,各专家在互不通气的情况下,根据自己的观点和方法进行预测,然后企业将各专家的判断汇集在一起,并采用不记名方式反馈给各位专家,请他们参考别人意见修正本人原来的判断,如此反复数次,最后集各家之长,对销售的预测值做出综合判断。

三、销售预测分析的定量方法——趋势预测分析法

趋势预测分析法又称之为时间序列分析法,它是把过去历史销售资料按时间的顺序排列,通过运用数理统计知识来预计推断计划期间的销售数量或销售金额的方法,该法在销售量预测中应用较为普遍,其具体应用形式包括算术平均法、移动加权平均法、指数平滑法和回归分析法等。

(一)算术平均法

算术平均法又称简单平均法,是根据过去若干时期的销售量(或销售额)的算术平均数作为计划期的销售预测数的一种方法。

其计算公式为

$$计划期销售预测数 = \frac{各期销售量(销售额)之和}{计划期数}$$

例如,某公司上半年的销售资料见表5.2。试用简单平均法预测7月份公司的销售额。

表5.2 销售资料表

单位:万元

月份	1	2	3	4	5	6	合计
销售额	1 000	900	1 200	1 100	1 300	1 400	6 900

7月份销售预测值

$$S = \frac{6\ 900}{6} = 1\ 150(万元)$$

这一方法计算简单,由于没有考虑远近期销售业务量的变化对预测期销售状况的不同影响程度,从而使不同时期资料的差异简单平均化,其预测误差比较大,一般只适用于各期销售业务量比较稳定,没有季节性变动的食品和日常用品等的预测。

(二)移动加权平均法

移动加权平均法是对过去若干时期的实际销售量(或销售额)按计算期逐期推移进行加权平均数计算,以作为计划期销售预测数的方法,其计算公式为

$$计划期销售预测数 = \sum 某期销售量(或销售额) \times 该期权数$$

其中权数的大小要根据实际销售值对计划期预测数的影响而定,一般接近计划期的实际销售值对计划期预测影响较大,故其权数要大;反之,要小。而且各权数之和为1。

例如,上例若仅用2、3、4月份资料对7月份的销售权数分别为 $W_1 = 0.5, W_2 = 0.3, W_3 = 0.2$,则7月份的销售额预测数为

$$S = 900 \times 0.5 + 1\ 200 \times 0.3 + 1\ 100 \times 0.2 = 1\ 030(万元)$$

该法克服了简单算术平均法的缺点,有助于消除远期偶然因素的不规则影响,但该法仍存在明显的滞后偏差,适用于销售量略有波动的产品预测。

(三) 指数平滑法

指数平滑法是利用过去第 t 期实际销售数和第 t 期预测数计算的加权平均数,作为下期预测数的方法。采用该法预测计划期销售量或销售额时,需介入平滑系数 α 测算。α 的取值要求大于0小于1,一般取值应在 0.3~0.7 之间。其计算公式为

计划期销售预测值 = (平滑系数 × 上期实际销售数) +
(1 - 平滑系数) × 上期预测销售数

或 $= \alpha A_t + (1-\alpha) F_t$

例如,假定某公司 19×7 年 6 月份生产某种产品实际销售量为 1 200 件,原来预测 6 月份的销售量为 1 400 件,平滑系数若采用 0.7,要求按指数平滑法预测 7 月份该产品的销售量。

预计 7 月份销售量 = (0.7 × 1 200) + (1 - 0.7) × 1 400 = 1 260 (件)

该法可以排除在实际销售中所包含的偶然因素的影响,但平滑系数对预测结果的影响比较大,平滑系数越大,则近期实际数对预测结果的影响越大;相反,平滑系数越小,则近期实际数对预测结果的影响越小。因此,选择平滑系数尤为重要,若销售表现为随机波动的变化,平滑系数应选择小一些($\alpha < 0.5$),若销售表现有明显的变动趋势(增长或减少),则平滑系数应选择大一些($\alpha > 0.5$)。

(四) 回归分析法

回归分析法是根据 $y = a + bx$ 的直线方程式,按照数学上最小平方的原理来确定一条能正确反映自变量 x 与因变量 y 之间具有误差平方和最小的直线的方法。其预测模型为

$$y = a + bx$$

式中 a、b ——回归系数;

y ——销售业务量(因变量函数);

x ——时间的自变量。

按照回归直线法原理,回归系数 a、b 的计算公式为

$$a = \frac{\sum y - b \sum x}{n}$$

$$b = \frac{n \sum xy - \sum x \sum y}{n \sum x^2 - (\sum x)^2}$$

由于观测值按时间顺序排列,间隔期相等,故可采用最简捷的办法,令 $\sum x = 0$ 来求回归直线。

具体做法是:若观测期 (n) 为奇数,则取 x 的间隔期为1,即将0置于所有观测期的中央,其余上下均以绝对值1为等差递增(按…-3,-2,-1,0,1,2,3,…排列),若观测期为偶数,则取 x 的间隔期为2,即将 -1 与 1 置于所有观测期当中的上下两限,其余上下均以绝对值2为等差递增(按…-5,-3,-1,1,3,5,…排列),以上这两种做法,均可使 $\sum x = 0$。

正因为 $\sum x = 0$,因而上述确定 a 与 b 值的公式就可以简化为

$$a = \frac{\sum y}{n}$$

$$b = \frac{\sum xy}{\sum x^2}$$

例如,假定某企业前6个月的销售资料见表5.3,试采用回归分析法预测7月份的销售额。

表5.3 销售资料统计表

月份	1	2	3	4	5	6	合计
销售额/万元	5	7	9	8	6	10	35

首先,根据表5.3数据作图5.1,从图5.1中可以看出,各数据点的分布基本上在一条直线的周围。

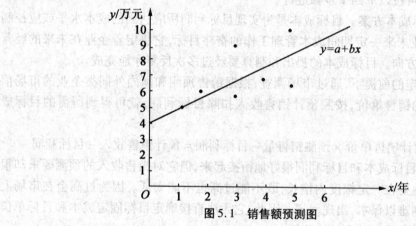

图5.1 销售额预测图

其次,列表见表5.4,并计算。

表5.4 资料整理表

月份	x	销售额 y/万元	xy	x^2	y^2
1	-5	5	-25	25	25
2	-3	7	-21	9	49
3	-1	9	-9	1	81
4	1	8	8	1	64
5	3	6	18	9	36
6	5	10	50	25	100
n = 6	$\sum x = 0$	$\sum y = 45$	$\sum xy = 21$	$\sum x^2 = 70$	$\sum y^2 = 355$

可得

$$b = \frac{\sum xy}{\sum x^2} = \frac{21}{70} = 0.3$$

$$a = \frac{\sum y}{n} = \frac{45}{6} = 7.5$$

则计划期7月份销售预测数为

$$y = a + bx = 7.5 + 0.3 \times 7 = 9.6(万元)$$

第三节 成 本 预 测

一、成本预测的含义及程序

成本预测是根据企业未来的发展目标和现实条件,参考其他资料,利用专门方法对企业未来成本水平及其发展趋势所进行的推测和估算。

成本预测通常可按以下四个步骤进行。

首先,提出目标成本方案。目标成本是为实现目标利润所应达到的成本水平或应控制的成本限额,是企业未来一定期间成本管理工作的奋斗目标,它决定着企业在未来的经营期降低成本的努力方向。目标成本的提出和测算要经过多次反复才能完成。

在目标利润已定的前提下,通过市场调查,根据销售预测和国内外同类企业的市场信息资料,选择适当的销售单价,按照预计销售收入扣除目标利润,就可得到所需的目标成本。

目标成本 = 预计销售单价 × 预测销售量 − 目标利润 = 预计销售收入 − 目标利润

这种方法可使目标成本和目标利润很好地衔接起来,但它对销售收入的预测要求却很高,产品销售单价也要在一定幅度内增长,既不能过高也不能太低。因为过高会在市场上失去竞争力,过低则难以保本,出现亏损。因此,它无法直接确定目标固定成本和目标单位变动成本指标,还需在此基础上继续分析。

其次,预测成本。目标成本提出后,采用各种专门方法利用有关总成本模型预测总成本发展趋势,并计算出预测成本与目标成本的差距。

第三,拟定降低成本的各种可行方案。

第四,修订目标成本。

二、预测成本最常用的方法

成本预测分析的一般思路是以成本的历史数据为依据,在相关范围内按照成本习惯,运用数学分析的方法建立成本数学模型($y = a + bx$),利用它来预测在一定产量下的产品总成本。通常的方法有高低点法、加权平均法和直线回归法三种。

(一)高低点法

高低点法是根据过去若干时期的成本资料中,最高业务量和最低业务量的总成本之差(Δy)与两者业务量之差(Δx)进行对比,求出单位变动成本 b,然后再求得固定成本总额 a 的方法。其计算公式为

$$b = \frac{y_{高} - y_{低}}{x_{高} - x_{低}} = \frac{\Delta y}{\Delta x}$$

$$a = y_{高} - bx_{高} \text{ 或 } a = y_{低} - bx_{低}$$

预测总成本的公式为

$$y = a + bx$$

例如,某公司甲产品产量和总成本的历史资料见表5.5,现预测该公司甲产品20×7年产量为100件时的成本总额。

表5.5 历史资料表

年份	总产量/件	总成本/元
20×1年	30	40
20×2年	40	45
20×3年	42	50
20×4年	50	60
20×5年	56	70
20×6年	60	75
20×7年	70	80

依据表5.5可以得出:

$$x_{低} = 30, \quad x_{高} = 70$$
$$y_{低} = 40, \quad y_{高} = 80$$

所以

$$b = \frac{y_{高} - y_{低}}{x_{高} - x_{低}} = \frac{70 - 30}{80 - 40} = \frac{40}{40} = 1$$

$$a = y_{高} - bx_{高} = 80 - 70 = 10$$

或

$$a = y_{低} - bx_{低} = 40 - 30 = 10$$

则

$$y = a + bx = 10 + bx$$

因为

$$x = 100$$

所以

$$y = 10 + 100 = 110$$

可知产量为100件时产品成本总额为110元。

高低点法是一种简捷的预测方法,但它只采用个别历史成本资料,很难正确反映成本变动趋势。

(二)加权平均法

加权平均法是根据过去若干时期的固定成本总额及单位变动成本的历史资料,分别计算加权平均数的方法。距计划期越近,权数就大些,反之权数就小些。另外,为了计算简便,加权时可令 $\sum w = 1$。其计算公式为

$$y = a + bx$$

$$y_p = \frac{\sum a_i x_i}{\sum w_i} + \frac{\sum b_i w_i}{\sum w_i} \cdot x_p$$

$$y_p = \sum a_i x_i + \sum b_i w_i \cdot x_p$$

计划期单位成本的预测值 $= \dfrac{y_p}{x_p}$

例如,某公司最近 5 年的固定成本与单位变动成本的数据见表 5.6。试采用加权平均法,预测 20×6 年生产 100 件产品的总成本及单位产品成本。

表 5.6　历史资料表

年份	固定成本总额(a)	单位变动成本(b)
20×1 年	500	4
20×2 年	1 000	6
20×3 年	1 200	7
20×4 年	1 500	5
20×5 年	2 000	9

根据上述资料按距离计划期远近分别给权数为 0.2,0.4,0.6,0.8,0.9。可以预计 20×6 年生产 100 件产品的总成本为

$$y = \sum a_i w_i + \sum b_i w_i x_i =$$

$$\dfrac{0.2 \times 500 + 0.4 \times 1\,000 + 0.6 \times 1\,200 + 0.8 \times 1\,500 + 0.9 \times 2\,000}{0.2 + 0.4 + 0.6 + 0.8 + 0.9} +$$

$$\dfrac{(4 \times 0.2 + 6 \times 0.4 + 7 \times 0.6 + 5 \times 0.8 + 9 \times 0.9) \times 100}{0.2 + 0.4 + 0.6 + 0.8 + 0.9} =$$

$$1\,455.52 + 6.72 \times 100 = 2\,127.93$$

预计甲产品单位成本 $= \dfrac{2\,127.93}{100} = 212.79$

该法适用于具有详细的固定成本总额与单位变动成本资料和数据的企业,否则,只能采用上述高低点法。

(三) 直线回归法

直线回归法是采用若干历史时期的成本资料,根据数学上最小平方法原理,分析确定能反映成本变动趋势的直线 $y = a + bx$,用以测算计划期成本的方法。

该方法计算过程如下:

1. 计算相关系数 r

相关系数是反映成本额 y 与产量 x 之间线性关联程度的一个量,其绝对值在 0~1 之间,相关系数的绝对值越接近 1,则表明线性关联程度越高;而趋于零时,则表示无线性关系,其计算公式为

$$r = \dfrac{n\sum xy - \sum x \sum y}{\sqrt{[n\sum x^2 - (\sum x)^2][n\sum y^2 - (\sum y)^2]}}$$

2. 计算回归系数 a 与 b

a、b 是回归方程中的待定回归系数,a 反映固定成本数值,b 则表示单位变动成本,计算公式为

$$b = \frac{n\sum xy - \sum x \sum y}{n\sum x^2 - (\sum x)^2}$$

$$a = \frac{\sum y}{n} - b\frac{\sum x}{n}$$

3. 预测计划期成本额

根据计划期业务量计算成本预测值。

例如,根据表5.7中的资料,用回归分析法预测计划期产量为135千件时的成本总额。

表5.7 资料表

月份	x	销售额 y/万元	xy	x^2	y^2
1	46	50	2 406	2 304	2 500
2	53	54	2 862	2 809	2 916
3	55	56	3 080	3 025	3 136
4	68	64	4 352	4 624	4 096
5	90	85	7 650	8 100	7 225
6	116	104	12 064	13 456	10 816
$n=6$	$\sum x = 430$	$\sum y = 413$	$\sum xy = 32\,408$	$\sum x^2 = 34\,318$	$\sum y^2 = 30\,689$

(1)计算相关系数:

$$r = \frac{6 \times 32\,408 - 430 \times 413}{\sqrt{[6 \times 34\,318 - (430)^2][6 \times 30\,689 - (413)^2]}} = 0.997$$

计算结果表明,该例中成本额与产量之间关联程度相当密切。

(2)计算回归系数 a 和 b:

$$b = \frac{6 \times 32\,408 - 430 \times 413}{6 \times 34\,318 - 430^2} = 0.8$$

$$a = \frac{413}{6} - 0.8 \times \frac{430}{6} = 11.50$$

(3)预计产量为135千件时的成本额:

$$y = 11.50 + 0.8 \times 135 = 119.5(万元)$$

第四节 利润预测

一、利润预测的意义

利润是综合性最强的指标,它反映企业在一定时期内的生产经营成果,是衡量和考核

企业经济效益和工作成绩的重要依据。目标利润是企业在利润预测的基础上,考虑企业生产经营的主客观条件,对企业要实现的利润做出的决定。

二、利润预测的方法

预测利润,一般可根据企业销售预测中预计的计划期经营活动水平(销售量)和成本水平,应用本量利的相互关系和经营杠杆率来进行。

(一)本量利法

本量利法,就是企业在销售预测的基础上,利用本量利基本公式对企业利润进行预测的方法。其基本公式可表述如下:

$$预计利润(P') = pQ - bQ - a = M - a = mQ - a = (Q - Q_0)m = (S - S_0)mR$$

式中　p——销售单价;
　　　Q——实际销售量;
　　　Q_0——盈亏平衡销售量;
　　　m——单位贡献毛益;
　　　M——贡献毛益总额;
　　　S——实际销售额;
　　　S_0——盈亏平衡销售额。

例如,某企业根据市场需求情况分析,预计计划期间可销售甲产品10 000件。假定甲产品的销售单价为35元,单位变动成本为20元,固定成本总额为50 000元。要求预测:该企业甲产品在计划期间可实现多少利润?

$$P' = pQ - bQ - a = 35 \times 10\ 000 - 20 \times 10\ 000 - 50\ 000 = 100\ 000(元)$$

在实际工作中,可根据掌握资料不同,灵活运用上述公式。

若企业生产多种产品,预计利润的计算公式可表述为

$$P' = \overline{mR} \cdot S - a$$

式中　$\overline{mR}$——综合贡献毛益率;
　　　S——实际销售额。

例如,某企业产销A、B、C三种产品,其贡献毛益率分别为40%、30%、20%。在总销售额中各种产品销售比重分别为20%、50%、30%。预计下年度销售总额为1 500万元,固定成本总额为300万元,其销售结构不变,则企业下年度可实现的利润为

$$p' = S \cdot \overline{mR} - a = 1\ 500 \times (40\% \times 20\% + 30\% \times 50\% + 20\% \times 30\%) - 300 = 135(万元)$$

(二)经营杠杆率法

前面已介绍,经营杠杆率(DOL)是指利润增长率相当于销售增长率的倍数,即

$$经营杠杆率(DOL) = \frac{利润增长率}{销售增长率} = \frac{\frac{\Delta p}{p}}{\frac{\Delta s}{s}}$$

在一定业务量范围内,经营杠杆率确定后,即可结合计划期的销售增长率来预测计划期的利润。其计算公式为

预计利润 = 基期利润 × (1 + 销售增长率 × 经营杠杆率)

即
$$P' = P(1 + \frac{\Delta S}{S} \cdot DOL)$$

例如，某企业按基期资料计算的经营杠杆率 $DOL=2$，基期利润为 10 万元，销售收入 80 万元。若计划期销售收入总额为 120 万元，则计划期可实现的利润为

$$P' = 10 \times (1 + \frac{120-80}{80} \times 2) = 20(万元)$$

对计划期可能实现的利润进行预测以后，就可以把企业的目标利润确定下来，并应及时组织落实，为实现目标利润在产量、成本、价格等方面必须达到的各项指标和有关措施，并以此作为编制全面预算的基础。

三、利润的敏感性分析

（一）敏感性分析的含义

敏感性分析，是一种"如果……会怎么样"的分析技术。针对确定型的决策，敏感性分析所要研究的是当主要变量发生变动时，对结果会产生什么样的影响。

根据本量利分析的基本模型，可以确定产品售价、销售量、变动成本和固定成本的变动都会对企业的期间利润产生影响，但敏感程度是不一样的。也就是说，有的因素较小的变化就会引起利润的大幅度变动；而有的因素的敏感程度就不那么显著，需要有较大的变动才会对利润产生较为明显的影响。通常采用敏感系数来测度变量的敏感程度，其计算公式为

$$敏感系数 = \frac{目标值变动百分比}{因素值变动百分比}$$

在因素值变动百分比相同的情况下，敏感系数越大，目标值变动百分比越大；反之，敏感系数越小，目标值的变动百分比也越小，对目标值的影响也小。

（二）各因素对利润的敏感程度

根据本量利分析的基本模型 $pQ-(a+bQ)=P$ 来看，p、Q、a、b 对 P 的影响是各不相同的。以下结合简例说明几个影响企业期间利润的因素的敏感系数。

例如，红星公司生产一种产品，单位售价 10 元，单位变动成本 4 元，全年固定成本为 200 000 元，预计可实现销售量为 60 000 件。如果未来一年企业可以顺利完成经营计划，则全年可实现利润为

$$P = 60\,000 \times (10-4) - 200\,000 = 160\,000(元)$$

假设企业的销售价格、销售量、产品变动成本和固定成本均在原有基础上增加 10%，则各因素的敏感系数分别计算如下。

1. 产品销售价格的敏感系数

产品销售价格增加 10%，即由原来的 10 元/件提高到 11 元/件，那么企业的期间利润则为

$$P = 60\,000 \times (11-4) - 200\,000 = 220\,000$$

$$利润变动百分比 = \frac{220\,000 - 160\,000}{160\,000} \times 100\% = 37.5\%$$

产品销售价格的敏感系数 $= \dfrac{37.5\%}{10\%} = 3.75$

2. 销售量的敏感系数

销售量增加10%,即由原来的60 000件增加到66 000件,同期利润调整为

$$P = 66\,000 \times (10 - 4) - 200\,000 = 196\,000(元)$$

利润变动百分比 $= \dfrac{196\,000 - 160\,000}{160\,000} \times 100\% = 22.5\%$

销售量的敏感系数 $= \dfrac{22.5\%}{10\%} = 2.25$

3. 单位变动成本的敏感系数

单位变动成本增加10%,即由4元/件提高到4.4元/件,则期间利润为

$$P = 60\,000 \times (10 - 4.4) - 200\,000 = 136\,000(元)$$

期间利润变动百分比 $= \dfrac{136\,000 - 160\,000}{160\,000} \times 100\% = -15\%$

单位产品变动成本的敏感系数 $= \dfrac{-15\%}{10\%} = -1.5$

4. 期间固定成本的敏感系数

期间固定成本增加10%时,期间利润为

$$P = 60\,000 \times (10 - 4) - 200\,000 \times (1 + 10\%) = 140\,000(元)$$

期间利润的变动百分比 $= \dfrac{140\,000 - 160\,000}{160\,000} \times 100\% = -12.5\%$

期间固定成本的敏感系数 $= \dfrac{-12.5\%}{10\%} = -1.25$

通过上述计算可以看出,四个因素的敏感系数从大到小的排列顺序依次是:销售价格(3.75)、销售量(2.25)、单位变动成本(-1.5)、期间固定成本(-1.25)。也就是说,在该经营水平上,对利润影响最大的因素是销售价格,销售量、单位变动成本和期间固定成本的影响相对要小一点。

第五节 资金预测

企业正确地进行经济活动,除必须进行销售、利润、成本的预测分析外,还要做好资金需要量的预测工作,以确保企业各项经济活动所需资金的供应,也便于企业统筹安排资金。资金预测分析的方法有统计散布图法和销售百分比法。

一、统计散布图法

根据历史统计资料,将各期销售额与资金平均占用额之间的关系描绘在坐标图上,从图中点的分布趋势上对资金需要量进行预测,称之为统计散布图法。这种方法主要用于资金增长趋势的预测,其预测过程如下:①按历史上各期销售额与资金占用量之间的对应关系在坐标图上描点。②根据这些点的分布趋势,找一条能反映其规律的直线或曲线。③用作图或回归的方法确定这种直线或曲线的方程 $y = f(x)$(y 表示资金,x 表示销售额)。

④运用方程$y=f(x)$进行预测。

例如,某企业10年间,有关资料见表5.8。

表5.8 资料表

单位:万元

销售额	20	26	30	40	48	59	73	80	87	90
资金平均占用额	16	17	18	19	24	28	29	30	32	35

根据以上资料,我们可以绘制成散布图,如图5.2所示。

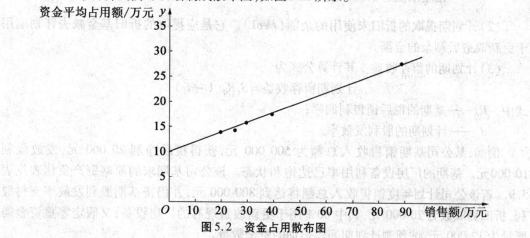

图5.2 资金占用散布图

从图表可以看出,资金需要量y大致可用下式来预测:

$$y = 10 + 0.266\ 7x \quad (其中0.266\ 7为直线的斜率)$$

二、销售百分比法

在西方国家,计划期实际资金需要的预测常用销售百分比法,即根据资金占用与来源的各个项目与销售总额之间的依存关系,按照未来一定期间销售额增长情况来预测需要追加的资金量。其分析过程如下:

(一)分析资产负债表各个项目与销售收入总额之间的依存关系

(1)资产类项目。用于生产经营周转过程的货币资金,正常的应收账款和存货等项目,一般都会因销售额的增长而相应地增长;而固定资产项目是否要增加,则需视基期的固定资产是否已被充分利用。至于长期投资、无形资产等项目,一般不随销售额的增加而增加。

(2)权益类项目。应付账款、其他应付款等项目,通常会因销售的增长而相应增加;而长期负债及股东权益等项目,则不随销售的增长而增加。

(二)计算基期的销售百分比

根据基期资产负债表,将与销售额有依存关系的项目,按基期销售收入计算其金额占销售的百分比。

(三)计算计划期内所需追加资金量

计划期间所需追加资金量包含以下几方面内容:

(1) 由于计划期间销售额增加而追加的资金量。它是根据增长的销售额按销售百分比计算的,其计算公式为

$$增长的销售额所需追加资金 = \left(\frac{A}{S_0} - \frac{L}{S_0}\right)(S_1 - S_0)$$

式中 S_0——基期销售总额;

S_1——计划期的销售总额;

$\frac{A}{S_0}$——指基期随着销售额增加而增加的资产项目金额占销售额的百分比;

$\frac{L}{S_0}$——指基期随着销售额增加而增加的负债类项目金额占销售额的百分比。

(2) 计划期提取的折旧未使用的余额($Dep1$)。它是应提取的折旧基金减去计划期用于更新改造后剩余的金额。

(3) 计划期的留存收益。其计算公式为

$$计划期留存收益 = S_1 R_0 (1 - d_1)$$

式中 R_0——基期的税后销售利润率;

d_1——计划期的股利发效率。

例如,某公司基期销售收入总额为 500 000 元,获得税后净利 20 000 元,发放股利 10 000 元。基期的厂房设备利用率已达饱和状态。该公司基期求的简略资产负债表见表 5.9。若该公司计划年度销售收入总额将达到 800 000 元,并仍按基期股利发放率支付股利,折旧提取数为 20 000 元,其中 60% 用于更新改造现有的厂房设备;又假定零星资金需要量为 12 000 元,试预测计划期间需追加的资金数量。

表 5.9 ××公司资产负债表

单位:元

资产		负债及权益	
1. 现金	10 000	1. 应付账款	50 000
2. 应收账款	85 000	2. 应付税款	25 000
3. 存货	100 000	3. 长期负债	115 000
4. 厂房设备(净额)	150 000	4. 普通股股本	200 000
5. 无形资产	55 000	5. 留存收益	10 000
合计	400 000	合计	400 000

首先根据基期末的资产负债表各项目与销售额的依存关系,计算并填列用销售百分比形式反映的资产负债表,见表 5.10。

表 5.10　按销售百分比反映的资产负债表

资产		负债及权益	
1. 现金	2%	1. 应付账款	10%
2. 应收账款	17%	2. 应付税款	5%
3. 存货	20%	3. 长期负债	（不适用）
4. 厂房设备（净额）	30%	4. 普通股股本	（不适用）
5. 无形资产	（不适用）	5. 留存收益	（不适用）
$\frac{A}{S_0}$ 合计	69%	$\frac{L}{S_0}$ 合计	15%

再将有关数据代入公式：

计划期间预计需追加的资金额 =

$(\frac{A}{S_0} - \frac{L}{S_0})(S_1 - S_0) - Dep_1 - S_1 R_1 (1 - d_1) + M_1 =$

$(69\% - 15\%)(800\,000 - 500\,000) - 20\,000(1 - 60\%) - 800\,000 \times \frac{20\,000}{500\,000} \times$

$(1 - \frac{10\,000}{20\,000}) + 1\,200 = 150\,000(元)$

第六章 短期经营决策

第一节 决策分析概述

一、决策分析的含义

决策是对未来实践的方向、目标、原则和方法所做的决定。

决策问题存在于人类生产、生活的各个领域,如政治、军事、文化等。管理会计中讲的决策只限于经济领域的决策,所以叫"经济决策"。经济决策在企业管理中占有非常重要的地位。管理学家通常认为管理的重心在经营,经营的关键在决策。决策是企业管理的核心,决策正确与否在很大程度上决定着企业的兴衰、经济效益的高低和生产秩序的好坏。

决策分析是企业在一定时期内,为达到某一经营目标,由管理人员在充分利用会计信息及其他有关信息的基础上,运用专门的技术方法进行科学的测算和分析比较,在众多可供选择的方案中,选定一个合理方案的分析判断过程。决策分析按其涉及时间的长短分为短期决策分析和长期决策分析。

短期决策分析一般是指只涉及一年以内的专门业务,并仅对该时期内的收支盈亏产生影响而进行的决策。这种决策分析通常不考虑增加设备或提供更多的物质生产能力,而是侧重于如何最充分、最有效地利用现有资源。如产品最优生产批量的决策,自制或外购零部件的决策,是否接受追加订货的决策等。本章着重讲述的便是短期经营决策的有关问题。

长期决策是企业生产经营中涉及超过一年的时间、投资数额较大、风险较大、对企业未来发展影响较大的决策,亦称"投资决策"或"资本支出决策"。这种决策侧重于投入资本的报酬应大于资金成本的支出。它对企业具有长远意义,是企业战略发展规划的重要内容。如对原有固定资产进行更新、改造的决策,新产品的开发、研制决策和资本限量决策等。长期决策分析问题将在后面有关章节中做专门阐述。

二、决策分析的原则

决策分析原则是企业管理人员进行决策分析工作必须遵循的准则。一般包括如下几项:

(一)系统原则

系统是由若干个相互作用、相互依存的部分有机结合而成的整体。企业作为一个系统,有着明确的目标,并由许多相关联的部门构成。决策分析时既要考虑系统内部各因素的制约,又要考虑外部环境的影响;既要顾及各子系统之间的联系和协调,又要服从整体目标。只有这样,才能使整体效益达到最优。

（二）目标原则

确定目标是经营决策的前提。经营决策问题是个十分复杂的问题，其目标往往有多个，有时各目标之间还有冲突，这就给决策带来困难。管理人员应根据目标重要性分清主次，抓住主要目标，把次要目标列为约束条件，有针对性地做好各个阶段的决策分析工作。

（三）满意原则

传统的决策理论认为，决策者是"理性的人"或"经济的人"，在决策时他们受"最优化"的行为准则支配，应当选择"最优"方案；近代决策理论认为，由于决策者在认识能力和时间、成本、情报来源等方面的限制，不能坚持要求最理想的解答，常常只能满足于"令人满意的"或"足够好的"决策。

（四）行动原则

决策分析的目的是做出满意的决策，而决策必须转化为行动。因此，在决策分析时必须考虑到将来实施的行动，方能使决策分析有效。

决策实施后还要注意检验，通过信息反馈，以便对正在实施的决策进行修正。

三、决策分析的程序

为了做好决策分析工作，一般要经过如下程序：

（一）确定决策目标

要进行决策分析，首先必须确定决策目标，即确定决策分析的具体内容。由于各种不同的决策目标所需的分析资料不同，所采取的技术方法也有所不同。因而，只有明确决策目标，才有可能做出科学的决策。

（二）收集资料

决策分析所需资料是进行决策分析的重要依据。决策目标确定之后，就要有针对性地收集有关进行该项决策所需的数据资料和其他信息资料，并进行必要的检查、加工和整理。资料占有得越充分，提出解决问题的方案就越多，分析的结论也就更为精确。可见，收集资料是关系决策分析的目的和要求能否达到的一项重要工作。

（三）拟定备选方案

根据决策目标有针对性地收集资料后，经过加工、整理提出实现目标的各种可供选择的方案。所提出的这些备选方案，必须都是经过测算切实可行的。如果这些备选方案都是不可行的，那么做出的决策也全是失误的。可见，备选方案的可行性研究也是决策分析中不可缺少的重要一环。

（四）选择最优方案

备选方案提出之后，要采用一定的决策分析方法，从中选择出最优方案。决策分析方法多种多样，不同的决策目标可以采用不同的决策分析方法，选择确定适宜的决策分析方法，是提高决策工作质量、减少失误的重要保证。在将几个备选方案的经济效益进行对比分析后，经过筛选确定最优方案。

第二节　经营决策的多维成本概念

经营决策的最终目的是在诸多备选方案中选出最优方案。"优"的标准主要是经济效益,成本是衡量经济效益的一个关键性指标,但经营决策中所要着重考虑的"多维成本"概念同企业的基本成本资料既有联系又有区别。多维成本是根据企业经营管理的需要,特别是企业经营决策的需要而专门计算的成本数据。它可以是事前的,也可以是事中、事后的,可能已经发生,也可能没有发生;可以是全面的,也可以是专题的;可以是连续的,也可以是某个时期的。它没有公认的、固定的概念,也没有统一的、强制的规定。它是企业经营决策中极为重要的信息。

一、差量成本

差量成本也称差异成本或差别成本,它是指可供选择的不同方案之间在成本上的差异。不同方案的经济效果往往可以从不同方案的差别成本的对比中进行判别。从现有生产量的增加或减少所形成的成本上的差异看,在"相关范围"内,差异成本就是变动成本;超过相关范围,由于产量变动还可能引起固定成本和半变动成本的变动,差异成本在数量上不等于变动成本。差异成本有时还和追加成本相混用。实际上,追加成本仅仅是差异成本的一种形式。工程技术人员往往把追加成本作为一个专门术语来使用。差异成本是经营决策中广泛应用的一个重要成本概念,它可用于许多方面的决策,如零部件外购或自制的决策,应否接受某项特殊订货的决策等。

二、机会成本

机会成本是指已放弃机会可计量的潜在利益的价值。它是基于一种资源往往有多种用途,提供多种使用的机会,如果用于甲用途,就必须放弃其他用途,那么资源用于次好的、被放弃的其他用途可能得到的净收入,就是资源用于甲用途的机会成本。机会成本不是一般意义上的成本,它不构成企业的实际支出,也不记账,但它却是正确地进行经营决策必须认真考虑的现实因素。在经营决策时一般都要在若干方案中选出一个最优方案,从而放弃次优方案。权衡得失,已放弃次优方案的"失",应能从选用方案的"得"中得到补偿。这是评价最优方案的一个必要条件。

三、边际成本

边际成本是指成本对产量无限小变化的变动部分,其数学含义是成本对产量的一阶导数。在现实经济活动中,所谓产量无限小,最小只能小到一个单位,产量的单位小到一个单位以下,就没有什么实际意义了。所以边际成本的实际计算,就是产量增加或减少一个单位所引起的成本变动。

边际成本在经营决策中有许多重要作用。如在研究成本与产量的关系时,要掌握边际成本与平均成本之间的关系,当平均成本与边际成本相等时,平均成本为最低;在研究成本、收入与利润的关系时,要掌握边际成本与边际收入的关系,当边际收入和边际成本相等、边际利润等于零时,企业能实现最多的利润。这对促进企业提高生产经营的经济效益有着重要的指导意义。

四、重置成本

重置成本是指按目前市价购买某项资产所需支付的成本,亦称现实成本、现价重置成本。它对正确计算实际损益和进行经营决策具有重要意义。我们知道,财务会计是以历史成本作为入账基础的。在价格变动的情况下,它对于面向未来的决策往往作用不大。比如关于产品定价的决策,就必须以重置成本作为考虑的重点。

五、现金支出成本

现金支出成本是指要实际动用现金进行支付的成本。当企业资金紧张时特别需要把现金支出成本作为选择方案的重要因素。在某些情况下,管理部门用现金支出成本最少的方案来取代总成本最低的方案,可能对企业更为有利。

六、沉落成本

沉落成本亦称沉没成本、沉入成本。它是指已经支出,不能收回,不是目前决策所能改变的成本。如企业生产能力过剩,是否接受利用多余生产能力的订货,不论采用哪一方案,原设备投资额及折旧费均不改变,它们属于沉落成本,与决策无关,可不予考虑,只需计算差异成本和现金支出成本即可。

七、可避免成本与不可避免成本

可避免成本发生与否,取决于经营者的决策。如果某项成本与某一方案直接相联系,采用这一方案,这项成本必定发生;如不采用这一方案,则这项成本不会发生,这项成本称为可避免成本。

不可避免成本是可避免成本的对称。其发生与否不取决于经营者的决策,无论是否实施某一方案,这项成本均是客观存在的。因而考虑新的决策方案时,无须考虑不可避免成本。

八、可延缓成本与不可延缓成本

可延缓成本是和某一特定方案相联系的成本。如管理部门已决定要实施某一方案,但由于资金或其他方面的困难,不得不推迟这一方案的实施,这种推迟对目前的经营活动并不会产生较大的不利影响,那么同这一方案相关的成本就称为可延缓成本。它与可避免成本的区别在于,可延缓成本虽然可以延缓,但将来必须支出。

不可延缓成本是指已选定的某一方案,即使在企业财力有限的情况下也不能推迟执行,否则会对企业的生产经营造成较大的损害,与这一方案有关的成本就称为不可延缓成本。

九、专属成本与共同成本

专属成本是指专门由于生产某种或某批产品而发生的固定成本。明确归属于某种或某批产品成本之中,故称为专属成本。为生产某种产品而使用的机床的折旧费、保险费等都是专属成本。

共同成本是指需要由几种、几批产品或几个部门共同分担的固定成本。例如,企业管理人员工资、共同使用的机器或厂房的折旧费等都是共同成本。

十、相关成本与非相关成本

相关成本是指与决策有关,在进行决策分析时必须加以考虑的成本。非相关成本亦称无关成本,是指过去已经发生或虽未发生但对未来决策没有影响,在决策分析时无须考虑的成本。

相关成本与无关成本是根据成本与决策的"相关性"所划分的两种类型。与决策相关的如差别成本、机会成本、重置成本、现金支出成本、可避免成本、可延缓成本等都属于相关成本;与决策无关的如历史成本、不可避免成本、沉落成本等属于无关成本。

第三节 生产决策分析

生产决策是企业经营决策的重要内容之一,这类决策所涉及的问题大体上可以分为三类:生产什么,生产多少和如何生产,即生产品种决策、生产数量决策和生产组织决策。

一、生产品种决策

生产品种决策要解决的问题是生产什么产品,提供什么劳务。这里要介绍的是利用现有剩余生产能力,或利用停产过时的老产品腾出来的生产能力,投产哪种新产品的决策分析方法。至于通过大量投资追加技术装备、扩大生产能力以发展新产品的决策,则属于长期决策范围,留待以后再做介绍。

(一)生产哪种产品的决策分析

企业应根据它的生产能力来安排产品的生产。如果企业可以用相同的设备生产不同的产品,就需要根据不同产品所能提供的预期利润进行分析、判断,选择对企业最为有利的产品。

例如,某企业现有生产能力的利用程度为70%,剩余生产能力为30 000台时。现在根据市场需求情况准备利用剩余生产能力增产A或B产品,有关资料见表6.1。试做出增产哪种产品的决策。

表6.1 产品资料表

产品名称 预期数据	A产品	B产品
销售单价/(元·件$^{-1}$)	100	50
单位变动成本/(元·件$^{-1}$)	80	35
单位产品定额台时/(台时·件$^{-1}$)	5	3

由于是利用剩余生产能力增产新产品,并不增加固定成本,因而只需比较两种产品提

供的边际利润总额,便能做出选择,见表6.2。

表6.2 计算分析表

项目＼产品名称	甲产品	乙产品
预计产销量/件	30 000 ÷ 5 = 6 000	30 000 ÷ 3 = 10 000
销售单价/(元·件$^{-1}$)	100	50
单位变动成本/(元·件$^{-1}$)	80	35
单位边际利润/(元·件$^{-1}$)	100 − 80 = 20	50 − 35 = 15
边际利润总额/元	20 × 6 000 = 120 000	15 × 10 000 = 150 000

可见,生产 B 产品比生产 A 产品可多获利 30 000 元,故应增产 B 产品。

假如此例中不知剩余生产能力到底有多少台时,那么可以比较 A、B 两种产品的单位台时边际利润,因为在剩余生产能力一定的条件下,单位台时边际利润越多,边际利润总额也就越多。分析见表6.3。

$$单位台时边际利润 = \frac{单位边际利润}{单位产品定额台时}$$

表6.3 计算分析表

项目＼产品名称	A 产品	B 产品
销售单价/(元·件$^{-1}$)	100	50
单位变动成本/(元·件$^{-1}$)	80	35
单位边际利润/(元·件$^{-1}$)	100 − 80 = 20	50 − 35 = 15
单位产品定额台时/(台时·件$^{-1}$)	5	3
单位台时边际利润/(元·台时$^{-1}$)	20 ÷ 5 = 4	15 ÷ 3 = 5

可见,B 产品比 A 产品单位台时能多提供边际利润 1(5 − 4)元,那么利用 30 000 台时的剩余生产能力,就能提供 30 000(1 × 300 000)元的利润,故应增产 B 产品,结论与上例相同。

(二)开发新产品影响老产品的决策分析

例如,某企业原来只生产甲产品,现准备开发乙产品或丙产品,有关数据见表6.4。

表6.4 产品资料表

单位:元

预期数据＼产品名称	甲产品	乙产品	丙产品
销售收入	100 000	180 000	170 000
变动成本总额	50 000	150 000	130 000
边际利润总额	50 000	30 000	40 000
固定成本总额	30 000		

根据企业现有生产能力,如果开发乙产品,甲产品必须减产25%;如果开发丙产品,甲产品必须减产50%。试分析应否开发新产品及开发哪种新产品较为有利。

无论是否开发新产品及开发哪种新产品,均是利用企业现有生产能力,固定成本总额不变,属无关成本。只需比较各个方案的边际利润总额,即可做出选择。见表6.5。

表6.5 计算分析表

项目＼方案	只生产甲产品	甲产品保留75%并开发乙产品	甲产品保留50%并开发乙产品
边际利润总额/元	50 000	50 000×75% + 30 000 = 67 500	50 000×50% + 40 000 = 65 000

可见,开发乙产品比开发丙产品多获利2 500元,比不开发新产品多获利17 500元。故应开发乙产品。

在开发新产品时,企业为了弥补生产能力不足的缺陷或满足新产品的一些特殊需求,往往要增添一些专用设备、装置、工具、模具等,与此相关的成本即为专属成本。

例如,接上例,假定开发乙产品需要购置一台专用设备,与此相关发生的专属成本为6 000元,而开发丙产品不需添置其他设备,这种情况下开发哪种产品较好。分析见表6.6。

表6.6 计算分析表

单位:元

预期数据＼产品名称	甲产品	乙产品	丙产品
边际利润总额	50 000	67 500	65 000
减:专属成本	0	6 000	0
净边际利润总额	50 000	61 500	65 000

可见,此时开发丙产品较为有利,可比开发乙产品多获利3 500元。

(三)亏损产品应否停产的决策分析

企业生产经营几种产品,采用完全成本法计算损益,有的产品可能获利而有的产品可能会发生亏损,这时如何对待亏损产品？是将其停产还是继续生产？答案是,如果亏损产品停产以后,闲置下来的生产能力无法被用于其他方面,既不能转产,又不能将有关设备对外出租,在这种情况下,只要亏损产品能够提供边际利润,就不应停止这种产品的生产。

例如,某企业生产 A、B、C、D 四种产品,各产品的成本及收益情况见表 6.7。

表6.7 产品资料表

单位:元

产品 项目	A 产品	B 产品	C 产品	D 产品	合计
销售收入	10 000	20 000	30 000	40 000	100 000
变动成本总额	9 000	16 000	20 000	27 000	72 000
边际利润总额	1 000	4 000	10 000	13 000	28 000
固定成本(按销售比重分摊)	2 000	4 000	6 000	8 000	20 000
利润	-1 000	0	4 000	5 000	8 000

根据表6.7中的资料可知,A 产品亏损 1 000 元是因为它负担了一部分固定成本所致。A 产品虽然不能获利,但还提供 1 000 元的边际利润,能为补偿固定成本做出一定的贡献。若将 A 产品停产,企业边际利润总额将减少 1 000 元,但固定成本并不会因此而减少,它将转嫁给其他产品负担,从而导致企业利润总额减少 1 000 元。这样停产 A 产品的结果,不仅不会增加企业利润,反而会使企业利润减少到 7 000 元。

可见,在剩余生产能力无法转移的情况下,亏损产品只要能够提供边际利润,就能给企业增加利润,不应该停产。与此同理,微利产品、保本产品(如 B 产品)更不应该停产。

（四）亏损产品是否转产的决策分析

如果亏损产品停产以后,闲置下来的生产能力可以转移,如用于生产其他产品、承揽零星加工业务或将设备对外出租。那么即使亏损产品能够提供边际利润,也不一定继续生产。

例如,上例中的 A 产品若停产,腾出的生产能力可生产甲产品。而甲产品能取得销售收入 13 000 元,其变动成本为 10 000 元,所提供的边际利润额为 3 000 元,比 A 产品多 2 000 元,那么转产甲产品就能比继续生产 A 产品增加 2 000 元利润,这时应停产 A 产品而转产甲产品。

再如,前例中的 A 产品若停产,可将闲置设备对外出租,租金收入(指扣除按合同规定应由出租者负担的某些费用后的净收入)为 2 000 元,大于亏损产品提供的边际利润。故应采纳停产 A 产品将设备出租的方案,这样可使企业利润总额增加 1 000 元。

可见,在短期决策中,由于不改变生产能力,固定成本一般稳定不变,决策时可不予考虑,需要考虑的只是边际利润,哪种方案提供的边际利润越多,越能为企业带来更多的利润,哪种方案就应被采纳。

二、生产数量决策

在确定生产什么产品之后,接下来便是生产多少的问题。生产数量决策主要解决三类问题:产品组合决策分析,是否接受追加订货的决策分析,以及最优生产批量的决策分析。

(一)产品组合决策分析

企业的生产经常会遇到设备能力、原材料来源、动力供应等方面的限制,产品组合决策就是研究如何将有限的生产资源充分加以利用并在各种产品之间做有利的分配,以便使企业获得最大的经济效益。

例如,某家具厂有木工和油漆两个生产车间,生产餐桌和衣柜两种产品。有关资料见表6.8。

表6.8 产品资料表

项目	单位产品所需工时		车间每月最高工时
	餐桌	衣柜	
木工车间	6	2	720
油漆车间	4	4	800
单位创利额/(元·套$^{-1}$)	1 000	800	—

试分析如何安排生产,才能使该厂实现最大的盈利。

这类问题可用线性规划方法求得产品组合的最优决策。

设 x 为餐桌每月产量(套),y 为衣柜每月产量(套),P 为月利润总额。

决策分析的目标是找到月利润总额最大的产品组合,因此首先应列出目标函数为

$$P = 100x + 800y$$

由于两个生产车间的最高工时有限,两种产品的产量要受到下面两个约束条件的限制:

$$\begin{cases} 6x + 2y \leq 720 \text{(木工车间)} \\ 4x + 4y \leq 800 \text{(油漆车间)} \end{cases}$$

用图解法解得

$$\begin{cases} x = 80 \text{(套)} \\ y = 120 \text{(套)} \end{cases}$$

此时 P 最大为 176 000 元。即该厂品种最佳组合是:生产餐桌80套、衣柜120套,这样可使企业获得 176 000 元的最大利润。

如果产品超过两种,约束条件较多,可采用单纯形法确定最优产品组合,也可借助电子计算机求解线性规划问题。

(二)是否接受追加订货的决策分析

当企业生产能力有剩余时,可以考虑接受客户的追加订货。至于能否接受客户的追加订货,取决于客户所开出的销售单价。如果客户开价与正常销售价格相同,毫无疑问应当接受追加订货;如果客户开价低于正常价格甚至低于计划产量的平均单位成本,则应针对

不同情况考虑是否接受这种条件苛刻的追加订货。

首先,当追加订货不冲击本期计划任务的完成,又不要求追加专属成本,而且剩余生产能力无法转移时,只要客户开价大于该产品的单位变动成本,就可以接受追加订货。

例如,某机械厂只生产小钻床,全年最大生产力为100台,正常产销量为80台。小钻床正常销售单价为10 000元,其单位产品成本构成如下:

直接材料	3 000元
直接人工	2 000元
制造、销售、管理费用:	
变动费用	1 000元
固定费用	2 000元
单位产品成本合计	8 000元

现有一客户前来订货20台,出价每台7 000元,试分析此项订货能否接受(假定剩余生产能力无法转移)。

根据以上资料,企业可利用剩余生产能力完成追加订货的生产,而不会妨碍正常订货的生产,且无论是否接受追加订货,均不会改变固定成本,因此追加订货不必负担固定成本。只要客户开价高于其单位变动成本,就能带来边际利润,从而增加企业利润总额,这项订货就应该接受。计算分析详见表6.9。

表6.9 计算分析表

摘要\产品名称	小钻床
追加订货出价/(元·台$^{-1}$)	7 000
订货单位变动成本/(元·台$^{-1}$)	6 000 其中:直接材料 3 000 　　　直接人工 2 000 　　　变动费用 1 000
追加订货单位边际利润/(元·台$^{-1}$)	7 000 - 6 000 = 1 000
追加订货数量/台	20
追加订货获边际利润总额/元	1 000 × 20 = 20 000

从计算结果可知,虽然追加订货的出价7 000元低于正常销售单价10 000元,甚至低于正常订货的单位产品成本8 000元,但接受订货比不接受可多获边际利润20 000元,故应接受这一追加订货。

其次,当追加订货妨碍本期原有计划任务的完成时,应将由此而减少的边际利润作为追加订货方案的机会成本;当追加订货增加的边际利润足以补偿这部分机会成本时,方可接受追加订货。

例如,在上例中若客户订货40台,仍出价7 000元,试分析可否接受此项订货。这里,如果接受40台订货就将减少20台的正常销售量,此时需比较由此增加的边际利润与减少的边际利润(即机会成本)。如果边际利润有净增加额,企业有利可图,则该项订货可以接受,否则不能接受。计算分析详见表6.10。

表6.10 计算分析表

摘要	金额/元
追加订货中20台增加的边际利润	20 × (7 000 − 6 000) = 20 000
减:追加订货中20台减少的边际利润	20 × (4 000 − 1 000)* = 60 000
净增边际利润	20 000 − 60 000 = −40 000

*:正常销量每台可获边际利润4 000(10 000 − 6 000)元,追加订货每台获边际利润1 000元,故追加订货每台损失边际利润3 000(4 000 − 1 000)元

由以上分析可知,如果接受这项订货,企业利润将减少40 000元,故不能接受。

(三)最优生产批量的决策分析

在按批生产的企业中,每批生产时,都将发生"准备成本",如调整机器设备,准备工具、模具,布置生产线,下达派工单等。每批产品发生的准备成本基本上是相同的,因此,年生产准备成本与生产批数成正比。批数越多,年准备成本就越高;反之,就越低。要想降低年准备成本,就应减少批数。但是,减少批数必将增大批量,从而提高与批量成正比的"年储存成本",即仓库及设备的折旧费和修理费、保险费、保管人员工资、利息等;反之,要降低年储存成本,就需要缩小批量,增加批数,但其结果却又提高了年准备成本。最优生产批量的决策分析就是研究如何确定批量和批数,才能使这两种成本之和达到最低的程度。所谓最优生产批量也称经济批量,就是指这两种成本之和最低时的批量。

在成批生产一种产品、零件时,确定最优生产批量和最优生产批数可按如下公式计算:

$$Q^* = \sqrt{\frac{2AS}{C(1 - \frac{d}{P})}}$$

$$N^* = \frac{A}{Q^*}$$

$$T^* = \sqrt{2ASC(1 - \frac{d}{P})}$$

式中 A——全年销售量;

S——每批准备成本;

C——每单位产品(零件)年均储存成本;

P——每日产量;

d——每日销售量(耗用量);

Q^*——最优生产批量;

N^*——最优生产批数;

T^*——最低总成本。

例如,某机械厂全年需要A零件36 000个,专门生产A零件的设备每天能生产150个,每天领用量120个。每批调整准备成本为300元,单位零件年均储存成本为2元。试为

该机械厂做出最优生产批量的决策分析,并算出全年最优生产批数和最低总成本。

根据题意,将 $A=36\,000$ 个,$S=300$ 元,$C=2$ 元,$P=150$ 个,$d=120$ 个直接代入上述公式得

$$Q^* = \sqrt{\frac{2\times 36\,000\times 300}{2\times(1-\frac{120}{150})}} = 7\,348.47(\text{个})$$

$$N^* = \frac{36\,000}{7\,348.47} = 4.89(\text{次})$$

$$T^* = \sqrt{2\times 36\,000\times 300\times 2\times (1-\frac{120}{150})} = 2\,939.39(\text{元})$$

需要注意的是,在实际工作中,生产批数只能是整数,否则无意义。因此本例最优生产批数应为 5 次,相应调整最优生产批量为

$$Q^* = \frac{36\,000}{5} = 7\,200(\text{个})$$

此时 总成本 T = 年准备成本 + 年储存成本 =

$$N\cdot S + \frac{Q}{2}\cdot C\cdot(1-\frac{d}{P}) =$$

$$5\times 300 + \frac{7\,200}{2}\times 2\times(1-\frac{120}{150}) =$$

$$2\,940(\text{元})$$

三、生产组织决策

生产品种、数量确定之后,还需解决如何组织、安排生产才能使企业降低成本,获得最大收益的问题。在这方面,既有技术问题,也有经济问题。这里只介绍三类决策:有关产品是否深加工的决策分析;零、部、配件取得方式的决策分析;生产工艺技术方案的决策分析。

(一)有关产品是否深加工的决策分析

企业生产出来的产品可按不同的加工深度组织经营。如纺织厂既可以直接出售棉纱,又可以进一步加工成坯布后再出售,这时企业会面临将产品加工到什么程度再出售的问题。

在这类决策中,深加工前的半成品、联产品或副产品的成本(无论是变动成本还是固定成本)都属于沉落成本,与决策无关,不必加以考虑,相关成本只包括与深加工有关的成本。是否应该进一步加工,需视进一步加工后增加的收入是否超过增加的成本而定。

1. 半成品是否深加工的决策分析

半成品本来是企业连续生产的中间产品,但它们往往也可以直接上市出售,如白灰厂生产的生石灰,既可以进一步加工成熟石灰,也可以直接出售。深加工后的产成品售价自然要高于半成品售价,但相应要追加一定的深加工成本。因此,在决策时不但要考虑作为半成品和产成品的销路问题,还要考虑有关售价、加工成本、专属成本、现有深加工能力及其是否可以转移的问题。当半成品与产成品的投入产出比不为 1:1 时,要考虑它们的相关产量。

例如,某企业每年生产甲产品 10 000 件,单位变动成本为 15 元,单位固定成本为 10 元,销售单价为 30 元。如果把甲产品进一步加工成乙产品,销售单价可提高到 50 元,但需追加单位变动成本 5 元,专属固定成本 30 000 元,试做出直接出售甲产品还是进一步加

工成乙产品再出售的决策分析。

本例中甲产品的生产成本属沉落成本,无须考虑。相关成本是深加工成本与专属成本,详细计算分析见表6.11。

表6.11 计算分析表

摘要	金额/元
进一步加工增加的收入	(50-30)×10 000 = 200 000
进一步加工增加的成本	
其中:变动成本	5×10 000 = 50 000
专属固定成本	30 000
小计	80 000
进一步加工增加的利润	200 000 - 80 000 = 120 000

从以上分析可见,进一步加工成乙产品再出售可使企业增加利润120 000元,故应进一步加工。

如果上例中企业只有8 000件的深加工能力,该能力也可用于对外承揽加工业务,预计一年可获净收益70 000元,半成品甲与产成品乙的投入产出比为5:4。在这种情况下,企业应否进行深加工呢?

这里,由于深加工投入产出比为5:4,即将甲产品加工成乙产品的收得率为80%,8 000件甲产品可加工成6 400(8 000×80%)件乙产品。相关成本除了加工成本、专属成本以外,还有机会成本(即深加工所损失的对外承揽业务的净收益)。详细计算分析见表6.12。

表6.12 计算分析表

摘要	金额/元
进一步加工增加的收入	50×6 400 - 30×8 000 = 80 000
进一步加工增加的成本	
其中:变动成本	5×8 000 = 40 000
专属固定成本	30 000
机会成本	70 000
小计	140 000
进一步加工增加的利润	80 000 - 140 000 = -60 000

分析结果表明,进一步加工会使企业利润减少60 000元,故应直接出售甲产品,并将深加工能力用于对外承揽其他业务。

2. 联产品是否深加工的决策分析

联产品是指对同一种原材料按同一生产过程生产出来的若干种经济价值较大的产品的统称。如石油化工厂对原油裂化加工分离出来的汽油、柴油、重油等产品都属于联产品。

有些联产品可以在分离后就出售,也可以继续加工后再出售。分离前的成本属于联合成本,要按售价等标准分配给各种联产品。联产品在分离后继续加工的追加变动成本和专属固定成本称为可分成本。联合成本是沉落成本,与决策无关,可分成本属于决策相关成本。联产品是否继续加工与半成品是否继续加工,问题相似,只要进一步加工增加的收入超过增加的成本,就应继续加工,否则应立即出售。

3. 副产品是否深加工的决策

副产品是经济价值很低或没有经济价值的联产品,其是否继续加工的决策,可参照联产品的分析方法处理。如果副产品是作为废料处理的,则它不仅不能直接出售,相反还要发生一定处理的费用,那么继续加工时就可省去这部分处理费用。省去费用同增加收入的结果是相同的,因此当继续加工后的销售收入与废料处理费用之和超过加工费时,在经济上就是合算的,应当继续加工,否则应直接处理。

(二)零、部、配件取得方式的决策分析

很多企业都存在零配件应该自制还是外购的问题。进行这类决策时,除了考虑零配件的质量保证、价格水平波动、市场供求变化等因素以外,还应考虑成本的高低,即将外购方案增加的成本(购入成本包括买价和订购、运输、装卸、保险、收货等费用)同自制方案增加的成本相比较,择其低者。由于自制和外购所依据的情况各异,故应根据具体情况进行分析。

1. 需用量确定时自制或外购的决策分析

例如,某机械厂每年生产甲零件3 000件,若向市场购买,每件进货成本18元。该厂金工车间尚有剩余生产能力可以自制,经测算,每件自制成本20元,其成本构成如下:直接材料费8元,直接人工费5元,变动制造费用3元,固定制造费用4元。金工车间剩余生产能力无法转移。试为该机械厂做出甲零件应自制还是外购的决策分析。

这里,由于机械厂已具备生产甲零件的能力,且该能力无法转移,因此固定成本既不会因自制而增加,也不会因外购而减少,与决策无关,自制方案增加的成本只是甲零件的变动生产成本,若低于外购成本就应自制,否则应外购。详细计算分析见表6.13。

表6.13 计算分析表

摘要	金额/元
自制方案增加的成本:变动生产成本	(8+5+3)×3 000=48 000
外购方案增加的成本:购入成本	18×3 000=54 000
差额	48 000-54 000=-6 000

由表中数据知,自制比外购一年可节约成本6 000元,故甲零件应自制。

假定上例中金工车间自行制造甲零件需租入有关专用设备,月租金200元,如果外购,金工车间剩余生产能力可出租,每年可得租金净收入6 000元。试分析应自制还是外购。

此时,自制方案增加的成本除考虑变动生产成本以外,还应考虑专属成本和机会成本(自制所损失的年租金净收入),详细计算分析见表6.14。

表6.14 计算分析表

摘要	金额/元
自制方案增加的成本：	
变动生产成本	$(8+5+3) \times 3\,000 = 48\,000$
专属成本	$200 \times 12 = 2\,400$
机会成本	$6\,000$
小计	$56\,400$
外购方案增加的成本	$18 \times 3\,000 = 54\,000$
差额	$56\,400 - 54\,000 = 2\,400$

由上表中数据知,外购比自制每年可节约成本2 400元,故甲零件应外购。

2. 需用量不确定时自制或外购的决策分析

企业的生产计划有时需要根据市场需求的变化加以调整,这时一些零、部、配件的需要量也要做相应调整。当零配件需要量不确定时,便无法准确计算自制方案与外购方案增加的成本,此时需建立成本模型,确定"成本分界点",然后再进行比较分析。

例如,上例中甲零件全年需要量未知,试做出机械厂取得甲零件方式的决策。"成本分界点"是指能使两方案总成本相等的业务量。它的计算如下。

设 x 为甲零件年需要量,则

$$\text{自制方案增加成本} = (8+5+3) \cdot x + 2\,400 + 6\,000 = 16 \cdot x + 8\,400$$

$$\text{外购方案增加成本} = 18 \cdot x$$

这两种成本相等时的年需要量就是成本分界点,所以

$$16 \cdot x + 8\,400 = 18 \cdot x$$

$$x = \frac{8\,400}{18 - 16} = 4\,200 (件)$$

将两方案的成本模型画在同一直角坐标图中,如图6.1所示。

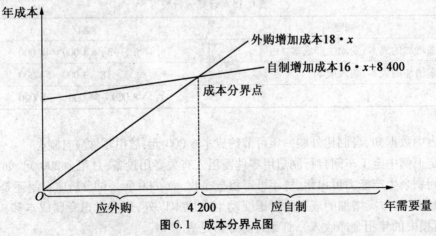

图6.1 成本分界点图

由图6.1可知,当甲零件全年需用量在0~4 200件之间变动时,应安排外购;当超过4 200件时,则以自制为优。

(三)生产工艺技术方案的决策分析

制造企业有时可采用不同的工艺技术进行生产,如同一种产品既可以用手工操作方式,又可以安排半机械化、机械化或自动化方式生产。在一般情况下,自动化程度越高,产品单位变动成本就越低,因为可以降低材料消耗,降低工人劳动强度,提高劳动生产率,但这就要求相应增加固定成本;反之,自动化程度越低,产品单位变动成本越高,而固定成本较低。因此,必须根据市场供求条件、产品所处的寿命周期阶段等信息以及未来销量的变动趋势,以销定产,根据生产计划规模决定选用何种技术工艺方案,而不能片面地认为机械化、自动化程度越高越好;总地来说,产量较大时应采用自动化程度较高的工艺,产量较小时应采用自动化程度较低的工艺。于是必须先求出划分这种产量大小的标准,即成本分界点,才能根据计划产量抉择生产工艺方案。在进行这种决策分析时,不必考虑那些对各方案相同的固定成本,如管理人员工资、折旧费、办公费、差旅费等,只需考虑对各方案不同的专属固定成本,如消耗性材料、工具装备费、设备调整准备费等。

例如,某机械厂在加工某种型号的齿轮时,可用普通铣床、万能铣床或数控铣床进行加工。有关资料见表6.15。

表6.15 成本资料表

铣床	专属固定成本/元	单位变动成本/(元·个$^{-1}$)
普通铣床	30	0.80
万能铣床	60	0.40
数控铣床	120	0.20

根据上述资料做出在何种情况下选择何种铣床较优的决策分析。

设该种型号齿轮的产量为 x 个。根据表6.15中的资料知:

用普通铣床加工的成本 $= 30 + 0.8x$

用万能铣床加工的成本 $= 60 + 0.4x$

用数控铣床加工的成本 $= 120 + 0.2x$

成本分界点可计算为

$$30 + 0.8x_1 = 60 + 0.4x_1$$
$$30 + 0.8x_2 = 120 + 0.2x_2$$
$$60 + 0.4x_3 = 120 + 0.2x_3$$

得到 $x_1 = 75$ 个, $x_2 = 300$ 个, $x_3 = 150$ 个。如图6.2所示。

由图6.2可知,当齿轮产量不足75个时,以普通铣床加工为好;产量在75~300个之间时,以万能铣床加工为好;产量超过300个时,以数控铣床加工为好。如果万能铣床已安排其他重要生产任务,那么产量在150个以下时,应用普通铣床加工,产量在150个以上时应用数控铣床加工。

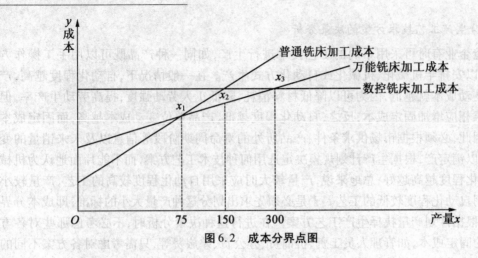

图6.2 成本分界点图

第四节 定价决策分析

管理会计中的定价决策只是在一定范围内才起作用的,而并非适用于所有商品的价格确定。西方将高度发达的市场经济环境中的价格划分为垄断价格、完全自由竞争价格和企业可控制价格三大类。其中垄断价格(不论是国家垄断价格还是企业财团垄断价格)对于个别企业来说,只能执行,无法变更,不存在定价决策问题;在完全自由竞争条件下,即当市场上某种商品的供应者与购买者的数量都很多,又很分散。此时完全由供求规律支配所形成的价格为完全自由竞争价格。由于个别企业的市场占有率都较低,若擅自提价或降价,只会失去原有市场或招致损失。因此企业必须根据市场客观的供求规律去测定均衡价格并自觉执行它。只有企业可控制价格才属于管理会计中定价决策的范围。所谓企业可控制价格是指企业可以自行决策的价格,企业的经济效益与定价决策的好坏有着密切的关系。企业在定价时应充分考虑产品的成本水平、质量好坏、所处寿命周期阶段、市场供求关系及国家价格政策等因素,既需运用一些计算分析方法,又要讲究定价策略。

一、以成本为导向的定价决策方法

价格的基础是成本,定价必须根据成本。为新产品和非标准产品定价,为工程项目投标定价以及商业企业为商品定价更是离不开成本。按成本定价的方法很多,有的利用全部成本法提供的成本资料,有的利用变动成本法提供的成本资料。

(一)按总成本定价

当企业只生产一种产品时,可以采用以总成本为基础的定价方法。计算公式为

$$单价 = \frac{预计总成本 + 目标利润}{预计产销量}$$

不论按哪种成本计算模式,上式中总成本都按相应的产品成本加上期间成本确定,目标利润可以事先确定,也可以按投资利润率、成本利润率加以确定。

例如,某服装厂计划生产一批西装1 000套,其中衣料费用45 000元,人工费用15 000元,其他变动费用5 000元,固定费用8 000元,成本利润为50%,试确定西装销售单价。

预计总成本 = 45 000 + 15 000 + 5 000 + 8 000 = 73 000(元)

目标利润 = 总成本 × 成本利润率 = 73 000 × 50% = 36 500(元)

$$单价 = \frac{73\ 000 + 36\ 500}{1\ 000} = 109.60(元/套)$$

若上例中,企业购置服装生产线投资 120 000 元,要求投资利润为 35%,试确定西装销售单价。

预计总成本 = 73 000(元)

目标利润 = 投资额 × 投资利润率 = 120 000 × 35% = 42 000(元)

$$单价 = \frac{73\ 000 + 42\ 000}{1\ 000} = 115(元/套)$$

当企业生产多种产品时,若用此法,应先将联合固定成本(即与各种产品都有关的固定成本)采用合适的标准分配给各有关产品,以确定各产品的总成本,只因产销某种产品而发生的专属固定成本不必分摊,只能由有关产品负担。当然,目标利润也应在各种产品之间分配。

按总成本定价所需资料比较容易取得,计算也较简单,但销售量预测不准或固定成本分配不当时,定价就会不准。这种决策分析方法对产销数量稳定或按固定客户订单生产的企业较为适用。

(二)按单位成本定价

1. 按单位成本加成定价

这种方法简称成本加成定价法,即在单位产品成本基础之上按一定的加成率计算确定商品价格,其公式为

价格 = 单位产品成本 × (1 + 加成率)

在不同成本计算模式下,单位产品成本和加成率的口径有所不同。如以完全成本法为基础,加成内容有销售管理费及目标利税;若以变动成本法为基础,加成内容应包括固定成本及目标利税。总之,要随成本基础确定其加成内容。

例如,某公司生产甲产品,该产品的单位平均固定成本 6 元,直接材料成本 20 元,直接人工成本 10 元,变动制造费用 4 元。根据国家有关政策及企业利税目标,经测定成本加成率为 15%,试利用成本加成法制定甲产品的价格。

甲产品价格 = (6 + 20 + 10 + 4) × (1 + 15%) = 46(元/件)

成本加成定价法是一种传统定价方法,其优点是简便易行,能保证成本得到全部补偿。其缺点是会忽视市场供求关系,不能刺激企业努力降低成本去争取利润。

2. 按单位产品成本及相关收益比率定价

这种方法是在单位产品成本及相关收益比率的基础上进行定价的一种方法。在完全成本法下,可按如下公式:

$$价格 = \frac{单位产品成本}{1 - 销售毛利率} = \frac{单位材料成本 + 单位加工成本}{1 - 销售毛利率}$$

在变动成本法下可按下面公式:

$$价格 = \frac{单位变动成本}{变动成本率} = \frac{单位变动成本}{1 - 边际利润率}$$

在成本发生变动而重新定价时,可以考虑沿用历史的变动成本率或边际利润率。在为新产品定价时,可以考虑采用同类产品的变动成本率或边际利润率。这种定价方法十分简便,临时接受订货时常采用此法。

3. 合同奖励定价法

当新产品上市,无市价可资比较时,一般由供求双方以成本为基础协商定价。比如供求双方在合同中订明预计成本和预期利润,并规定实际成本超过预计成本时,可实报实销;成本如有节约,则按合同规定比例由双方分享。

例如,一客户委托机械加工厂加工一种零件,合同中明言预计成本 80 元,预期利润 20 元,预计单价 100 元/件,若成本超支,按实际成本定价;若成本节约,60% 作为制造方的额外利润,40% 归委托方。假如实际成本为 88 元,则该零件:

$$单价 = 88 + 20 = 108(元/件)$$

假如实际成本为 70 元,则该零件:

$$单价 = 70 + (80 - 70) \times 60\% + 20 = 96(元/件)$$

此时,生产厂家每件获利 26 元,比预期利润每件多得 6 元;委托方也以低于预计价格 4 元的出厂价得手,从中获利。可见合同奖励定价对供求双方均有利,可激励生产厂家加强管理,降低成本,提高效益。

二、以市场需求为导向的定价决策方法

以市场需求为导向的定价决策方法又叫按需定价的方法,这种定价方法优先考虑的是消费者对价格的接受程度,企业必须研究确定什么样的价格才能使企业的产销量不仅符合社会需要,而且能给企业带来最佳效益。按需定价应考虑价格与供求的关系、均衡价格以及最佳的售价等问题。

(一)供求曲线与均衡价格的形成

1. 需求曲线

在其他条件(如需求者的购买力和爱好,其他相关商品的价格等)不变的情况下,一种产品的需求量会随价格的上升而减少,随价格的下降而增加。将这种关系绘入直角坐标系,即得需求曲线 D,如图 6.3 所示。

需求曲线会随着条件的改变而移动。当需求者的收入增加、消费兴趣提高,或相关产品涨价时,需求曲线会向右移动。如图 6.3 中新的需求曲线 D';反之,则向左移动。

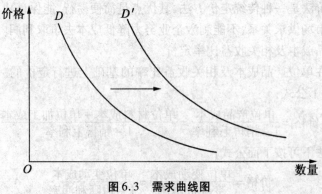

图 6.3　需求曲线图

2. 供给曲线

在其他条件(如生产要素价格、生产技术水平等)不变的情况下,供给量会随着价格的上升而增加,随价格的下降而减少。将这种关系绘入直角坐标系,即得供给曲线 S,如图 6.4 所示。

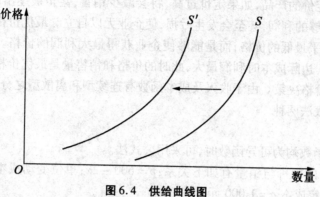

图 6.4　供给曲线图

如果其他条件发生变化,供给曲线也会移动。当生产要素价格上涨,或原料来源减少时,供给曲线会向左移动,如图 6.4 中新的供给曲线 S';反之,则向右移动。

3. 均衡价格

如果将一种产品的需求曲线 D 和供给曲线 S 绘入同一直角坐标系,则曲线 D 与曲线 S 将相交于供求平衡点 B。平衡点 B 横坐标的值代表供求平衡的数量,纵坐标的值代表供求平衡时的价格,即均衡价格 P_B,如图 6.5 所示。

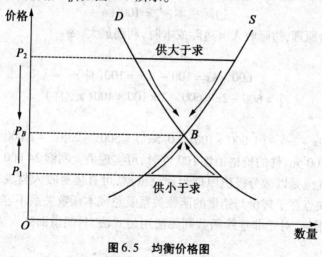

图 6.5　均衡价格图

显然,当价格高于均衡价格时,会出现供大于求的局面,造成产品过剩。供应者为了能卖出商品只得削价出售,从而刺激需求量上升,同时供应者因售价有下降趋势,便会主动减少供应量,从而最终达到供求平衡;反之,当价格低于均衡价格时,会导致供不应求的局面。这样,一方面,消费者愿意以高于 P_1 的价格争购商品;另一方面,又会因价格提高而促使生产者追加供应量。随着物价的不断提高,消费者的需求热情会再度下降,最终会达到供求平衡。可见,不论哪种情况均会自动达到供求平衡。

综上所述,便可得出供求规律如下:需求的增加会提高价格,并增加购买量;需求的减少会降低价格,并减少购买量;供给的增加会降低价格,并增加购买量;供给的减少会提高价格,并减少购买量。

(二) 最优价格的确定

对企业自行定价的产品,如果定价过高,将会减少销售,甚至被逐出市场;如果定价过低,则不能保证足够的利润,甚至会发生亏损,使企业无以自立。最优价格既不是水平最高的价格,又不是水平最低的价格,而是能够使企业获得最大利润的价格。最优价格决策是根据边际收入等于边际成本时利润最大,此时的价格和销售量是最优价格和最优销售量这一原理来确定的价格决策。由于收入及成本函数有连续型和离散型之分,故最优价格的确定有公式法与列表法两种。

1. 公式法

当收入成本函数均为可导函数时,可采用公式法。

例如,某产品的售价与销量有如下关系:$p = 600 - 2x$;单位变动成本与销量的关系是 $b = 100 + 0.5x$;固定成本 $a = 1\,000$ 元。

要求:用公式法求销量 - 售价的最优组合并计算企业的最大利润。

$$销售收入: S = p \cdot x = (600 - 2x) \cdot x = 600x - 2x^2$$

边际收入是收入函数对销量的一阶导数,即

$$边际收入: S'_x = 600 - 4x$$

$$总成本: y = a + bx = 1\,000 + (100 + 0.5x) \cdot x = 1\,000 + 100x + 0.5x^2$$

边际成本是成本函数对销量的一阶导数,即

$$边际成本\ y'_x = 100 + x$$

根据最优售价原理,边际收入 = 边际成本时,利润最大,令

$$S'_x = y'_x$$

则

$$600 - 4x = 100 + x, x = 100(件)$$
$$p = 600 - 2x = 600 - 2 \times 100 = 400(元/件)$$

此时,利润

$$P = S - y = 600x - 2x^2 - (1\,000 + 100x + 0.5x^2) = 500x - 2.5x^2 - 1\,000 = 24\,000(元)$$

即当企业按 400 元/件的价格销售 100 件时,可实现最大利润 24 000 元。

这种方法的优点是以微分极值原理为理论依据,可直接对收入与成本函数求导,计算结果比较精确。缺点在于售价与销量的函数关系及总成本函数关系不容易确定。另外,只有可导函数才能求导,对于非连续函数则无法用公式法,只能借助列表法才能求得最优售价。

2. 列表法

当收入和成本函数均为离散型函数时,可通过列表判断边际收入与边际成本的关系或考察边际利润的值来确定最优售价。例如,某企业产销甲产品,有关资料见表 6.16。试据此做出甲产品的最优售价决策分析。

表6.16 甲产品资料表

单价/(元·件$^{-1}$)	销售量/件	销售额/元	销售总成本/元
50	15	750	640
48	16	768	647
46	17	782	655
44	18	792	664
42	19	798	674
40	20	800	685

当收入成本为离散型函数时,边际收入是指在一定销量的基础上增加一个单位的销量所增加的销售收入;边际成本是指在一定产量的基础上增加一个单位的产量所增加的成本;边际利润是销量增加一个单位所增加的利润,它也是边际收入与边际成本之差。在离散条件下,除了当边际收入=边际成本,即边际利润等于零时,可找到最优售价外,还可以在边际利润为不小于零的最小值的地方找到最优售价。

本例中需列表计算甲产品的边际收入、边际成本、边际利润及利润总额,从中确定甲产品的最优售价,见表6.17。

表6.17 甲产品最优售价分析表

销售单价/(元·件$^{-1}$) ①	产销量/件 ②	销售收入/元 ③=①×②	边际收入/元 ④	销售总成本/元 ⑤	边际成本/元 ⑥	边际利润/元 ⑦=④-⑥	利润总额/元 ⑧=③-⑤
50	15	750	—	640	—	—	110
48	16	768	18	647	7	11	121
46	17	782	14	655	8	6	127
44	18	792	10	664	9	1	128*
42	19	798	6	674	10	-4	124
40	20	800	2	685	11	-9	115

从表6.17的计算可见,边际收入最接近于边际成本,即边际利润最小值为1,此时销售单价为44元/件,销量为18件,企业最大利润为128元。

这种定价方法,既根据成本水平,又考虑市场情况,较为科学。但准确估计各种价格的期望销售量及获得各种相关资料却需要付出不小的代价。

(三)调价决策的方法

1. 利用价格弹性确定调价策略

在市场经济条件下,不可能指望某种产品的价格一成不变,对价格进行调整是企业定价决策需认真考虑的问题之一,而调整价格又必须首先考虑到价格弹性的作用。

我们知道,在其他条件不变的情况下,一种产品的需求量会随着价格的上升而减少,随着价格的下降而增加,但是不同产品受影响的程度是不一样的。如食盐价格上升50%而引起的需求量的变化肯定要远远小于羊绒大衣因价格上涨50%而引起的需求量变化。为了比较不同产品的需求量因价格变化而受到影响的程度,经济学上使用"价格弹性"作为工具。

价格弹性又称需求的价格弹性,它是反映需求量对价格变动的反应程度的。其计算公式为

$$价格弹性(E) = \frac{需求量变动的百分比}{价格变动的百分比}$$

其经济含义是价格变动百分之一会使需求量变动百分之几。在计算价格弹性时需注意:由于价格弹性公式中,分子、分母是按相反方向变动的,即价格上升时,需求量下降;价格下降时,需求量上升;所以计算出来的价格弹性是负值。但通常我们使用绝对值来比较弹性的大小。

当$|E|>1$时,被称为弹性大,表明价格发生较小幅度变化会引起需求量产生较大幅度反应;如高档的奢侈品、装饰品,有其他替代品的商品等。当$|E|<1$时,被称为弹性小,表明即使价格发生较大幅度变化,需求量的变化幅度也不会太大,如粮食、食盐、医药等生活必需品。当$|E|=1$时,表明需求量与价格变动幅度一致。

利用价格弹性进行调价的策略是:对于弹性大的产品应采用调低价格的方法,实现薄利多销;对于弹性小的产品,在条件允许的范围内应适当调高价格,以达到增加收益的目的。

例如,某企业生产甲产品,年生产能力为2 000件,发生固定成本2 000元,单位变动成本5元/件,基期销售单价为10元/件,销售量为1 000件。现计划将产品价格降至8元/件,经测算销量可达1 800件。试计算甲产品的价格弹性系数,并分析该调价方案的可行性。

$$甲产品价格弹性 = \frac{\frac{1\ 800 - 1\ 000}{1\ 000}}{\frac{8 - 10}{10}} = -4$$

$|E|=4>1$,说明甲产品价格弹性大。

降价前的销售收入 $S_0 = p_0 x_0 = 10 \times 1\ 000 = 10\ 000$(元)

降价前的利润 $P_0 = S_0 - a - b x_0 = 10\ 000 - 2\ 000 - 5 \times 1\ 000 = 3\ 000$(元)

降价后的销售收入 $S = px = 8 \times 1\ 800 = 14\ 400$(元)

降价后的利润 $P = S - a - bx = 14\ 400 - 2\ 000 - 5 \times 1\ 800 = 3\ 400$(元)

可见,调低价格后可扩大销售,使企业增加销售收入4 400(14 400 - 10 000)元,增加利润400(3 400 - 3 000)元。故该调价方案是可行的。

若上例中将甲产品价格提高到12元/件,预计销量将下降到200件,试问提价方案是否可行。

提价后的销售收入 $S = px = 12 \times 200 = 2\ 400$(元)

提价后的利润 $P = S - a - bx = 2\ 400 - 2\ 000 - 5 \times 200 = -600$(元)

可见提价后将削减销售,使企业销售收入减少7 600(10 000 - 2 400)元,并导致企业亏

损 600 元,故提价方案不可行。

此例告诉我们:通常人们认为要增加收入就只有提高价格的想法是不正确的。当商品的价格弹性大时,降低价格,采取薄利多销的方式,能增加销售收入,为企业带来更多的收益。

2. 利用利润无差别点确定调价策略

尽管价格弹性在调价决策中有很大的指导作用,但在实际经济生活中,有时很难确定弹性,这时可利用利润无差别点进行调价决策。

利润无差别点是指某种产品为确保原有盈利水平,在调价后至少应达到的销售量指标。其计算公式为

$$利润无差别点销量(x_n) = \frac{固定成本 + 调价前可获利润}{拟调单价 - 单位变动成本} = \frac{a + P^*}{p - b}$$

利润无差别点销量其实质就是保利销售量(目标销售量),此时目标利润 P^* 为调价前的利润额。利用无差别点进行调价的策略是:若调价后预计销售量大于无差别点销量,则可考虑调价;若调价后预计销售量小于无差别点销量,则不能调价;若调价后预计销售量等于无差别点销量,则调价与不调价效益一样。

例如,某企业生产经营某种产品,现有最大生产能力为 10 000 件,固定成本 3 000 元,单位变动成本为 12 元/件,其售价为 20 元/件时可销售 5 000 件。

要求:利用利润无差别点法评价以下各不相关条件下的调价方案的可行性。

(1)若将售价调低为 17 元/件,预计销量可达 9 000 件左右。

(2)若将售价调低为 16 元/件,预计销售量可达 11 000 件,但企业必须追加 800 元固定成本才能具备生产 11 000 件的生产能力。

(3)若调高售价为 22 元/件,只能争取到 3 500 件订货,并且剩余生产能力无法转移。

(4)调价水平与销量情况同(3),但剩余生产能力可移作他用,预计获利 8 000 元。

根据题意,已知调价前售价 $p_0 = 20$ 元/件,销量如 $x_0 = 5 000$ 件,单位变动成本 $b = 12$ 元/件,固定成本 $a = 3 000$ 元,则调价前利润为

$$P^* = p_0 x_0 - a - b x_0 = 20 \times 5 000 - 3 000 - 12 \times 5 000 = 37 000(元)$$

调价后的预计销量为 x_2,利润无差别点销售 x_n。

(1)调价后 $p = 17$ 元/件,$x_2 = 9 000$ 件,则

$$x_n = \frac{a + p^*}{p - b} = \frac{3 000 + 37 000}{17 - 12} = 8 000(件)$$

因为 $x_2 > x_n$,故该调价方案可行。

(2)调价后 $p = 16$ 元/件,追加固定成本 800 元,$x_2 = 11 000$ 件,则

$$x_n = \frac{a + 800 + p^*}{p - b} = \frac{3 000 + 800 + 37 000}{16 - 12} = 10 200(件)$$

因为 $x_2 > x_n$,故该调价方案可行。

(3)调价后 $p = 22$ 元/件,$x_2 = 3 500$ 件,则

$$x_n = \frac{a + p^*}{p - b} = \frac{3 000 + 37 000}{22 - 12} = 4 000(件)$$

因为 $x_2 < x_n$,故该调价方案不可行。

(4) 调价后 $p=22$ 元/件,剩余生产能力转移所获 8 000 元利润可补偿损失的利润,则

$$P^* = 37\,000 - 8\,000 = 29\,000(元)$$

$$x_n = \frac{a+p^*}{p-b} = \frac{3\,000+29\,000}{22-12} = 3\,200(件)$$

因为 $x_2 > x_n$,故该调价方案可行。

三、以特殊要求为导向的定价决策方法

(一) 保本定价法

在竞争的形式下,有些企业生产经营的个别产品价格在一定条件下可能定得比较低,只有微利甚至仅仅保本,如为开拓市场、争取顾客,提高产品的市场占有率等。企业可按下面公式确定保本价格:

$$保本价格 = 单位变动成本 + \frac{固定成本}{预计销量}$$

只要价格略大于或等于保本价格,企业就不会吃亏。这种方法除了适用于竞争产品保守价格的制定外,还可应用于计算确定那些需要追加专属成本的特殊订货的最低可行价格。

例如,某服装厂生产一批服装,固定成本总额 5 000 元,单位变动成本 65 元/件,预计销量 1 000 件,试计算保本价格。若实际销售单价为 105 元/件,企业将盈利多少?

$$保本价格 = 65 + \frac{5\,000}{1\,000} = 70(元/件)$$

若实际销售单价为 105 元/件,则

$$P = 105 \times 1\,000 - 5\,000 - 65 \times 1\,000 = 35\,000(元)$$

可见,这些服装的保本价格为 70 元/件;实际价格超过 70 元/件,企业有盈利;不足 70 元/件,企业将亏损;若实际价格为 105 元/件,企业可获利 35 000 元。

(二) 保利定价法

保利定价法就是利用本量利分析原理中介绍过的实现目标利润的价格公式进行定价的方法。计算公式为

$$保利价格 = 单位变动成本 + \frac{固定成本 + 目标利润}{预计销量}$$

例如,前例中企业的目标利润为 10 000 元,则

$$保利价格 = 65 + \frac{5\,000 + 10\,000}{1\,000} = 80(元/件)$$

即只要销售价格达到 80 元/件,便可确保目标利润的实现。

(三) 反向定价法

反向定价法是根据产品消费者能承受的零售价格,决定企业在制造产品时只能用多大成本和销售费用,进而反向推算出产品出厂价的定价方法。这种方法需要进行大量调查研究或征询用户、分销商的意见,拟定出购买者或消费者可以接受的价格,然后反向推算出厂价格。

例如,某厂生产的灭蚊器在市场上的零售价为 20 元/个,零售商加成 20%。批发商加

成 15%,试为该厂制定出厂价。

因为

$$出厂价 \times (1+15\%) = 批发价$$
$$批发价 \times (1+20\%) = 零售价$$

故

$$批发价 = \frac{零售价}{1+20\%} = \frac{20}{1+20\%} = 16.67(元/个)$$

$$出厂价 = \frac{批发价}{1+15\%} = \frac{16.67}{1+15\%} = 14.50(元/个)$$

这种方法是根据市场需求、购买力水平和消费者愿意支付的价格而定价的,所以是一种比较好的定价方法。

(四)最低极限价格定价法

企业出于经营上的某种需要或考虑有时要制定最低的价格作为经销产品售价的下限。在企业生产能力有剩余且无法转移时,追加订货的最低极限价格就是单位变动成本。对于那些实在难以找到销路的超储积压物资和产品,甚至可以规定它们在一定时期内平均负担的仓储保管成本和损耗费以及有关的资金占用成本的合计数作为确定极限价格的依据。只要出售价格不低于这种极限价格,出售就是有利可图的,或使蒙受的损失最小。

四、定价策略

由于市场变幻莫测,竞争对手的行动计划不可预料,需求曲线难以准确测定,影响价格的很多因素无法一一引入定价模型,所以企业在定价决策中,既要借助于计算分析,更要依靠丰富的经验,深谋远虑,随机应变。企业常用的定价策略有以下几种:

(一)新产品定价策略

新产品定价有两种策略:一种是撇油法,另一种是渗透法。

高价投放新产品,以保证初期高额利润,并随着产品销路扩大,逐步降价的策略称为撇油法。此法可能迅速引来竞争,也会影响及时打开销路,因此常用于没有竞争而容易开辟市场的产品。这是一种短期定价策略,不能持久。

另一种手法是用低价为新产品开路,等市场建立、牌子叫响后再逐步提价,这种策略叫渗透法。此法能有效地排除竞争,便于建立长期的领先地位,持久地给企业带来日益增多的利润。这是一种长远的策略。

(二)系列产品定价策略

系列产品既可以指包装规格不同的产品,又可以指配套使用的产品(如化妆品系列)。对前者可采取差别定价。有些商品小包装销路好,如袋装的洗发膏;有些商品大包装销路好,如牙膏。对这些销路好的产品可适当提价。对成套使用的商品可规定两组价格:成套价格和单件价格,前者一般低于后者之和,可促使一次成交。

(三)心理定价策略

零售企业可利用各类消费者的不同心理进行定价,以促进销售。具体手法很多,如对中低档商品采用尾数定价,多用以九或八为尾数,而不进位成整数的价格,即诱人价格;对高档商品采用整数定价,以提高商品的身价;对不著名的商品采用心理折扣,即抬高原价后再打折扣;对亟待出售需降价处理的商品,可将削价前后价格同时列出,促使顾客通过对比积极购买;发行减价券、代价券;有奖销售;设置吸引客人的特价品;赠送小商品;等等。

(四)分期收款定价策略

对于价格较高的耐用消费品采用分期收款方式,可以增加吸引力,招揽顾客。如小汽车、住房等。分期收款的价格因已包含延付利息在内,一般都稍高于立即收款的价格。采用本策略,可促进及时销售,避免商品的大量积压。

(五)价格折扣策略

1. 数量折扣

订购达一定数量,售价可打折扣,购买数量越多,折扣越大。数量折扣可分为一次订购数量折扣、一期(年、季、月)订购数量折扣、多品种合计数量折扣等。这种策略可以鼓励消费者大批购买,实现薄利多销。

2. 季节折扣

对于销售有季节性的商品,顾客提前购买可以享受折扣,销售的企业则可减少储存成本,减轻对仓库的压力。航空、旅游、邮电、水电等在营业上有季节性或时间性的企业,可充分利用营业能力,增加收入。

3. 过时商品折扣

对于款式陈旧、技术落后的商品以及已过时令的季节性商品,可打折扣以求及时脱手,避免长期负担利息、保管费、保险费、财产税和锈蚀、变质等损失。

第七章 风险型决策与不确定型决策

第一节 风险概述

一、风险的含义及特点

(一)风险的含义

一项行动有多种可能的结果,其将来的后果是不肯定的,就叫有风险;如果一项行动只有一种确定的结果,就叫没有风险。

严格说来,风险和不确定是有区别的。风险是指事前可以知道所有可能的后果,以及每种后果的概率。例如,掷一枚硬币,事前完全可以肯定当硬币掉在地面后,只有正面朝上和反面朝上两种后果,而且每种后果出现的可能性各占一半。不确定是指事前不知道所有可能后果,或者虽然知道可能后果但不知道它们出现的概率。例如,在一个新区找矿,事前知道只有找到和找不到两种后果,但不知道两种后果的可能性各占多少。又如购买股票,投资者事实上不可能知道所有可能达到的报酬率及其出现的可能性。在实际生活中很难区分风险与不确定,风险问题的概率往往不能准确知道,不确定问题也可以估计一个概率,因此在实务领域对风险和不确定不做区分,都视为"风险"问题对待,把风险理解为可测定概率的不确定性。概率的测定有两种:一种是客观概率,指根据大量历史实际数据推算出来的概率;另一种是主观概率,是在没有大量实际资料的情况下,人们根据有限资料和经验合理估计的。

(二)风险的特点

风险是事件本身的不确定性,具有客观性。例如,无论企业还是个人,投资于国库券,其收益的不确定性较小;如果是投资于股票,则收益的不确定性大得多。何时购买、买哪几种股票、各买多少,风险是不一样的。这些问题一旦决定下来,其风险大小投资者就无法改变了。就是说特定投资的风险大小是客观的,而投资者是否去冒风险及冒多大风险是可以选择的,是主观决定的。

风险与危险不同。危险是只可能出现坏的后果,而风险是既可能出现较坏的后果,也可能出现较好的后果。也就是说,风险可能给投资人带来超出预期的损失,也可能带来超出预期的收益。一般说来,投资人对意外损失的关切比对意外收益要强烈得多。因此人们研究风险时主要从不利的方面来考察风险,经常把风险看成是不利事件发生的可能性。

(三)确定型决策,风险型决策,不确定型决策

按照决策条件的肯定程度,可将决策分为确定型决策、风险型决策和不确定型决策。

确定型决策是指决策者对未来的发展状况十分有把握,决策所涉及的各种备选方案的各项条件都是已知的,并且每个方案只有一个确定的结果。这类决策问题比较容易,可采

用本量利分析、边际利润分析、线性规划等方法，如前一章的生产决策、定价决策等都属于这种类型的决策。

风险型决策是指决策者对未来的发展情况把握不准，只知一个大概的可能性，决策所涉及的各种备选方案的各项条件虽然也是已知的，但表现出若干种变动趋势，每一方案的执行都会出现两种或两种以上的不同结果，可以依据有关数据通过预测来确定其客观概率。这类决策由于结果的不唯一性，使得任何一种决策都要冒一定风险。常用的方法主要有决策表法、决策树法等。

不确定型决策是指决策者对未来状态有局部了解，但在当时当地具体条件下，又无法确定各种自然状态可能发生的概率，决策所涉及的各种备选方案的各项条件只能以决策者的经验判断所确定的主观概率作为决策依据。做出这类决策难度较大，决策人员需要具有较高的理论知识水平和丰富的实践经验。常用的方法有乐观分析法、悲观分析法、等可能分析法等。

二、风险的种类

（一）市场风险和公司特有风险

从个别投资主体的角度看，风险分为市场风险和公司特有风险两类，市场风险是指那些影响所有公司的因素所引起的风险，如战争、经济衰退、通货膨胀、高利率等。这类风险涉及所有的投资对象，不能通过多角化投资来分散，因此又称不可分散风险或系统风险。例如，一个人投资于股票，不论买哪一种股票，他都要承担市场风险，经济衰退时各种股票的价格都有不同程度下跌。

公司特有风险是指发生于个别公司的特有事件造成的风险，如罢工、新产品开发失败、没有争取到重要合同、诉讼失败等。这类事件是随机发生的，因而可以通过多角化投资来分散，即发生于一家公司的不利事件可以被其他公司的有利事件所抵消。这类风险也称为可分散风险或非系统风险。例如，一个人投资于股票时，买几种不同的股票，比只买一种风险小。

（二）经营风险和财务风险

从公司本身来看，风险分为经营风险和财务风险两类。经营风险是指企业在生产经营各个方面的不确定性带来的风险，它是任何商业活动都有的，也叫商业风险。经营风险主要来自以下几个方面：

1. 市场销售

市场需求、市场价格、企业可能生产的数量等不确定，尤其是竞争使供产销不稳定，加大了风险。

2. 生产成本

原料的供应和价格、工人和机器的生产率、工人的工资和奖金，都是不肯定因素，因而产生风险。

3. 生产技术

设备事故、产品发生质量问题、新技术的出现等，难以预见，从而产生风险。

4. 其他

外部的环境变化，如天灾、经济不景气、通货膨胀、有协作关系的企业没有履行合同等，企业自己不能左右,产生风险。

财务风险是指因借款而增加的风险,是筹资决策带来的风险,也叫筹资风险。举债加大了企业的风险。运气好时赚得更多,运气不好时赔得更惨。如果不借钱,企业全部使用股东的资本,那么该企业没有财务风险,只有经营风险。

管理会计侧重于研究企业的经营风险,财务管理则侧重于研究企业的财务风险。

三、风险的衡量

在实际生活中,一般的人都反对风险。可以说明人们反对风险的典型例子是保险业务。人们愿意投保各种保险,如人寿保险、医疗保险、家庭财产保险、火灾保险等,就是因为这样可以使投保人减少风险。在投资活动中,任何投资者宁愿要肯定的某一报酬,而不愿意要不肯定的同一报酬,这种现象叫作风险反感。由于这种风险反感现象的普遍存在,以及时间相隔越远决策执行后果越难肯定,所以企业在进行决策分析时需研究风险,计量风险,慎重考虑风险因素。

风险的衡量需要使用概率和统计方法。

(一)概率和概率分布

在经济活动中,某一事件在相同的条件下可能发生也可能不发生,这类事件称为随机事件。概率就是用来表示随机事件发生可能性大小的数值。例如,一个企业的利润有60%的可能性增加,有40%的可能性减少。60%的可能性意味着概率为0.6,40%的可能性就是概率为0.4,如果把所有可能的事件或结果都列示出来,且每一事件都给予一种概率,把它们列示在一起,便构成了概率分布。上例的概率分布详见表7.1。

表7.1 概率分布表

可能出现的结果(i)	概率(P_i)
利润增加	0.6 = 60%
利润减少	0.4 = 40%
合计	1.00 = 100%

通常,把必然发生的事件的概率定为1,把不可能发生的事件的概率定为0,而一般随机事件的概率是介于0与1之间的一个数,概率越大就表示该事件发生的可能性越大。将所有可能的后果出现的概率相加,其和必定是100%,因此概率分布必须符合以下两个要求:

(1)所有的概率即 P_i 都在0和1之间,即 $0 \leq P_i \leq 1$。

(2)所有结果的概率之和应等于1,即 $\sum_{i=1}^{n} P_i = 1$,这里 n 为可能出现结果的个数。

(二)随机变量与期望值

在实际生活中,很多随机事件都可以采取数量标记。例如,抽样检查产品时出现的废品个数,银行一天支付的现金数等。对于那些没有采取数量标记的事件,也可以人为地赋予数量标记。例如,掷硬币,出现"正面"记为1,出现"反面"记为0;产品抽验,"抽得正品"

记为 0,"抽得次品"记为 1,"抽得废品"记为 2 等。因此,对随机试验的结果可用一个变量来表示,这个变量随着试验结果的不同而取不同的值,我们把这个变量称作随机变量,记为 x,把每个可能结果所对应的值记为 x_i。

例如,某企业现有一个投资方案甲,在经济繁荣时期(概率为 0.2),年收益为 6 000 万元;正常时期(概率为 0.6),年收益为 5 000 万元;衰退时期(概率为 0.2),年收益为 4 000 万元。这里投资方案甲的预计年收益就是一个随机变量,它有三种可能取值:6 000 万元、5 000 万元、4 000 万元,其相应的概率就是每一种经济情况出现的概率即为 0.2、0.6、0.2,其概率分布见表 7.2。

表 7.2 概率分布表

经济情况	发生的概率(P_i)	甲方案预计年收益(x_i)
繁荣	0.2	6 000 万元
正常	0.6	5 000 万元
衰退	0.2	4 000 万元
合计	1.00	—

如果随机变量只取有限个值,则称其为离散型随机变量。实际上出现的经济情况远不只三种,有无数可能的情况会出现,如果对每种情况都赋予一个概率,并分别测定其年收益,那么该随机变量即为连续型随机变量。

期望值是指随机变量的各个取值,以相应的概率为权数的加权平均数,也叫预期值或数学期望,记作 $E(x)$。它反映随机变量取值的平均化。计算公式为

$$E(x) = \sum_{i=1}^{n} P_i x_i$$

式中　P_i——第 i 种结果出现的概率;
　　　x_i——第 i 种结果相应的取值;
　　　n——所有可能结果的数目。

例如,接上例,该企业还有一个投资方案乙,在三种不同经济情况下预计年收益分别是 10 000 万元、5 000 万元和 0 万元,试计算两个投资方案的期望年收益。

方案甲期望年收益 = 6 000 × 0.2 + 5 000 × 0.6 + 4 000 × 0.2 = 5 000(万元)
方案乙期望年收益 = 10 000 × 0.2 + 5 000 × 0.6 + 0 × 0.2 = 5 000(万元)

计算结果表明,甲、乙两方案的期望年收益都是 5 000 万元。但期望年收益相等并不意味着两方案的风险也相等。显然这两个方案年收益水平变动幅度很不相同,即概率分布不同。甲方案变动幅度在 4 000 万元 ~ 6 000 万元之间,分散程度小;而乙方案变动幅度在 0 ~ 10 000 万元之间,分散程度大,可见乙方案的风险比甲方案大。

为了定量地衡量风险大小,还要使用统计学中衡量概率分布离散程度的指标。

(三)标准差与标准离差率

标准差也称标准离差,是各种可能的取值偏离期望值的综合差异,记作 σ。它能够反映离散程度的大小,进而反映风险程度的大小。其计算公式为

$$\sigma = \sqrt{\sum_{i=1}^{n}[x_i - E(x)]^2 \cdot P_i}$$

上例中甲方案的标准差为

$\sigma_\text{甲} = \sqrt{(4\,000 - 5\,000)^2 \times 0.2 + (5\,000 - 5\,000)^2 \times 0.6 + (6\,000 - 5\,000)^2 \times 0.2} =$ 632.46(万元)

乙方案的标准差为

$\sigma_\text{乙} = \sqrt{(0 - 5\,000)^2 \times 0.2 + (5\,000 - 5\,000)^2 \times 0.6 + (10\,000 - 5\,000)^2 \times 0.2} =$ 3 162.28(万元)

$\sigma_\text{乙} > \sigma_\text{甲}$，说明乙方案的风险比甲方案大。

该例表明，当两个方案的期望收益水平相同时，可以直接用标准差 σ 来比较风险的大小。但如果两个方案的期望值不同，直接用标准差就不好比较，此时需用标准离差率来测定它们的相对风险。

标准离差率也叫变差系数，它是标准差与期望值之比，记作 V。其公式为

$$V = \frac{\sigma}{E(x)}$$

例如，A 方案的期望年收益为 100 万元，标准差为 10 万元，B 方案的期望年收益为 20 万元，标准差为 5 万元，试分析哪个方案风险大。

由于 A、B 两方案的期望年收益相差悬殊，故不能直接用标准差这一绝对指标来比较其风险的大小，而应用标准离差率这一相对指标来测定其风险的大小。

A 方案的标准离差率 $V_A = \frac{10}{100} = 0.1$

B 方案的标准离差率 $V_B = \frac{5}{20} = 0.25$

$V_B > V_A$，故 B 方案风险比 A 方案大。

第二节 风险型决策

风险型决策是在每个备选方案面临两种或两种以上自然状态，决策者虽不能肯定将来出现何种状态，但能计算或估计出自然状态概率及相应损益值的条件下所进行的决策。这种类型的决策其程序如下：收集与决策有关的情报资料，拟定主要决策方案；调查并找出决策所面临的自然状态，计算或估计出各自然状态概率；计算每一决策方案在各自然状态下相应损益值，综合考虑期望损益及风险水平，通过比较进行择优。在其他条件相同情况下，决策可遵循期望收益最大准则；在期望收益水平相同情况下，可遵循风险最小准则。当然，在实际决策分析工作中，决策者的知识、经验、兴趣以及对待风险的态度都会对决策方案的选择有影响。本节重点介绍两种常见的风险型决策方法，即决策表法和决策树法。

一、决策表法

决策表法是指通过决策利润表选择方案的方法。决策利润表包括决策方案、自然状态、状态概率和方案在各自然状态下能够实现的损益值。下面举例说明决策利润表的编制

及应用。

例如,某公司准备开发新产品甲或新产品乙,有关资料如下:

	甲产品	乙产品
销售单价(元/件)	30.00	28.50
单位变动成本(元/件)	26.80	25.60
固定成本(元)	24 000	24 000

销售量是一随机变量,在不同的自然状态下,其预测数见表7.3。

表7.3 销售量概率分布表

预计销售量/万件	概率	
	甲产品	乙产品
60		0.1
80	0.1	0.2
90	0.1	0.2
100	0.3	0.4
120	0.3	0.1
140	0.2	

试用决策表法做出开发何种新产品的决策。

根据上述资料可编制决策利润表见表7.4。

表7.4 决策利润表

备选方案	不同自然状态下的销售量/万件	状态概率	期望销售量/万件	单位边际利润/(元·件$^{-1}$)	期望边际利润总额/万元
甲产品	80	0.1	8	30.00 − 26.80	3.2 × 111
	90	0.1	9		
	100	0.3	30		
	120	0.3	36		
	140	0.2	28		
	期望值		111	3.2	355.2
乙产品	60	0.1	6	28.50 − 25.60	2.9 × 92
	80	0.2	16		
	90	0.2	18		
	100	0.4	40		
	120	0.1	12		
	期望值		92	2.9	266.8

从表 7.4 的计算结果可以看出,开发新产品甲比开发新产品乙合算,从期望值看可多获利 88.40 万元。

如果获利水平相当,可比较备选方案的风险程度。如上一节的例子,根据投资方案甲、乙的有关资料,编制决策利润表 7.5。

表 7.5 决策利润表

备选方案	经济状况	状态概率	预计年收益/万元	期望年收益/万元	标准离差/万元
方案甲	繁荣	0.2	6 000	1 200	
	正常	0.6	5 000	3 000	
	衰退	0.2	4 000	800	
		1.0		5 000	632.46
方案乙	繁荣	0.2	10 000	2 000	
	正常	0.6	5 000	3 000	
	衰退	0.2	0	0	
		1.0		5 000	3 162.28

从表 7.5 可看出,甲、乙两方案的期望收益水平相同,但方案乙的风险较大,故应选择方案甲。

如果获利水平和风险程度均不相等,那么,方案的取舍将依赖于决策者的性格特征、冒险精神等,不同的决策者可能会有不同的决策结果。

例如,设有两个投资额和其他条件相同的投资项目 A 和项目 B,它们可能的投资报酬率及相应的概率见表 7.6。试进行决策。

表 7.6 投资报酬率概率分布表

A 项目		B 项目	
投资报酬率/%	概率	投资报酬率/%	概率
13	0.1	11	0.3
15	0.8	16	0.4
17	0.1	21	0.3
合计	1.0	合计	1.0

根据表 7.6 资料,编制决策利润表,见表 7.7。

表 7.7　决策利润表

备选方案	不同自然状态下的预计投资报酬率 /%	状态概率	期望投资报酬率 /%	标准离差 /%
A 项目	13	0.1	1.3	
	15	0.8	1.2	$\sqrt{(13-15)^2 \times 0.1 + (15-15)^2 \times 0.8 + (17-15)^2 \times 0.1}$
	17	0.1	1.7	
		1.0	15	0.89
B 项目	11	0.3	3.3	
	16	0.4	6.4	$\sqrt{(11-16)^2 \times 0.3 + (16-16)^2 \times 0.4 + (21-16)^2 \times 0.3}$
	21	0.3	6.3	
		1.0	16	3.87

如果其他情况完全相同,投资者总是爱好期望投资报酬率较高的项目。本例中,A 项目的期望投资报酬率为 15%,B 项目的期望投资报酬率为 16%,但投资者却不一定选择 B 项目,因为 B 项目的风险高于 A 项目。因此对于不求大利、谨慎小心的决策者可能会选择 A 项目,而对于敢冒风险、谋求大利的决策者将会选择 B 项目。(标准离差率 $V_A = \dfrac{\sigma_A}{E(x)_A} = \dfrac{0.89}{15} = 0.059, V_B = \dfrac{\sigma_B}{E(x)_B} = \dfrac{3.87}{16} = 0.242$)

二、决策树法

决策树法是指通过绘制决策树辅助决策的方法。其程序可大致分为收集和分析资料、绘制决策树、计算损益期望值、比较择优四步。其中,绘制决策树是其核心步骤。决策树是用树状结构图来显示各阶段要决策的问题的。下面举例说明。

例如,某厂计划开发一种新产品,它的经济寿命预期为 5 年。如果建大厂需要投资 2 000 万元,建小厂需要投资 1 000 万元。预计将来各种市场需求出现的概率及 5 年内每年的净现金收益见表 7.8,试用决策树法分析是建大厂还是建小厂合算。

表 7.8　方案资料表

备选方案	市场需求状况	状态概率	每年现金净收益/万元
建大厂	大	0.4	1 000
	中	0.4	500
	小	0.2	-200
		1.0	
建小厂	大	0.4	400
	中	0.4	400
	小	0.2	400
		1.0	

根据表7.8的数据可画出决策树如图7.1所示。

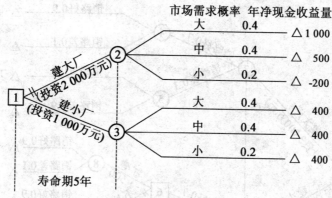

图7.1 决策树图

图中的方块①叫决策点,一个方块称单阶段决策,多个方块称多阶段决策;决策点后面的树枝叫方案枝,有几种方案就有几条分支;图中的圆圈②和③叫机会点,说明面临的自然状态;圆圈后面的树枝叫概率枝,有几种自然状态,便有几条分支,它表明每种自然状态下的结果及相应的概率;△三角表示决策终点,说明决策过程结束,决策终点右边的数值是方案在该自然状态下的损益值;++双截线表示剪枝,表明此方案不合理,应予否定;……竖虚线表示时间阶段,说明决策方案使用时间。绘制决策树,按书写顺序,自左向右,向后展开;计算损益期望值与绘制决策树顺序相反,自右向左,向前展开计算。

图7.1中,机会点②处的期望值为

$$[1\ 000\times0.4+500\times0.4+(-200)\times0.2]\times5-2\ 000=800(万元)$$

机会点③处的期望值为

$$(400\times0.4+400\times0.4+400\times0.2)\times5-1\ 000=1\ 000(万元)$$

比较两个机会点的期望值,③处的期望值大,应保留,建大厂的方案枝应剪掉。可见,决策结果是建小厂,从期望现金净收益来看,建小厂比建大厂5年多获利200万元。

本例属单阶段决策,比较简单,也可以用决策表法分析。当遇有多阶段决策时,应先进行后面决策,再进行前面决策,即所谓逆向决策分析。

例如,某公司为满足市场需要决策生产一种新产品。经营人员提出两个建厂方案:一是建大厂,投资3 000万元,使用10年;二是建小厂,投资1 200万元,使用10年。现知未来10年中,前3年销路好的概率为0.7,建大厂年收益可达1 000万元,建小厂年收益达400万元;销路差的概率为0.3,建大厂年收益为-200万元,建小厂年收益为300万元。后7年自然状态是,若前3年销路好,后7年销路好的概率为0.9;若前3年销路差,后7年销路差的概率为0.9。针对后7年,经营人员提出,若前3年真的销路好,可考虑是否将小厂扩建,小厂扩建投资1 500万元,若销路好年收益为950万元,销路差年收益为0,试绘图决策。

根据上述资料,绘制决策树如图7.2所示。

图7.2中有两个决策点①和⑥,属于两阶段决策,根据逆向决策分析法,首先确定⑥计算两个机会点⑧和⑨的损益期望值。

⑧ $(950\times0.9+0\times0.1)\times7-1\ 500=4\ 485(万元)$

⑨　　　　　　　(400×0.9+300×0.1)×7=2 730(万元)

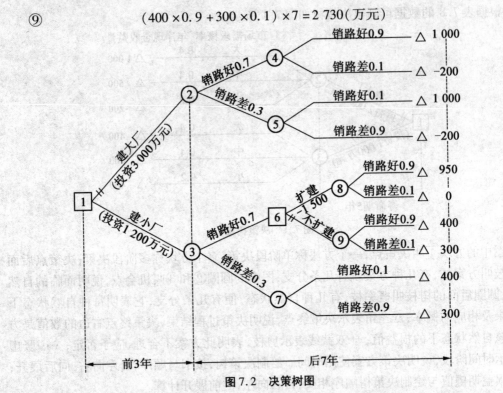

图 7.2　决策树图

比较⑧和⑨,⑧的期望值大于⑨的期望值,故应保留扩建方案枝,剪掉不扩建方案枝。⑥的期望值为 4 485 万元。

然后计算机会点④、⑤、⑥、⑦的损益期望值。

④　　　　　　　[1 000×0.9+(−200)×0.1]×7=6 160(万元)
⑤　　　　　　　[1 000×0.1+(−200)×0.9]×7=−560(万元)
⑥　　　　　　　　　　　　4 485 万元
⑦　　　　　　　(400×0.1+300×0.9)×7=2 170(万元)

最后计算机会点②和③的损益期望值。

②[1 000×0.7+(−200)×0.3]×3+6 160×0.7+(−560)×0.3−3 000=3 064(万元)
③[400×0.7+300×0.3]×3+4 485×0.7+2 170×0.3−1 200=3 700.5(万元)

比较机会点②和③,③的损益期望值大于②的期望值,故应保留建小厂方案枝,剪掉建大厂方案枝。通过以上分析可知,先建小厂然后扩建的方案为中选方案。

以上两例是简化了的。现实生活中的决策树比这要复杂得多。在现实生活中,决策阶段、需求水平、工厂规模都可能不止这几种,每年的收益也可能互不相等。另外,这两个例子都没有考虑资金的时间价值,而在实际决策分析工作中,各年的净收益必须折算成现值,在折算时,贴现率还应根据风险的大小做必要的调整。

用决策树进行决策分析有很多优点。它能使决策过程有次序地进行,使我们在比较近期的决策方案时,同时考虑到它们的长远效果。

第三节 不确定型决策

不确定型决策是在研究环境不确定,可能出现不同自然状态且每种自然状态出现的概率也无法估计的条件下所进行的决策。对于这类决策,一般强制性地将不确定型转化为确定型,由经营预测人员集体估计出各种策略方案的期望获利值,从而做出决策。因此,这类问题的解决得靠决策人的知识、经验、能力和思维判断力等,不同学者、不同决策人对不确定型决策提出的决策标准不同,采用的决策方法也不同。大致有以下五种。

一、大中取大法

如果决策者对未来持乐观态度,可采用大中取大法。即在几种不确定的随机事件中,选择最有利的市场需求情况下的收益值最大的方案作为中选方案的决策方法。这里的"收益值"在短期经营决策中是指"边际利润总额"或"税前净利"等;在长期投资决策中是指"净现值""内部收益率"或"获利指数"等。该方法的具体步骤是:先从每一方案中选出收益最大者,然后再把各方案最大收益加以比较,从大中再选大。

例如,某厂准备生产一种新产品,预测人员估计此产品面临市场销路好、销路较好、销路一般和销路差四种状况。据此,生产经营人员提出大批、中批、小批和试验批四种生产方案,并预计出销路好坏不同情况下的边际利润总额,有关资料见表7.9。

表7.9 产品资料表

生产方案 \ 市场销路 边际利润/万元	销路好	销路较好	销路一般	销路差
大批生产	2 000	1 000	0	-1 000
中批生产	1 500	1 500	500	-500
小批生产	1 000	1 000	1 000	0
实验批生产	500	500	500	500

按大中取大法,选优过程见表7.10。

表7.10 方案选优表

生产方案 \ 市场销路 边际利润/万元	销路好	销路较好	销路一般	销路差	各方案最大收益
大批生产	2 000	1 000	0	-1 000	2 000
中批生产	1 500	1 500	500	-500	1 500
小批生产	1 000	1 000	1 000	0	1 000
实验批生产	500	500	500	500	500
大中取大					2 000
相应方案					大批生产

此法是以乐观标准去选优的,故也称乐观分析法,其缺点是风险程度较大。

二、小中取大法

如果决策者对未来持悲观态度,可采用小中取大法。即在几种不确定的随机事件中,选择最不利的市场需求情况下的收益值最大的方案作为中选方案。其具体步骤是先从每一方案中选出收益最小者,然后再把各方案最小收益加以比较,从小中再选大。

例如,将上例按小中取大法进行选择,择优过程见表 7.11。

表 7.11　方案优选表

生产方案 \ 市场销路　边际利润/万元	销路好	销路较好	销路一般	销路差	各方案最大收益
大批生产	2 000	1 000	0	−1 000	−1 000
中批生产	1 500	1 500	500	−500	−500
小批生产	1 000	1 000	1 000	0	0
实验批生产	500	500	500	500	500
小中取大					500
相应方案					试验批生产

此法是以悲观标准去选优的,故也称悲观分析法。据此标准,一旦销路差时,能稳得一定收益,但在其他自然状态下建树不大,因此这种方法比较保守和稳健,适应于资金非常拮据的企业。

三、大中取小法

大中取小法又称最小的最大后悔值法,是在几种不确定的随机事件中,选择最大后悔值中的最小值方案作为中选方案的一种方法。所谓后悔值,即损失额,是指各种不同需求情况下的最大收益值超过本方案收益值的差额。它表示如果选错方案将会受到的损失额。其具体步骤是首先计算出各方案的后悔值,然后从每一方案中选出最大后悔值,最后再把各方案最大后悔值加以比较,从中再选最小值。

例如,将上例按大中取小法进行选择,其择优过程见表 7.12。

表 7.12　方案优选表

生产方案 \ 市场销路　生产值/万元	销路好	销路较好	销路一般	销路差	各方案最大收益
大批生产	2 000−2 000 =0	1 500−1 000 =500	1 000−0 =1 000	500−(−1 000) =1 500	1 500

续表 7.12

市场销路 生产值/万元 生产方案	销路好	销路较好	销路一般	销路差	各方案 最大收益
中批生产	2 000 - 1 500 = 500	1 500 - 1 500 = 0	1 000 - 500 = 500	500 - (-500) = 1 000	1 000
小批生产	2 000 - 1 000 = 1 000	1 500 - 1 000 = 500	1 000 - 1 000 = 0	500 - 0 = 500	1 000
实验批生产	2 000 - 500 = 1 500	1 500 - 500 = 1 000	1 000 - 500 = 500	500 - 500 = 0	1 500
大中取小					1 000
相应方案					中小批生产

此法以损失最小作为择优标准,因此偏于保守。它对富有冒险精神的决策人有一定束缚力,但对把握不大的长期投资决策又具有一定实用价值。

四、折中法

决策者对未来情况比较乐观,同时也考虑到不利形势产生的影响,根据市场情况和个人经验,预先确定一个乐观系数 α 作为主观概率,然后选出每一方案的最大和最小收益值,用 $1-\alpha$ 乘以最大收益值,加上 (α) 乘以最小收益值,作为该方案的期望收益,比较各方案的期望收益值,大者为最佳方案。此法也称乐观系数法,α 的取值范围是 $0 \leq \alpha \leq 1$,如果 α 取值接近 1,则比较乐观;如果接近 0,则比较悲观。每个备选方案的期望收益值按照以下公式计算:

$$期望收益值 = \alpha \times 最高收益值 + (1-\alpha) \times 最低收益值$$

例如,上例采用折中法择优,其过程如下:

该厂将乐观系数定为 0.6,则

$$\alpha = 0.6, (1-\alpha) = 0.4$$

大批生产期望收益 = $0.6 \times 2 000 + 0.4 \times (-1 000) = 800$(万元)
中批生产期望收益 = $0.6 \times 1 500 + 0.4 \times (-500) = 700$(万元)
小批生产期望收益 = $0.6 \times 1 000 + 0.4 \times 0 = 600$(万元)
试验批生产期望收益 = $0.6 \times 500 + 0.4 \times 500 = 500$(万元)

从以上计算结果来看,大批生产的期望收益最高,故应选择该方案。

此法决策标准比较接近实际,但确定乐观系数难度很大,而且往往带有决策人的主观性。

五、同等概率法

当决策者认为没有理由说明哪个事件有更多的发生机会时,只能认为它们发生的机会是均等的,这时各种自然状态的概率就是 $\frac{1}{n}$,以此概率去计算各方案的期望值,然后比较选择期望值最大的方案为最佳方案。该法也称等概法或等可能法。

例如,上例采用同等概率法,其择优过程如下:

市场调查预计有四种自然状态,故各种自然状态的概率为1/4。首先计算各种方案的期望收益:

$$\text{大批生产期望收益} = \frac{1}{4} \times [2\,000 + 1\,000 + 0 + (-1\,000)] = 500$$

$$\text{中批生产期望收益} = \frac{1}{4} \times [1\,500 + 1\,500 + 500 + (-500)] = 750$$

$$\text{小批生产期望收益} = \frac{1}{4} \times (1\,000 + 1\,000 + 1\,000 + 0) = 750$$

$$\text{试验批生产期望收益} = \frac{1}{4} \times (500 + 500 + 500 + 500) = 500$$

从以上计算结果来看,中、小批生产的期望收益值最高,故应选择这两种方案。

此法把决策标准建立在同等概率基础上,而同等概率并不是事物分布的一般规律。在实践中,这种逻辑推理标准有时会造成决策的失误。

在不确定型决策中,由于没有大量资料,没有自然概率可依,决策者主张各异,决策标准也因人而异,因此会出现各种结果。前例中,按照大中取大和乐观系数标准,选大批生产方案;按同等概率标准和后悔值标准选中、小批生产方案;按小中取大标准,却选试验批生产方案。对同一决策,结果如此不同,是因为决策标准各不相同。各种标准之所以同时存在,是由于各种标准都有一定理由但又不太充分。至于采用哪种标准,主要取决于决策人的气质、志向、经验及冒险精神。近些年来,随着决策技术的发展,对这五种决策标准的采用逐渐减少,而倾向于根据软资料估计出主观概率,或结合硬资料计算出客观概率,将不确定型决策转化为风险型决策,按期望值标准进行评价择优。

第八章　长期投资决策

第一节　长期投资决策的特点

长期投资决策,也称资本支出决策,是指适应企业生产经营的长远需要,为厂房的兴建、扩建、改建,生产设备的购置、更新,现有产品的改造以及新产品的试制等方面所进行的长期性的决策。

一、回收时间长

长期投资决策一经做出,便会在较长时间内影响企业,一般的项目投资都需要几年、十几年甚至几十年才能收回。因此,项目投资对企业今后长期的经济效益,甚至对企业的命运都有着决定性的影响。这就要求企业在进行项目投资时必须小心谨慎,进行认真的可行性研究。

二、投资数额多

长期投资一般都需要较多的资金,小到几千元的设备,大到几十万元、几十亿元的建设项目。因此,项目投资对企业现金流量和财务状况有很大的影响。这就要求企业合理安排资金预算,适时筹措资金,尽可能减轻企业财务压力。

三、变现能力差

长期投资一旦完成,要想改变往往为时已晚,不是无法实现,就是代价太大。这主要是由于机器设备不易改变用途,又难以出售;改建房屋、建筑物花费甚多。因此有人称项目投资具有不可逆转性。

四、资金占用量相对稳定

长期投资一经完成,在资金占用数量上保持相对稳定,不像流动资产投资那样经常变动,而且其实物营运能力也被确定。在相关业务量范围内,实际投资项目营运能力的增加,并不需要增加项目投资,通过挖掘潜力、提高效率可以使现有投资项目完成增加的业务量。而实际投资项目营运能力的下降,也不可能使已投入的资金减少。这就要求企业在项目管理上必须充分挖掘潜力,使投资项目处于满负荷工作状态,努力提高使用或营运效率。

五、投资次数较少

与流动资产投资相比,长期投资发生的次数不太频繁,特别是大规模的项目投资,一般要几年、几十年才发生一次。这就使财务人员有比较充足的时间对项目投资进行可行性研究。

六、投资风险大

长期投资项目交付使用后的收益情况,受内部、外部各种因素制约,这些因素之间的相互关系又是错综复杂的,而且投资项目寿命长,影响企业盈亏的时间也长,因此在投资中无法对未来各因素的发展变化做出完全准确的预测,投资风险自然较大。所以企业有必要采用专门方法进行风险决策。

可见,长期投资事关重大,影响深远,决不能在缺乏调查研究的情况下,不算细账,轻率拍板。而必须按照一定的程序,认真细致地收集信息,考虑各种计量的和非计量的因素,运用科学的方法,谨慎地进行项目投资决策,并严格控制资本预算的执行过程,以求节省投资,保质、保量地如期完成投资项目,提高投资效果。

第二节 长期投资决策应考虑的因素

一、资金时间价值

(一)资金时间价值的含义

资金时间价值,是指一定量资金在不同时点上的价值量的差额。众所周知,在商品经济条件下,即使不存在通货膨胀,等量资金在不同时点上的价值也不相等,今天的1元钱和将来的1元钱不等值,前者要比后者的经济价值大,资金在使用过程中随时间的推移而发生的增值,即为资金的时间价值。例如,你现在有1 000元暂时不用,存入银行,定期1年,让银行代为运用,到期以后你可以从银行收到1 100元,多得的100元就是你从银行得到的报酬,即通常所谓的"利息"。在实际工作中,人们还把利息(100元)占原存入本金(1 000元)的百分比率(10%)称为"利率"。这里的"利息""利率"就是货币的时间价值。因此,我们可以说货币的时间价值有两种表现形式:一种是绝对值,即利息;另一种是相对值,即利率。

通常情况下,资金的时间价值被认为是没有风险和没有通货膨胀条件下的社会平均资金利润率,这是利润平均化规律作用的结果。有关时间价值的计算方法同有关利息的计算方法相同,因而时间价值与利率容易被混为一谈。实际上,长期投资决策总是或多或少地存在风险,而通货膨胀也是市场经济中客观存在的经济现象。因此,利率不仅包含时间价值,而且也包含风险价值和通货膨胀的因素。只有在购买国库券等政府债券时几乎没有风险,如果通货膨胀率很低,政府债券利率可视同时间价值。

(二)复利终值和现值

终值又称将来值,是现在一定量现金在未来某一时点上的价值,俗称本利和。现值又称本金,是指未来某一时点上的一定量现金折合到现在的价值。

终值与现值的计算涉及利息计算方式的选择。目前有两种利息计算方式,即单利和复利。单利方式下,每期都按初始本金计算利息,当期利息不计入下期本金,计算基础不变。复利方式下,以当期末本利和为计息基础计算下期利息,即利上加利。现代财务管理中一般用复利方式计算终值与现值。

1. 复利的终值（已知现值 P，求终值 F）

资金时间价值通常是按复利计算的。复利是指在一定时间（如 1 年）按 1 年利率将本金所生利息加入本金再计利息，即"利上滚利"。也就是说，它既涉及本金上的利息，也涉及利上所生的利息。

复利终值是指一定量的本金按复利计算若干期后的本利和。为计算方便，先设定如下符号标示：

I——利息；

P——现值；

F——终值；

i——每一利息期的利率（折现率）；

n——计算利息的期数。

根据复利的计算法则，复利终值的计算公式可推导如下。

第 1 年的本利和为

$$F = P + P \cdot i = P \cdot (1+i)$$

第 2 年的本利和为

$$F = [P \cdot (1+i)] \cdot (1+i) = P \cdot (1+i)^2$$

第 3 年的本利和为

$$F = [P \cdot (1+i)^2] \cdot (1+i) = P \cdot (1+i)^3$$

……

第 n 年的本利和为

$$F = [P \cdot (1+i)^{n-1}] \cdot (1+i) = P \cdot (1+i)^n$$

式中，$(1+i)^n$ 通常称为"复利终值系数"，用符号 $(F/P, i, n)$ 表示。复利终值系数可以通过查阅"1 元复利终值表"（见附表一）直接获得。"1 元复利终值表"的第 1 行是利率 i，第 1 列是计息期数 n，相应的 $(1+i)^n$ 在其纵横相交处。

例如，某人将 100 000 元存放于银行，年存款利率为 3%，经过 5 年时间的本利和为

$$F = P \cdot (1+i)^n = 100\,000 \times (1+3\%)^5 =$$
$$100\,000 \cdot (F/P, 3\%, 5) = 100\,000 \times 1.159\,3 = 115\,930(元)$$

本例 $(F/P, 3\%, 5)$ 表示利率为 3%、5 期复利终值的系数，通过"1 元复利终值表"可查出 1.159 3$(F/P, 3\%, 5)$，即在时间价值为 3% 的情况下，现在的 1 元和 5 年后的 1.159 3 元在经济上是等效的，根据这个系数可以把现值换算成终值。

2. 复利的现值（已知终值 F，求现值 P）

复利现值是复利终值的逆运算，它是指今后某一特定的时间收到或付出的一笔款项按折现率 (i) 所计算的现在时点价值。其计算公式为

$$P = F \cdot (1+i)^{-n}$$

式中 $(1+i)^{-n}$ 通常称作"复利现值系数"，记作 $(P/F, i, n)$，可以直接查阅"1 元复利现值表"（见附表二）。上式也可写作 $P = F \cdot (P/F, i, n)$。

例如，某投资项目预计 5 年后可获得收益 1 000 万元，按年利率（折现率）8% 计算，问这笔收益的现在价值是多少？

$$P = F \cdot (1+i)^{-n} = F \cdot (P/F, i, n) = 1\,000 \times (1+8\%)^{-5}$$

$$= 1\,000 \times (P/F, 8\%, 5) = 1\,000 \times 0.680\,6 = 680.6(万元)$$

本例$(P/F,8\%,5)$表示利率为8%、5期复利现值的系数。通过"1元复利现值表"可查出0.680 6$(P/F,8\%,5)$,即在时间价值为8%的情况下,5年后的1元和现在的0.680 6元在经济上是等效的,根据这个系数可以把终值换算成现值。

(三)年金的终值和现值

上面介绍了一次性收付款项,除此之外,在现实经济生活中,还存在一定时期内多次收付的款项,即系列收付款项,如果每次收付的金额相等,则这样的系列收付款项便称为年金。简言之,年金是指一定时期内每次等额收付的系列款项,通常记作A。

年金的形式多种多样,如保险费、折旧、租金、等额分期收款、等额分期付款以及零存整取或整存零取储蓄等,都存在年金问题。

年金按其每次收付发生的时点不同,可分为普通年金、预付年金、递延年金、永续年金等几种。

1. 普通年金的终值与现值

普通年金又称后付年金,是指一定时期内每期期末等额收付的系列款项。普通年金的收付形式如图8.1所示。横线代表时间的延续,用数字标出各期的顺序号;竖线的位置表示支付的时刻,竖线下端数字表示支付的金额。

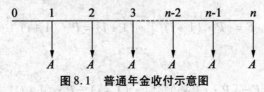

图8.1 普通年金收付示意图

(1)普通年金终值的计算(已知年金A,求年金终值F)。年金终值犹如零存整取的本利和,它是一定时期内每期期末收付款项的复利终值之和。

例如,假定$i=10\%$,$n=3$,$A=100$元,其第3期末的普通年金终值计算如图8.2所示。

在第1期期末的100元,应赚得二期的利息,因此,到第3期期末其值为121元;在第2期期末的100元,应赚得一期的利息,因此,到第3期期末其值为110元;第3期期末的100元,没有计息,其值为100元。整个年金终值为331元。

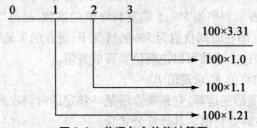

图8.2 普通年金终值计算图

如果年金的期数很多,用上述方法计算终值显然相当烦琐。由于每年支付额相等,折算终值的系数又是有规律的,所以,可找出简便的计算方法。其计算办法如图8.3所示。

由图8.3可知,年金终值的计算公式为

$$F = A \cdot (1+i)^0 + A \cdot (1+i)^1 + A \cdot (1+i)^2 + \cdots + A \cdot (1+i)^{n-2} + A \cdot (1+i)^{n-1} \quad ①$$

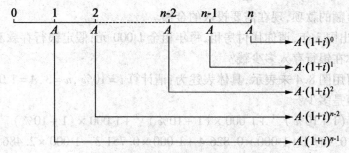

图 8.3 普通年金终值计算示意图

将式①两边同时乘上 $(1+i)$，得

$$F \cdot (1+i) = A \cdot (1+i)^1 + A \cdot (1+i)^2 + A \cdot (1+i)^3 + \cdots + A \cdot (1+i)^{n-1} + A \cdot (1+i)^n$$

②

将式②减去式①得

$$F \cdot i = A \cdot (1+i)^n - A$$

$$F \cdot i = A \cdot [(1+i)^n - 1]$$

$$F = A \cdot \left[\frac{(1+i)^n - 1}{i} \right]$$

式中方括号内的 $\frac{(1+i)^n - 1}{i}$ 是普通年金为 1 元、利率为 i、经过 n 期的年金终值，通常称作"年金终值系数"，记作 $(F/A, i, n)$，可直接查阅"1 元年金终值表"（见附表三）。上式也可写作

$$F = A \cdot (F/A, i, n)$$

例如，华丰公司某项目在 3 年建设期内每年年末向银行借款 500 万元，借款年利率为 6%，问该项目竣工时应付本息的总额是多少？

$$F = 500 \times \left[\frac{(1 + 600)^3 - 1}{6\%} \right] = 500 \times (F/A, 6\%, 3) = 500 \times 3.1836 = 1591.8 (万元)$$

(2) 年偿债基金的计算（已知年金终值 F，求年金 A）。偿债基金是指为使年金终值达到既定债务金额每年应收付的年金数额。也就是说，债务金额实际上等于年金终值，每年提取的偿债基金等于年金。

实际上，偿债基金的计算是年金终值的逆运算。其计算公式为

$$A = F \cdot \left[\frac{i}{(1+i)^n - 1} \right]$$

式中方括号内的 $\frac{i}{(1+i)^n - 1}$ 是年金终值系数的倒数，称作"偿债基金系数"，记作 $(A/F, i, n)$，它可以把年金终值折算为每年需要收付的金额。该系数可直接查阅"偿债基金系数表"，或通过年金终值系数的倒数推算出来。上式也可写作 $A = F \cdot (A/F, i, n)$。

例如，华丰公司有一笔 3 年后到期的借款，数额为 5 000 万元，为此设置偿债基金，年复利率为 6%，到期一次还清借款，问每年年末应存入的金额是多少？

$$A = 5\,000 \times \left[\frac{6\%}{(1+6\%)^3 - 1} \right] = 5\,000 \times 0.3141 = 1570.5 (万元)$$

(3) 普通年金现值的计算（已知年金 A，求年金现值 P）。普通年金现值，是指为在每期

期末取得相等金额的款项,现在需要投入的金额。

例如,李某出国3年,请你代付房租,每年租金1 000元,假定银行存款利率为10%,李某应当现在给你在银行存入多少钱?

这个问题可用图8.4来表示,具体表述为:请计算$i=10\%$,$n=3$,$A=1\ 000$元之年终付款的现在等效值是多少?

$P = 1\ 000 \times (1+10\%)^{-1} + 1\ 000 \times (1+10\%)^{-2} + 1\ 000 \times (1+10\%)^{-3} =$
$1\ 000 \times 0.909\ 1 + 1\ 000 \times 0.826\ 4 + 1\ 000 \times 0.751\ 3 = 1\ 000 \times 2.486\ 8 =$
$2\ 486.8(元)$

普通年金现值的一般计算方法如图8.4所示。

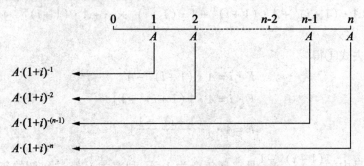

图8.4 普通年金现值计算示意图

由图8.4可知,年金现值的计算公式为

$$P = A \cdot (1+i)^{-1} + A \cdot (1+i)^{-2} + \cdots + A \cdot (1+i)^{-(n-1)} + A \cdot (1+i)^{-n} \quad ③$$

将式③两端同乘$(1+i)$得

$$P \cdot (1+i) = A + A \cdot (1+i)^{-1} + A \cdot (1+i)^{-2} + \cdots + A \cdot (1+i)^{-(n-2)} + A \cdot (1+i)^{-(n-1)} \quad ④$$

将式④减去式③得

$$P \cdot i = A - A \cdot (1+i)^{-n}$$
$$P \cdot i = A \cdot [1 - (1+i)^{-n}]$$
$$P = A \cdot \left[\frac{1-(1+i)^{-n}}{i}\right]$$

式中方括号内的$\frac{1-(1+i)^{-n}}{i}$是普通年金为1元、利率为i、经过n期的年金现值,称作"年金现值系数",记作$(P/A,i,n)$,可直接查阅"1元年金现值表"(见附表四)。上式也可以写作$P = A \cdot (P/A,i,n)$。

(4)年资本回收额的计算(已知年金现值P,求年金A)。资本回收是指在给定的年限内等额回收或清偿初始投入的资本或所欠的债务。年资本回收额是年金现值的逆运算。其计算公式为

$$A = P \cdot \left[\frac{i}{1-(1+i)^{-n}}\right]$$

式中方括号内的$\frac{i}{1-(1+i)^{-n}}$是普通年金现值系数的倒数,称作"资本回收系数",记作$(A/P,i,n)$,可直接查阅"资本回收系数表"或利用年金现值系数的倒数求得。上式也可写

作 $A = P \cdot (A/P, i, n)$,或 $A = P \cdot [1/(P/A, i, n)]$。

例如,假设华丰公司以 10% 的利率借得 2 000 万元,投资于某个寿命为 10 年的项目,每年至少要收回多少现金才是有利的?

$$A = 2\,000 \times \left[\frac{10\%}{1-(1+10\%)^{-10}}\right] = 2\,000 \times 0.162\,7 = 325.4(万元)$$

因此,每年至少要收回现金 325.4 万元,才能还清贷款本利。

2. 预付年金的终值与现值

预付年金是指一定时期内每期期初等额首付的系列款项,又称即付年金或先付年金。预付年金与普通年金的区别仅在于付款时间的不同。

(1)预付年金终值的计算。预付年金的终值是其最后一期期末时的本利和,是各种收付款项的复利终值之和。

n 期预付年金终值与 n 期普通年金终值之间的关系可以用图 8.5 加以说明。

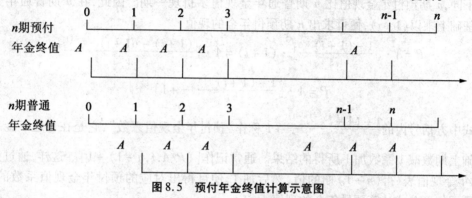

图 8.5 预付年金终值计算示意图

从图 8.5 可以看出,n 期预付年金与 n 期普通年金的付款次数相同,但由于其付款时间不同,n 期预付年金终值比 n 期普通年金的终值多计算一期利息。因此,在 n 期普通年金终值的基础上乘上 $(1+i)$ 就是 n 期预付年金的终值。

$$F = A \cdot \left[\frac{(1+i)^n - 1}{i}\right](1+i) = A \cdot \left[\frac{(1+i)^{n+1} - (1+i)}{i}\right]$$

$$F = A \cdot \left[\frac{(1+i)^{n+1} - 1}{i} - 1\right]$$

式中方括号内的 $\frac{(1+i)^{n+1}-1}{i} - 1$ 称作"预付年金终值系数",它是在普通年金终值系数的基础上期数加 1 系数减 1 所得的结果,通常记作 $[(F/A, i, n+1) - 1]$。这样,通过查阅"1 元年金终值表"得 $(n+1)$ 期的值,然后减去 1 便可得对应的预付年金系数的值。这时可用如下公式计算预付年金的终值:

$$F = A \cdot [F/A, i, n+1) - 1]$$

例如,刘某准备 5 年后出国,他决定连续 5 年于每年年初存入银行 10 000 元作为出国费用,假定银行存款利率为 10%,则刘某在第 5 年年末能一次取出本利和共计多少元?

$$F = 10\,000 \times [(F/A, 10\%, 6) - 1] = 10\,000 \times (7.715\,6 - 1) = 67\,156(元)$$

(2)预付年金现值的计算。n 期预付年金现值与 n 期普通年金现值之间的关系,可用图 8.6 加以说明。

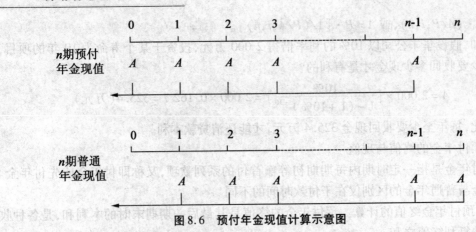

图 8.6 预付年金现值计算示意图

从图 8.6 可以看出，n 期预付年金现值与 n 期普通年金现值的期限相同，但由于其付款时间不同，n 期预付年金现值比 n 期普通年金现值多折现一期。因此，在 n 期普通年金现值的基础上乘以 $(1+i)$，便可求出 n 期预付年金的现值：

$$P = A \cdot \left[\frac{1-(1+i)^{-n}}{i}\right] \cdot (1+i) = A \cdot \left[\frac{(1+i)-(1+i)^{-(n-1)}}{i}\right]$$

$$P = A \cdot \left[\frac{1-(1+i)^{-(n-1)}}{i} + 1\right]$$

式中方括号内的 $\frac{1-(1+i)^{-(n-1)}}{i} + 1$ 称作"预付年金现值系数"，它是在普通年金系数的基础上期数减 1 系数加 1 所得的结果。通常记作 $[(P/A,i,n-1)+1]$。这样，通过查阅"1 元年金现值表"得 $(n-1)$ 期的值，然后加 1，便可得出对应的预付年金现值系数的值。这时可用如下公式计算预付年金的现值：

$$P = A \cdot [(P/A,i,n-1)+1]$$

例如，某企业 6 年分期付款购进一大型设备，每年初付 100 000 元，假定银行利率为 10%，该项分期付款相当于一次现金支付的购价是多少元？

$$P = A \cdot [(P/A,i,n-1)+1] = 100\,000 \times [(P/A,10\%,5)+1] =$$
$$100\,000 \times (3.791+1) = 479\,100$$

3. 递延年金的终值与现值

递延年金是指第一次收付款发生时间不在第 1 期末，而是隔若干期后才开始发生的系列等额收付款项。它是普通年金的特殊形式，凡不是从第 1 期开始的普通年金都是递延年金。递延年金的支付形式如图 8.7 所示。

从图 8.7 中可以看出，前 3 期没有发生支付，一般用 m 表示递延期数，本例的 $m=3$。第一次支付在第 4 期期末，连续支付 4 次，即 $n=4$。

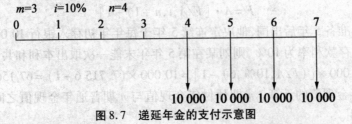

图 8.7 递延年金的支付示意图

(1)递延年金的终值。递延年金终值的大小,与递延期无关,故计算方法和普通年金终值相同:

$$F = A \cdot (F/A, i, n) = 100\,000 \times (F/A, 10\%, 4) = 100\,000 \times 4.641 = 46\,410(元)$$

(2)递延年金的现值。递延年金的现值有两种方法:

第一种方法,是把递延年金视为 n 期普通年金,求出递延期末的现值,然后再将此现值折算到第一期期初(即图8.7中0的位置)。其计算公式为

$$P = A \cdot \left[\frac{1-(1+i)^{-n}}{i}\right] \cdot (1+i)^{-m} = A \cdot (P/A, i, n) \cdot (P/F, i, m)$$

例如,前例中,$A = 10\,000, i = 10\%, m = 3, n = 4$,则

$$P = 10\,000 \times \left[\frac{1-(1+10\%)^{-4}}{10\%}\right] \times (1+10\%)^{-3} =$$

$$10\,000 \times (P/A, 10\%, 4) \times (P/F, 10\%, 3) = 10\,000 \times 3.1699 \times 0.7513 =$$

$$23\,815(元)$$

第二种方法,是假设递延期中也进行支付,先求出 $(m+n)$ 期的年金现值,然后,扣除实际并未支付的递延期 (m) 年金现值,即可得出最终结果。

$$P_{(m+n)} = 10\,000 \cdot (P/A, i, m+n) = 10\,000 \cdot (P/A, 10\%, 3+4) =$$
$$10\,000 \cdot 4.8684 = 48\,684(元)$$

$$P_m = 10\,000 \cdot (P/A, i, m) = 10\,000 \cdot (P/A, 10\%, 3) = 10\,000 \cdot 2.4869 = 24\,869(元)$$

$$P_n = P_{(m+n)} - P_m = 48\,684 - 24\,869 = 23\,815(元)$$

其一般计算公式为

$$P = A \cdot \left[\frac{1-(1+i)^{-(m+n)}}{i} - \frac{1-(1+i)^{-m}}{i}\right] = A \cdot [(P/A, i, m+n) - (P/A, i, m)]$$

4. 永续年金现值的计算

永续年金是指无限期等额收(付)的特种年金,可视为普通年金的特殊形式,即期限趋于无穷的普通年金。存本取息可视为永续年金的例子。

由于永续年金持续期无限,没有终止的时间,因此没有终值,只有现值。永续年金现值的计算公式可以通过普通年金现值的计算公式导出:

$$P = A \cdot \left[\frac{1-(1+i)^{-n}}{i}\right]$$

当 $n \to \infty$ 时,$(1+i)^{-n}$ 的极限为零,故永续年金现值的计算公式可写成:

$$P = A \cdot \frac{1}{i}$$

例如,某学校拟建立一项永久性的奖学金,每年计划颁发 50 000 元奖金,若利率为 5%,现在应存入多少钱?

$$P = 50\,000 \times \frac{1}{5\%} = 1\,000\,000(元)$$

再如,华丰公司的优先股股息是每年2元,而利率为5%,对于一个准备购买这种股票的人来说,他愿意出多少钱来购买此优先股?

$$P = 2 \times \frac{1}{5\%} = 40(元)$$

二、现金流量

(一)现金流量的含义

现金流量也称现金流动量。在长期投资决策中,现金流量是指投资项目在其计算期内因资本循环而可能或应该发生的各项现金流入量与现金流出量的统称,它是计算长期投资决策评价指标的主要根据和重要信息之一,这里的"现金"是广义的现金,它不仅包括各种货币资金,而且还包括项目需要投入企业拥有的非货币资源的变现价值(或重置成本)。例如,一个项目需要使用原有的厂房、设备和材料等,则相关的现金流量是指它们的变现价值,而不是其账面成本。现金流量包括现金流入量、现金流出量和现金净流量三个具体概念。一个时期内现金流入量减去现金流出量的差额,称为现金净流量。

(二)现金流量的内容

1. 现金流入量的内容

现金流入量是指能够使投资方案的现实货币资金增加的项目,简称现金流入。包括:

(1)营业收入,指项目投产后每年实现的全部销售收入或业务收入,它是经营期主要的现金流入量项目。

(2)回收固定资产余值,指投资项目的固定资产在终结点报废清理或中途变价转让处理时所回收的价值。

(3)回收流动资金,主要指新建项目在项目计算期完全终止时(终结点)因不再发生新的替代投资而回收的原垫付的全部流动资金投资额。回收流动资金和回收固定资产余值统称为回收额。

(4)其他现金流入量,指以上三项指标以外的现金流入量项目。

2. 现金流出量的内容

现金流出量是指能够使投资方案的现实货币资金减少或需要动用现金的项目,简称为现金流出。包括:

(1)建设投资(含更改投资),指在建设期内按一定生产经营规模和建设内容进行的固定资产投资、无形资产投资和开办费投资(又称递延资产投资)等项投资的总称,它是建设期发生的主要现金流出量。其中,固定资产投资是所有类型投资项目注定要发生的内容。

(2)流动资金投资,是指在完整工业投资项目中发生的用于生产经营及其周转使用的营运资金投资,又称为垫支流动资金。

建设投资与流动资金投资金称为项目的原始总投资。

(3)经营成本,是指在经营期内为满足正常生产经营而动用现实货币资金支付的成本费用,又称为付现的经营成本(或简称付现成本),它是生产经营阶段上最主要的现金流出量项目。

(4)各项税款,指项目投产后依法缴纳的、单独列示的各项税款,包括营业税、所得税等。

(5)其他现金流出,指不包括在以上内容中的现金流出项目(如营业外净支出等)。

(三)净现金流量的确定

净现金流量又称现金净流量,是指在项目计算期内由每年现金流入量与同年现金流出量之间的差额所形成的序列指标,它是计算项目投资决策评价指标的重要依据。

净现金流量具有以下两个特征:第一,无论是在经营期内还是在建设期内都存在净现金流量;第二,由于项目计算期不同阶段上的现金流入和现金流出发生的可能性不同,使得各阶段上的净现金流量在数值上表现出不同的特点:建设期内的净现金流量一般小于或等于零;在经营期内的净现金流量则多为正值。

根据净现金流量的定义,可将其理论计算公式归纳为

$$净现金流量 = 现金流入量 - 现金流出量$$

或

$$NCF_t = CI_t - CO_t, t = 0, 1, 2, \cdots$$

式中 NCF_t——第 t 年净现金流量;

CI_t——第 t 年现金流入量;

CO_t——第 t 年现金流出量。

为简化净现金流量的计算,可以根据项目计算期不同阶段上的现金流入量和现金流出量具体内容,直接计算各阶段净现金流量。

1. 建设期净现金流量的简化计算公式

若原始投资均在建设期内投入,则建设期净现金流量可按以下简化公式计算:

$$建设期净现金流量 = -原始投资额$$

或

$$NCF_t = -I_t, t = 0, 1, 2, \cdots, s, s \geq 0$$

式中 I_t——第 t 年原始投资额;

s——建设期年数。

由上式可见,当建设期 s 不为零时,建设期净现金流量的数量特征取决于其投资方式是分次投入还是一次投入。

2. 经营期净现金流量的简化计算公式

经营期净现金流量的简化公式为

$$经营期某年净现金流量 = 该年利润 + 该年折旧 + 该年摊销额 +$$
$$该年利息费用 + 该年回收额$$

或

$$NCF_t = P_t + D_t + M_t + C_t + R_t, t = s+1, s+2, \cdots, n$$

式中 P_t——第 t 年利润;

D_t——第 t 年折旧额;

M_t——第 t 年摊销额;

C_t——第 t 年在财务费用中列支的利息费用;

R_t——第 t 年回收额。

显然,若所得税为经营期现金流出量项目,则上述简化公式中的利润应当为净利润,若经营期现金流出项目中不包括所得税因素,则上述简化公式中的利润应当为营业利润。按我国现行制度规定,在财务可行性研究中,确定全部投资现金流量时,应将所得税因素作为现金流出项目处理。因此,在一般情况下,计算经营净现金流量的简化公式中的利润为净利润。

当回收额为零时的经营期内净现金流量又称为经营净现金流量。按照有关回收额均发生在终结点上(更新改造项目除外)的假设,经营期内回收额为零时的净现金流量亦称为终结点净现金流量;显然终结点净现金流量等于终结点那一年的经营净现金流量与该期回收额之和。

由于经营期净现金流量大多为正值,故也有人称之为净现金流入量。严格地讲,这种说法不够科学,因为它混淆了现金流入量和净现金流量的界限。

(四)净现金流量的计算举例

例如，华丰公司拟购建一项固定资产，需投资 100 万元，按直线法折旧，使用寿命 10 年，期末有 10 万元净残值。在建设起点一次投入借入资金 100 万元，建设期为 1 年，发生建设期资本化利息 10 万元。预计投产后每年可获营业利润 10 万元。在经营期的头 3 年中，每年归还借款利息 11 万元（假定营业利润不变，不考虑所得税因素）。

根据资料计算有关指标如下：

固定资产原值 = 固定资产投资 + 建设期资本化利息 = 100 + 10 = 110（万元）

$$\text{固定资产年折旧额} = \frac{\text{固定资产原值} - \text{净残值（或余值）}}{\text{固定资产使用年限}} = \frac{110 - 10}{10} = 10（万元）$$

项目计算期 = 建设期 + 经营期 = 1 + 10 = 11（年）

终结点年回收额 = 回收固定资产余值 + 回收流动资金 = 10 + 0 = 10（万元）

建设期某年净现金流量 = – 该年发生的原始投资额 = – 100（万元）

经营期某年净现金流量 = 该年利润 + 该年折旧 + 该年摊销额 + 该年利息费用 + 该年回收额

经营期各年净现金流量分别为

$NCF_0 = -100$（万元）

$NCF_1 = 0$（万元）

$NCF_{2\sim4} = 10 + 10 + 0 + 11 + 0 = 31$（万元）

$NCF_{5\sim10} = 10 + 10 + 0 + 0 + 0 = 20$（万元）

$NCF_{11} = 10 + 10 + 0 + 0 + 10 = 30$（万元）

(五)项目投资决策中使用现金流量的原因

现金流量是根据收付实现制确定的分期损益，利润则是按照权责发生制确定的分期损益。在项目投资决策中衡量投资项目优劣时，应该采用现金流量而不是利润，其原因有二：

1. 采用现金流量有利于科学地考虑资金时间价值因素

项目投资回收期长，影响企业盈亏的时间也长，这就要求在进行决策时，必须考虑资金的时间价值。由于不同时间的资金具有不同的价值，因此需要判定每笔款项收入和付出的具体时间。在分析、评价投资方案时，应根据各投资项目寿命期内各年的现金流量，按照资金成本，结合资金时间价值来衡量投资项目的优劣。与此不同，计算利润要遵守权责发生制，不考虑实际收付资金的时间。利润与现金流量的差异主要表现在以下几个方面：

(1) 购置固定资产付出大量现金时不计入成本。

(2) 将固定资产的价值以折旧或折耗的形式逐期计入成本时，却又并不需要付出现金。

(3) 计算利润时不考虑垫支营运资金的数量和时间。

(4) 只要销售行为已经确定，就计算为当期的销售收入，尽管其中有一部分并未于当期收到现金，只是形成了应收账款。

(5) 项目寿命终了时，以现金的形式回收的固定资产残值和垫支的营运资金，在利润计算中得不到反映。

可见，要在投资决策中考虑时间价值的因素，就不应该利用利润来衡量项目的优劣，而必须采用现金流量。

2.采用现金流量能使投资决策更符合客观实际情况

在长期投资决策中,应用现金流量能科学、客观地评价投资方案的优劣。这是因为:

(1)各期利润的多寡,在一定程度上受到所采用的存货估价、费用摊配和折旧等方法的左右,而在这些方面,均各有几种不同的方法可供选择,究竟采用哪种方法,往往因人而异,这就使利润计算具有一定的主观随意性。

(2)利润反映的是某一会计期间"应计"的现金流量,而不是实际的现金流量。若以未实际收到现金的收入作为收益,具有较大风险,容易高估投资项目的经济效益,存在不科学、不合理的成分。

(3)有利润的年份不一定能产生多余的现金用来进行其他项目的再投资。一个项目能否维持下去,不光取决于一定期间是否盈利,更重要的是取决于有没有现金用于各种支付。现金一旦支出,不管是否消耗,都不能用于别的目的,只有将现金收回后,才能用来进行再投资。因此,在投资分析中现金流动状况比盈亏状况更重要。

第三节 项目投资决策评价指标

一、投资决策评价指标及其类型

投资决策评价指标是指用于衡量和比较投资项目可行性,以便据以进行方案决策的定量化标准与尺度,是由一系列综合反映投资效益、投入产出关系的量化指标构成的。

评价指标可按不同的标准进行分类:

(一)按是否考虑资金时间价值分类

评价指标按其是否考虑资金时间价值,可分为非折现评价指标和折现评价指标两大类。非折现评价指标是指在计算过程中不考虑资金时间价值因素的指标,又称为静态指标,包括投资利润率和静态投资回收期。与非折现评价指标相反,在折现评价指标的计算过程中必须充分考虑和利用资金时间价值,因此折现评价指标又称为动态指标,包括净现值、净现值率、获利指数和内部收益率。

(二)按指标性质不同分类

评价指标按其性质不同,可分为在一定范围内越大越好的正指标和越小越好的反指标两大类。投资利润率、净现值、净现值率、获利指数和内部收益率属于正指标;静态投资回收期属于反指标。

(三)按指标数量特征分类

评价指标按其数量特征的不同,可分为绝对量指标和相对量指标。前者包括以时间为计量单位的静态投资回收期指标和以价值量为计量单位的净现值指标;后者除获利指数用指数形式表现外,大多为百分比指标。

(四)按指标重要性分类

评价指标按其决策中所处的地位,可分为主要指标、次要指标和辅助指标。净现值、内部收益率等为主要指标;静态投资回收期为次要指标;投资利润率为辅助指标。

投资决策评价指标比较多,以下主要从财务评价的角度介绍非折现现金流量指标和折现现金流量指标。

二、非折现现金流量指标

(一)投资回收期

投资回收期(缩写为 PP)是指回收项目初始投资所需要的时间。回收年限越短,方案越有利。

投资回收期的计算,因每年的营业现金净流量是否相等而有所不同。

如果每年的营业现金净流量(NCF)相等,则投资回收期可按下式计算:

$$投资回收期 = \frac{原始投资额}{每年 NCF}$$

例如,某投资项目的现金流量见表 8.1。

表 8.1 投资项目现金流量表

单位:元

t	0	1	2	3	4	5
NCF	-180 000	50 000	50 000	50 000	50 000	50 000

$$投资回收期 = \frac{180\ 000}{50\ 000} = 3.6(年)$$

如果每年 NCF 不相等,那么计算回收期要根据每年年末尚未收回的投资额加以确定。

例如,某投资方案的现金流量见表 8.2。

表 8.2 投资方案现金流量表

单位:元

t	0	1	2	3	4	5
NCF	-180 000	40 000	50 000	60 000	70 000	80 000

首先计算各年年末尚未收回的投资额,见表 8.3。

表 8.3 未收回投资额计算表

单位:元

t	每年 NCF	未收回额
0	-180 000	
1	40 000	140 000
2	50 000	90 000
3	60 000	30 000
4	70 000	—
5	80 000	—

该方案投资回收期 = $3 + \dfrac{30\,000}{70\,000} = 3.43$(年)

投资回收期的优点是概念易懂，计算简便。其缺点是忽视了资金时间价值因素，既不考虑回收期内现金流入量发生的时间先后，又不考虑回收期满后的收益情况。事实上，有战略意义的长期投资往往早期收益较低，而后期收益较高。回收期优先考虑急功近利的项目，可能导致放弃长期成功的方案。它是过去评价投资方案最常用的方法之一，目前作为辅助方法使用。

（二）平均报酬率

平均报酬率（缩写为 ARR）是投资项目寿命周期内平均的年投资报酬率，也称平均投资报酬率。平均投资报酬率有多种计算方法，其最常见的计算公式为

$$\text{平均报酬率} = \dfrac{\text{平均现金流量}}{\text{初始投资额}} \times 100\%$$

例如，根据前例资料（见表 8.3），计算平均报酬率。

该投资方案的平均报酬率 $= \dfrac{(40\,000 + 50\,000 + 60\,000 + 70\,000 + 80\,000) \div 5}{180\,000} \times 100\%$

$= 33.33\%$

采用平均报酬率这一指标时，应事先确定一个企业要求达到的平均报酬率，或称必要平均报酬率。在进行决策时，只有高于必要的平均报酬率的方案才能入选。而在多个方案的互斥选择中，应选用平均报酬率最高的方案。

平均报酬率容易理解，计算简便。其缺点是在计算平均每年现金流入量时不考虑现金流入的时间先后，不能准确地反映项目的优劣。现举例说明。

例如，设甲、乙两个项目的预计现金流量见表 8.4。

表 8.4　项目预计现金流量表

单位：元

t	0	1	2	3	4	5
$NCF_甲$	-150 000	100 000	80 000	60 000	40 000	20 000
$NCF_乙$	-150 000	20 000	40 000	60 000	80 000	100 000

$ARR_甲 = \dfrac{(100\,000 + 80\,000 + 60\,000 + 40\,000 + 20\,000) \div 5}{150\,000} \times 100\% = 40\%$

$ARR_甲 = \dfrac{(20\,000 + 40\,000 + 60\,000 + 80\,000 + 100\,000) \div 5}{150\,000} \times 100\% = 40\%$

用平均报酬率来评价，似乎甲、乙两个项目的可取程度不分上下，但只要有点时间价值的观念就不难发现，项目甲远胜于项目乙。因为甲项目的初始投资（150 000 元）不到两年就能全部收回，又可马上进行同样规模的投资；而在乙项目中，主要的现金流入量却发生在最后两年。可见平均报酬率完全忽视了现金流入量的时间分配。

综上所述，无论是回收期还是平均报酬率，由于不考虑资金时间价值这一重要因素，都不是良好的投资决策指标。

三、折现现金流量指标

(一)净现值

净现值是指投资项目投入使用后的现金净流量,按预定贴现率(资本成本或企业要求达到的报酬率)折算为现值扣除投资现值的差额,记作 NPV。其计算公式为

$$NPV = \sum_{i=1}^{n} \frac{NCF_t}{(1+k)^t} - C$$

式中　　NPV——净现值;

NCF_t——第 t 期现金净流量;

k——贴现率(资本成本或企业要求达到的投资报酬率);

n——项目预计使用年限;

C——投资现值。

净现值也可以下式表述:

净现值(NPV) = 未来报酬总现值 - 投资现值

净现值的经济含义是投资方案的贴现后净收益。净现值为正,表示未来报酬额大于投资额,即项目本身的报酬率高于资本成本,故项目可行。净现值为负,表示未来报酬额小于投资额,即项目的报酬率低于资本成本,故项目不可行。在计算净现值时,如果项目寿命较长,每年的现金流量不等,为了便于计算,可运用复利现值系数表列表计算。

例如,设有 A、B 两个投资项目,它们的预计现金流量见表 8.5,该企业的资本成本为 12%,试计算比较它们的净现值。

表 8.5　投资项目预计现金流量表

单位:元

t	0	1	2	3	4	5
NCF_A	-120 000	10 000	10 000	20 000	20 000	120 000
NCF_B	-120 000	120 000	20 000	20 000	10 000	10 000

A、B 两个投资项目净现值的计算见表 8.6 和表 8.7。

表 8.6　计算表

单位:元

t	NCF_A①	NCF_B②	复利现值系数③	现值$_A$ ④=①×③	现值$_B$ ⑤=②×③
0	-120 000	-120 000			
1	10 000	120 000	0.893	8 930	107 160
2	10 000	20 000	0.797	7 970	15 940
3	20 000	20 000	0.712	14 240	14 240
4	20 000	10 000	0.636	12 720	6 360
5	120 000	10 000	0.567	68 040	5 670

表 8.7 计算表

单位:元

未来报酬现值	111 900	149 370
净现值	$NPV_A = -8\ 100$	$NPV_B = 29\ 370$

计算表明,项目 B 有很大的正净现值,是一个优良的投资项目;项目 A 投入使用后总现金流入量(180 000 元)虽然大大超过初始投资,但因主要现金流入量发生在最后一年,超过之数还不足弥补资本成本的需要,以致形成为数不小的负净现值,所以 A 项目不可取。

如果某一项目投入使用后的各年现金流入量相等,则为了简化计算,可将它们作为年金,用年金现值系数换算为现值再扣除初始投资。

例如,某项目的初始投资额为 14 000 元,第 1 年至第 8 年的预计现金流入量均为 3 000 元,资本成本为 10%,其净现值可计算为

$NPV = 3\ 000 \times (P/A, 10\%, 8) - 14\ 000 = 30\ 000 \times 5.335 - 14\ 000 = 2\ 005(元)$

运用净现值指标分析评价投资项目的方法称为净现值法。这种方法的优点是考虑了资金的时间价值,能够反映各种投资方案的贴现后净收益,因而在实际工作中具有广泛的适用性。其缺点是不能揭示各个投资方案本身可能达到的实际报酬率是多少。

(二) 现值指数

现值指数是指投资项目未来报酬的总现值与初始投资额的现值之比,也称获利指数、现值比率等,记作 PI。

$$PI = \sum_{i=1}^{n} \frac{NCF_t}{(1+k)^t} \div C$$

即

$$现值指数(PI) = \frac{未来报酬总现值}{投资现值}$$

现值指数的经济含义是 1 元原始投资可望获得的现值收益。现值指数大于 1 表示项目未来报酬大于投资,故项目可行;反之,现值指数小于 1,项目不可行。现值指数是一个相对数指标,它反映了投资效率;而净现值是一个绝对数指标,它反映投资的效益。在互斥选择决策中,一般说来应该在获利指数超过 1 的投资项目中选择其最高者,但是仅用它来评价项目会掩盖项目效益的绝对量,一般不单独使用它。

例如,对于表 8.6 所列资料,A、B 两个投资项目的现值指数计算公式为

$PI_A = 未来报酬现值 \div 投资现值 = 111\ 900 \div 120\ 000 = 0.932\ 5$

$PI_B = 149\ 370 \div 120\ 000 = 1.245$

因为 $PI_A < 1$,故不可行;$PI_B > 1$,故可行。

运用现值指数指标分析评价投资项目的方法称为现值指数法。此法的优点是不仅考虑了资金时间价值因素,而且能反映投资效率,有利于在初始投资额不同的投资方案之间进行对比;其缺点是单独使用现值指数会掩盖投资项目的绝对收益水平。

(三) 内含报酬率

内含报酬率是指使投资项目的净现值为零的贴现率,也叫内部报酬率,记作 IRR。

内含报酬率是根据项目的现金流量计算出来的,它是项目本身的投资报酬率,反映其

内在的获利水平。将内含报酬率同企业的资金成本或要求的投资报酬率比较,可对投资方案进行取舍。当内含报酬率大于资金成本或要求报酬率时,项目可行;否则项目不可行。在有多个备选方案的互斥选择决策中,应选用内含报酬率超过资金成本或要求报酬率最多的投资项目。

内含报酬率的计算通常采用"逐步测试法"。首先估计一个贴现率,用它来计算方案的净现值;如果净现值为正数,说明方案本身的报酬率超过估计的贴现率,应提高贴现率后进一步测试;如果净现值为负数,说明方案本身的报酬率低于估计的贴现率,应降低贴现率后进一步测试。经过多次测试,寻找出使净现值接近于零的贴现率,即为方案的内含报酬率。如果对测试结果的精确度不满意,可找出净现值由正到负并且比较接近于零的两个贴现率,再使用插值法计算出方案实际的内含报酬率。

例如,根据表 8.6 所列资料,试计算 A、B 两个投资项目的内含报酬率。

A、B 两个投资项目内含报酬率计算的逐步测试过程详见表 8.9 和表 8.10。

表 8.8 A 方案内含报酬率的测试

单位:元

t	NCF_A	贴现率12%		贴现率10%	
		贴现系数	现值	贴现系数	现值
0	-120 000	1	-120 000	1	-120 000
1	10 000	0.893	8 930	0.909	9 090
2	10 000	0.797	7 970	0.826	8 260
3	20 000	0.712	14 240	0.751	15 020
4	20 000	0.636	12 720	0.683	13 660
5	120 000	0.567	68 040	0.621	74 520
净现值 NPV_A			-8 100		550

在表 8.8 中,先按 12% 的贴现率进行测算,净现值为负,再把贴现率降低到 10%,进行第二次测算,净现值为正,说明内含报酬率在 10%~12% 之间,为计算其精确数,现采用插值法如下:

$k = 12\%$ $NPV_A = -8\ 100$
$k = ?$ $NPV_A = 0$
$k = 10\%$ $NPV_A = 550$

$$\frac{k - 12\%}{10\% - 12\%} = \frac{0 - (-8\ 100)}{550 - (-8\ 100)} \quad k = 10.13\%$$

表 8.9　B 方案内含报酬率的测试

单位:元

t	NCF_B	贴现率 14%		贴现率 16%		贴现率 20%		贴现率 25%		贴现率 30%	
		系数	现值	系数	现值	系数	现值	系数	现值	系数	现值
0	-120 000	1	-120 000	1	-120 000	1	-120 000	1	-120 000	1	-120 000
1	120 000	0.877	105 240	0.862	103 440	0.833	99 960	0.800	96 000	0.769	92 280
2	20 000	0.769	15 380	0.743	14 860	0.694	13 880	0.640	12 800	0.592	11 840
3	20 000	0.675	13 500	0.641	12 820	0.579	11 580	0.512	10 240	0.455	9 100
4	10 000	0.592	5 920	0.552	5 520	0.482	4 820	0.410	4 100	0.350	3 500
5	10 000	0.519	5 190	0.476	4 760	0.402	4 020	0.320	3 200	0.269	2 690
净现值 NPV_B			25 230		21 400		14 260		6 340		-590

A 项目的内含报酬率为 10.13%，低于该企业的资金成本 12%，故该项目不可行。

在表 8.9 中，先按 14% 的贴现率进行测算，净现值为正，现将贴现率逐步提高，直到贴现率为 30% 时，净现值为负为止，再采用插值法计算出内含报酬率 $IRR = 29.57\%$。

如果某一项目投入使用后的各年现金流入量相等，为简化计算，可按下面步骤确定 IRR：首先计算年金现值系数，年金现值系数 = $\dfrac{\text{初始投资额}}{\text{每年} NCF}$；再查年金现值系数表，在相同的期数内，找出与上述年金现值系数相邻近的较大和较小的两个贴现率，然后采用插值法计算出该投资项目的内含报酬率。

例如，某项目初始投资额为 14 000 元，寿命期内每年的 $NCF = 3\,000$ 元，寿命期为 8 年，资金成本为 10%，该项目的内含报酬率计算公式为

$$\text{年金现值系数} = \frac{\text{初始投资}}{\text{每年} NCF} = \frac{14\,000}{3\,000} = 4.67$$

查年金现值系数表，第 8 期与 4.67 相邻近的年金现值系数在 13%~14% 之间，再采用插值法可计算出该项目的内含报酬率 $IRR = 13.8\%$。本项目的内含报酬率高于企业的资金成本 10%，故该项目可行。

运用内含报酬率指标分析评价投资项目的方法称为内含报酬率法。该法的优点是考虑了资金的时间价值，反映了投资项目的真实报酬率，根据该指标可以排定独立投资项目的优先次序，而且概念易于理解，是一种较好的投资决策指标。其缺点是计算过程比较复杂，特别是每年 NCF 不等的投资项目，一般要经过多次测算才能求得。

(四)年值

年值把一个投资项目总的净现值转化为项目每年的平均净值，也称年均净现值。它考虑了资金时间价值的平均每年的现金净流量，即项目动态计算的年金。其计算公式为

$$\text{年值} = \frac{\text{净现值}}{\text{年金现值系数}}$$

在计算年值时，如果项目本身属于年金类问题，只需把初始投资和残值转化为普通年金加在原来年金的基础上。项目的年值若为正数，表示项目平均每年有净收益；反之，年值

若为负数,表示项目平均每年有净损失。该指标主要用于寿命不等项目的择优决策分析。

如上例,初始投资为14 000元,8年寿命期内每年NCF均为3 000元,则该项目的年值可按以下两种方法计算:

$$年值 = \frac{净现值}{年金现值系数} = \frac{2\ 005}{5.335} = 375.82(元)$$

$$年值 = -\frac{初始投资}{年金现值系数} + 每年NCF = -\frac{14\ 000}{5.335} + 3\ 000 = 375.82(元)$$

该投资项目年值为375.82元,表明平均每年有净收入375.82元,故该项目可行。

运用年值指标分析评价项目的方法称为年值法。当固定资产涉及两个或两个以上的寿命不同的投资项目选择问题时,由于寿命不同,不能直接运用净现值、现值指数和内含报酬率进行比较。为了使指标的对比更加合理,可以采用年值法进行分析。该法简便易懂,是在寿命期不同的条件下常用的项目评价指标。

第四节 长期投资决策评价指标的运用

长期投资问题多种多样,下面结合是否更新、更新还是大修、投资时机等具体实例来阐述投资决策指标的应用。

一、固定资产更新决策

随着科学技术的不断进步,固定资产更新周期大大缩短。尽管旧设备还能继续使用,但其往往消耗大、效率低、精度差、维修费用多。当生产效率更高,原材料、燃料、动力消耗更低,能生产出质量更好的产品的新设备出现时,企业就会面临是否要用这种新设备替换旧设备的问题,对这类问题的决策称为固定资产更新决策。在固定资产更新决策评价中,无论现有固定资产还是可能取代它的新固定资产,都要着重考察其未来的有关数据,过去发生的"沉落成本"与更新改造决策无关,可以不予考虑。现有固定资产的价值应以其"现时价值"而不是按"原始成本"进行计量。

(一)是否购置设备的决策

例如,某公司计划开发一新产品需购置设备一台,价款120 000元,寿命期10年,期满后残值20 000元,采用直线法计提折旧。需垫支营运资金60 000元,生产该产品每年获销售收入70 000元,每年付现成本40 000元,资金成本10%,所得税率33%,试对该项目的可行性做出评价。

首先计算项目的营业现金流量:

$$该设备每年应提折旧额 = \frac{120\ 000 - 20\ 000}{10} = 10\ 000(元)$$

$$净利 = (70\ 000 - 40\ 000 - 10\ 000) \times (1 - 33\%) = 13\ 400(元)$$

$$营业现金净流量NCF = 净利 + 折旧 = 13\ 400 + 10\ 000 = 23\ 400(元)$$

该项目的现金流量计算见表8.10。

表8.10 项目现金流量计算表

单位:元

时间 t \ 项目	设备投资	垫支营运资金	营业现金流量	设备残值	营运资金回收	现金流量合计
0	−120 000	−60 000				−180 000
1			23 400			23 400
2			23 400			23 400
3			23 400			23 400
4			23 400			23 400
5			23 400			23 400
6			23 400			23 400
7			23 400			23 400
8			23 400			23 400
9			23 400			23 400
10			23 400	20 000	60 000	103 400

该项目的净现值 $NPV = 23\ 400(P/A,10\%,9) + 103\ 400(P/F,10\%,10) - 180\ 000 = -5\ 379(元)$

因为 $NPV<0$,所以购置设备开发新产品这一投资方案不可行。

(二)设备是大修理还是更新的决策

设备磨损到一定程度需要进行大修理。大修理的特点是支付费用多、间隔时间长,但大修理只是局部再生产,不可能把设备的精度、性能、效率和寿命完全恢复如新。购置新设备的投资一般高于旧设备的大修理费用,但新设备比旧设备寿命长,在精度、性能、效率和消耗等方面也往往优于旧设备。因此,企业决策者常常面临大修还是更新的决策。在大修与更新之间需要比较的只是两者不同的收入和成本,即相关收入和相关成本。如果两者的销售收入相同,则只需比较两者的相关成本。一般地,新旧设备寿命不同。当大修方案与更新方案的寿命期不同时,应采用"年值比较法",即计算大修与更新方案的相关年均现金流量——年均成本,并且该指标越低越好。

例如,某公司有一台旧设备,花10 000元大修一次尚可使用4年,期满无残值。如花16 000元买一台与旧设备性能相同的新设备,可用8年,中间不必大修,期满也无残值。使用新、旧设备的产量、消耗和产品售价相同,企业资金成本为12%,试决策哪一个方案更好。

本例中,大修与更新方案寿命期不同,故应用年值法比较择优。

$$大修年均成本 = 10\ 000 \times (A/P,12\%,4) = 3\ 292(元)$$
$$更新年均成本 = 16\ 000 \times (A/P,12\%,8) = 3\ 221(元)$$

通过对比可知,更新方案比大修方案每年可节约成本 $3\ 292 - 3\ 221 = 71(元)$,所以应采用更新方案。

二、资本限量决策

任何企业的资金都有一定限度,不可能投资于所有的可接受项目。在资本限量决策中,待选投资项目很多,决策时一方面应尽可能充分利用可供投资的资本,另一方面又不能超过预定用于投资的资本限额。在这种要求下,可能会有很多的项目搭配方案可供选择。为了简化决策分析工作,应该首先找到很多方案中最好的几个方案,以便缩小选择范围,为此有必要首先将各待选项目按优劣程度顺序排列,以便由好到次挑选项目,确定出几个待选的项目搭配方案。

在资本限量和各项目投资额大小不一的情况下评价项目优劣的标准,不应该是项目的净现值,而应该是获利指数,因为只有获利指数较高的项目才能保证让每一元的资本带来最大的净收益。这一点可通过下例来证明。

例如,设资本定量为 40 000 元,资金成本为 10%,现有甲、乙、丙、丁、戊、己六个投资项目可供选择,其有关资料详见表 8.11。

表 8.11 投资项目资料表

投资项目	投资额/元	回收总现值/元	净现值/元	获利指数	内含报酬率/%
甲	10 000	13 000	3 000	1.30	35
乙	10 000	12 200	2 200	1.22	19
丙	10 000	11 400	1 400	1.14	17
丁	10 000	11 200	1 200	1.12	22
戊	20 000	30 000	10 000	1.50	40
己	20 000	24 000	4 000	1.20	21
总计	80 000				

首先分别按净现值、获利指数、内含报酬率的高低,将这六个项目排出三种不同的顺序;再根据资本限额和排列在前面的投资项目的投资额进行挑选,形成不同的项目搭配方案;并在选中的最后一个项目下画一横线,算出各搭配方案的项目净现值之和,以资比较。详见表 8.12。

由表 8.12 的最后一行数额可知,只有以项目的获利指数为标准排列挑选项目,才能保证项目搭配方案提供最多的净现值。在投资总额相同的条件下,净现值越大对企业越有利,因此评价项目搭配方案优劣的指标是净现值。在该例中,项目戊、甲、乙搭配方案为最佳方案。

表 8.12 项目选优表

优劣顺序	按净现值	按获利指数	按内含报酬率
1	戊	戊	戊
2	己	甲	甲

续表

优劣顺序	按净现值	按获利指数	按内含报酬率
3	甲	乙	丁
4	乙	己	己
5	丙	丙	乙
6	丁	丁	丙
中选项目的净现值/元	戊 10 000 己 4 000	戊 10 000 甲 3 000 乙 2 200	戊 10 000 甲 3 000 丁 1 200
合计	14 000	15 200	14 200

如果中选各项目投资额之和恰好等于资本限额,则说明已经得到了一个最优的项目搭配方案,不必再去寻找其他搭配方案(见上例)。

如果中选的各项目投资额之和小于资本限额,而所剩资本又不足下一个项目的投资额,那么这个项目搭配方案由于未充分利用资本而可能不是最优方案。这时就需要舍弃一个或几个获利指数较高的项目,而增补一个或几个获利指数较低的项目,以充分利用可供投资的资本。这样就会有两个或更多个项目搭配方案可供选择,只要分别计算和比较各方案的净现值,便可发现其中的最优方案。

例如,设资本限额为 600 000 元,按获利指数高低排列的各待选项目见表 8.13。

表 8.13 项目资料表

待选投资项目	获利指数	投资额/元
A	1.15	400 000
B	1.13	250 000
C	1.11	350 000
D	1.08	300 000
E	1.03	320 000

根据表 8.13 提供的信息,有两种方案可供选择:

第一方案中选项目:A。

该方案的净现值 = 400 000 × (1.15 − 1) = 60 000(元)

第二方案中选项目:B 和 C。

该方案的净现值 = 250 000 × (1.13 − 1) + 350 000 × (1.11 − 1) = 71 000(元)

可见第二方案虽然放弃了获利指数最高的项目 A,但由于充分利用了资本,其净现值反而高于第一方案。故应选择 B 和 C 项目搭配方案。

三、投资开发时机决策

有些自然资源储藏量不多,随着不断的开采,变得越来越稀少,其价格也将随着储藏量的减少而上升。显然,早开发收益少,晚开发收益多;但另一方面,钱是越早赚到手越好,于是投资者有必要研究开发时机问题。

在进行投资时机决策时,决策的基本原理也是寻求净现值最大的方案,但由于不同方案的开发时间不同,不能把净现值简单对比,而应先将各个方案的净现值换算到同一时点再进行对比。

例如,某公司有一稀有矿藏。随着储藏量的不断减少,这种矿产品价格飞快上升。经预测,5年后价格将一次性上升40%,因此公司要研究是现在开发还是5年后再开发的问题。不论何时开发,初始投资相同,建设期为1年,从第2年开始投产,投产后4年就把该矿藏全部开采完。有关资料详见表8.14。

表8.14 资料表

投资与回收		收入与成本	
固定资产投资/元	200 000	年产销量/吨	1 000
流动资本垫支/元	30 000	现在投资开采的每吨售价/元	300
固定资产残值/元	0	5年后投资开采的每吨售价/元	420
资本成本	12%	每吨变动成本/元	60
		不包括折旧的年固定成本/元	40 000
		所得税率/%	33

首先,计算两种方案的年营业现金净流量。

(一)如果现在就开发

$$年销售收入 = 1\ 000 \times 300 = 300\ 000(元)$$
$$每年应提折旧 = 200\ 000 \div 4 = 50\ 000(元)$$
$$年付现成本 = 1\ 000 \times 60 + 40\ 000 = 100\ 000(元)$$
年营业现金净流量 $NCF = (300\ 000 - 100\ 000 - 50\ 000) \times (1 - 33\%) + 50\ 000 =$
$$150\ 500(元)$$

(二)如果5年后再开发

$$年销售收入 = 1\ 000 \times 420 = 420\ 000(元)$$
$$每年成本 = 1\ 000 \times 60 + 40\ 000 + 50\ 000 = 150\ 000(元)$$
每年营业现金净流量 $NCF = (420\ 000 - 150\ 000) \times (1 - 33\%) + 50\ 000 =$
$$230\ 900(元)$$

两方案的现金流量见表8.15。

表 8.15 现金流量计算表

单位:元

时间	方案	0	1	2	3	4	5	6	7	8	9	10
现在开发	固定资产投资	-200 000										
	流动资本垫支		-30 000									
	营业现金流量			150 500	150 500	150 500	150 500					
	流动资金收回						30 000					
	现金流量	-200 000	-30 000	150 500	150 500	150 500	180 500					
5年后开发	固定资产投资						-200 000					
	流动资本垫支							-30 000				
	营业现金流量								230 900	230 900	230 900	230 900
	流动资金收回											30 000
	现金流量						-200 000	-30 000	230 900	230 900	230 900	260 900

其次,分别计算两方案在同一时点 ($t=0$) 时的净现值。

现金开发的净现值 = $-200\,000 - 30\,000 \times (P/F, 12\%, 1) + 150\,500 \times (P/A, 12\%, 3) \times (P/F, 12\%, 1) + 180\,500 \times (P/F, 12\%, 5) = -200\,000 - 30\,000 \times 0.893 + 150\,500 \times 2.402 \times 0.893 + 180\,500 \times 0.567 = 198\,373.89$(元)

5年后开发的净现值 = $-200\,000 \times (P/F, 12\%, 5) - 30\,000 \times (P/F, 12\%, 6) + 230\,900 \times (P/A, 12\%, 3) \cdot (P/F, 12\%, 6) + 260\,900 \times (P/F, 12\%, 10) = -200\,000 \times 0.567 - 30\,000 \times 0.507 + 230\,900 \times 2.402 \times 0.507 + 260\,900 \times 0.322 = 236\,593.05$(元)

最后,对比两方案的净现值可知,晚开发比早开发对企业更有利。

四、投资期决策

从开始投资到投资结束为止的时期称为投资期。很多项目的投资期有一定的弹性。如果采取集中施工力量、交叉作业、加班加点等措施,可以缩短投资期,使项目提前竣工,早投产,早得利;但是采取上述各项措施却往往需要以增加投资为代价。究竟是否应该缩短投资期,需要经过分析,以便判明缩短投资期的所得是否大于所失。

例如,某公司进行一项投资,正常投资期为3年,每年投资100万元,3年共需要投资300万元,项目建成后有效期为10年,每年现金流入量为100万元。如果把投资建设期缩短为2年,每年需投资180万元,2年共需360万元。竣工投产后项目寿命和每年的现金流入量不变,资金成本为15%,寿命终结时有残值10万元,项目投入使用后需垫支流动资本30万元。试分析应否缩短投资期。

首先,计算两个方案的现金流量如图8.8所示。

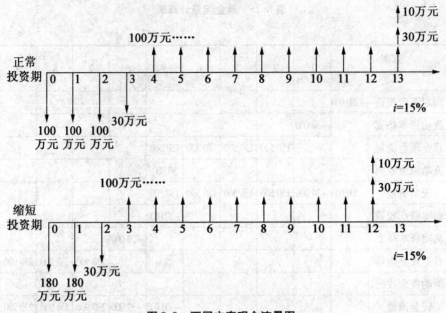

图 8.8 不同方案现金流量图

其次,分别计算两个方案的净现值:

正常投资期的 $NPV = -100 - 100 \times (P/A,15\%,2) - 30 \times (P/F,15\%,3) + 100 \times (P/A,15\%,10) \times (P/F,15\%,3) + 40 \times (P/F,15\%,13) =$
$-100 - 100 \times 1.626 - 30 \times 0.658 + 100 \times 5.019 \times 0.658 + 40 \times 0.163 =$
$54.43(万元)$

缩短投资期的 $NPV = -180 - 180 \times (P/A,15\%,1) - 30 \times (P/F,15\%,2) + 100 \times (P/A,15\%,10) \times (P/F,15\%,2) + 40 \times (P/F,15\%,12) =$
$-180 - 180 \times 0.87 - 30 \times 0.756 + 100 \times 5.019 \times 0.756 + 40 \times 0.187 =$
$27.64(万元)$

最后,比较两方案的净现值可知,缩短投资期后净现值将减少 26.79 万元,说明缩短投资期得不偿失,故应维持正常投资期。

第五节 风险投资决策

在讨论投资决策时,曾假定现金流量是确定的,即可以确知现金收支的金额及其发生时间。实际上,由于长期投资涉及的时间比较长,在未来各个时期内不确定的因素比较多,因而就使投资活动在不同程度上存在着"风险"。如果决策面临的风险较小,一般可忽略它们的影响;如果面临的不确定性和风险较大,足以影响方案的选择,那么就应通过一定的方法对可能包含的风险进行估量并在决策时加以考虑。风险投资决策就是指项目实施后出现的后果为随机变量的投资决策。风险投资决策的分析方法很多,这里只介绍两种常用方法:风险调整贴现率法和肯定当量法。

一、风险调整贴现率法

风险调整贴现率法是指将企业因承担风险而要求的、与投资项目的风险程度相适应的风险报酬,计入资金成本或企业要求达到的报酬率,构成按风险调整的贴现率,并据以进行投资决策分析的方法。这种方法是以下述认识为基础的:企业对承担的投资风险要求超过货币时间价值的报酬,并且风险越大,要求的报酬也越高。

按风险调整的贴现率可以通过下式加以确定:

$$k = i + bQ$$

式中 k——按风险调整的贴现率;

i——无风险贴现率;

b——风险报酬斜率;

Q——风险程度。

在上述公式中,无风险贴现率 i 是加上通货膨胀因素后的货币时间价值,其实质是无风险报酬率;bQ 是风险报酬率,它与风险大小有关,风险越大要求的报酬率越高;其中 Q 为风险程度,它用变异系数来计量;风险报酬斜率 b 取决于全体投资者的风险回避态度,可以通过统计方法加以测定。如果大家都愿意冒风险,风险报酬斜率就小,风险溢价也小;如果大家都不愿意冒风险,风险报酬斜率就大,风险溢价就比较大。b 值也可以参照以往中等风险程度的同类型项目的历史资料加以确定。

下面通过一个例子来说明运用这种方法的步骤。

在按风险调整贴现率法中,对风险较大的项目采用较高的贴现率,对风险较小的项目采用较低的贴现率,简单明了,符合逻辑,不仅为理论家认可,并且使用广泛。但是这种方法把风险报酬与时间价值混合在一起,并据此对现金流量进行贴现,这意味着风险必然随着时间的推延而加大,有时与事实不符。某些行业的投资,前几年的现金流量难以预料,越往后反而更有把握,如果园、饭店等。

二、肯定当量法

肯定当量法就是将不确定的期望现金净流量按肯定当量系数折算为约当的肯定现金流量,然后用无风险贴现率来评价风险投资项目的决策分析方法。

肯定当量系数是肯定的现金流量对与之相当的不肯定的期望现金流量的比值,记作 α。

$$\alpha_t = \frac{\text{肯定的现金流量}}{\text{不肯定的期望现金流量}}, 0 \leq \alpha_t \leq 1$$

各年的肯定当量系数,可以由经验丰富的分析人员凭主观判断确定,也可以根据变异系数确定。某些公司将变异系数划分为若干档次,并为每一档规定一个相应的肯定当量系数。变异系数越低,风险越小,规定的肯定当量系数就越大;反之,规定的肯定当量系数就越小。其经验关系见表 8.16。

表 8.16 肯定当量系数与变异系数关系表

变异系数 Q	肯定当量系数 α
0.00~0.07	1
0.08~0.15	0.9
0.16~0.23	0.8
0.24~0.32	0.7
0.33~0.42	0.6
0.43~0.54	0.5
0.55~0.70	0.4

变异系数 Q 与肯定当量系数 α 之间的数量关系,并没有一致公认的客观标准。因此,变异系数如何分档,各档的肯定当量系数如何确定,均取决于公司管理当局的风险反感程度。

肯定当量法可以反映各年原有的风险程度,使它不因时间的推延而被人为地夸大,从而克服了按风险调整贴现率法的缺点。但肯定当量法不像按风险调整贴现率法那样直观,而且要为每年确定一个肯定当量系数也较费事。

对比两种方法可见,按风险调整贴现率法是用调整净现值公式分母中的贴现率的办法来考虑风险的,而肯定当量法则是用调整该公式分子中的期望现金流量来考虑风险的,这是两种方法的根本区别。

第九章 预算控制

第一节 全面预算概述

一、全面预算的含义与作用

企业的生产经营是一个非常复杂的系统,因此,一旦企业通过长期决策和经营决策,确定了企业的经营目标,就必须制订一个能够协调企业内各部门工作的全面计划,以控制企业的经营活动,分析考核企业内部各个责任部门的工作业绩,保证经营目标的实现。预算就是用货币单位表示的财务计划,是以货币的形式来展示未来某一特定期间企业财务及其他资源的取得及运用的详细计划。利用预算对企业的各种活动实施控制称为预算控制。

全面预算是企业未来计划和目标等各方面的总称。它对销售、生产等活动确定了明确的目标,并表现为预计损益表、预计资产负债表等一整套预计的财务状况和经营成果。因此,它是企业管理当局未来各计划及其如何实施的全面概括。

面对充满不确定因素的现实经济生活,企业必须制订严密周全的计划,对某些困难和风险预先准备和防范。一套经过认真分析而制定的预算,在企业管理中有着非常重要的作用。

(一)明确目标

预算是具体化的经营目标。编制预算有助于企业内部各个部门中的全体职工了解本企业、本部门、本人在实现企业整体经营目标过程中的地位、作用和责任,促使他们想方设法去完成各自的责任目标和企业总目标。

(二)协调力量

预算围绕着企业的经营目标,把企业经营过程中的各个环节、各方面的工作严密地组织起来,使企业内部力量上下左右协调,保持平衡,减少和消除可能出现的各种矛盾冲突,从而使企业成为一个完成其经营目标而顺利运转的有机整体。通过预算的编制,可促使各级管理人员消除本位主义观念,加强沟通。

(三)控制业务

预算对经济活动的控制作用表现在三个方面:一是事前控制,即在编制预算前广泛征求各有关部门和人员的意见,使预算落在实处。同时为各项经济活动建立控制标准,如材料消耗标准、工时耗用标准、费用支出标准。二是事中控制,即在预算的执行过程中对实际脱离预算的差异进行分析,及时采取必要的纠正措施,保证预算目标的实现。三是事后控制,即将企业经营活动的实际结果与预算进行比较,分析差异原因,提出改进措施,反馈给下一期的预算。

(四)评价业绩

把实际经营成果和预算进行比较,分析差异原因,不仅有助于控制企业各环节、各部门的经济活动,而且有助于评价各责任部门和责任者的工作业绩,通过有效的奖惩措施,提高企业全体职工的积极性,挖掘潜力,提高企业经济效益。

二、全面预算的内容

全面预算实质上是以企业的经营目标为基础,以销售预算为起点,进而扩展到采购、生产、成本、资金等各个方面的预算,从而形成一个预算体系。一般来讲,一个完整的生产经营全面预算应包括经营预算、专门决策预算和财务预算三大部分。其具体内容如下:

(一)经营预算

经营预算是指与企业日常经营活动直接相关的经营业务的各种预算。具体包括:销售预算、生产预算、直接材料消耗及采购预算、直接工资及其他直接支出预算、制造费用预算、产品生产成本预算、销售及管理费用预算等,这些预算前后衔接,相互勾稽,既有实物量指标,又有价值量和时间指标。

(二)专门决策预算

专门决策预算主要涉及长期投资,故又称资本支出预算,是指企业不经常发生的、一次性业务的预算,如企业固定资产的购置、扩建、改建、更新等都必须在投资项目可行性研究的基础上编制预算,具体反映投资的时间、规模、收益以及资金的筹措方式等。

(三)财务预算

财务预算是指与企业现金收支、经营成果和财务状况有关的各项预算。主要包括现金预算、预计利润表、预计资产负债表等。这些预算以价值指标总括反映经营预算和资本支出预算的结果。

企业全面预算的各项预算前后衔接,互相勾稽,形成了一个完整的体系,它们之间的关系如图9.1所示。

由图9.1可知,企业生产经营的全面预算,是以企业的经营目标为出发点,以市场需求的研究和预测为基础,以销售预算为主导,进而包括生产、成本和现金收支等各个方面,并特别重视生产经营活动对企业财务状况和经营成果的影响,因此,整个预算体系以预算的财务报表作为终结。

三、全面预算的编制程序

全面预算的编制工作是一项工作量大、涉及面广、时间性强、操作复杂的工作。为了保证预算编制工作有条不紊地进行,一般要在企业内部专设一个预算委员会负责编制并监督实施。它通常是由总经理,分管销售、生产、财务等方面的副总经理和总会计师等高级管理人员组成,其主要任务是:制定和颁布有关预算制度的各项政策;审查和协调各部门的预算申报工作;解决有关方面在编制预算时可能发生的矛盾和争执,批准最终预算,并经常检查预算的执行情况,促使各有关方面协调一致地完成预计所规定的目标和任务。

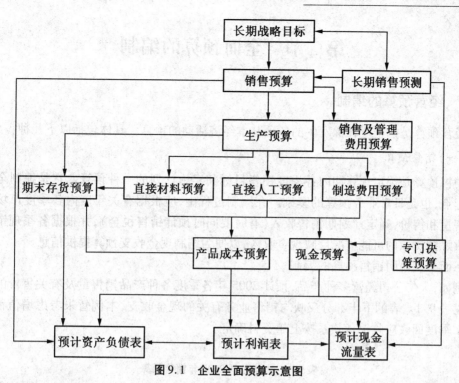

图9.1 企业全面预算示意图

企业预算的编制涉及经营管理的各个部门,只有执行人参与预算的编制,才能使预算成为他们自愿努力完成的目标。因此,预算的编制应采取自上而下、自下而上的方法,不断反复和修正,最后由有关机构综合平衡,并以书面形式向下传达,作为正式的预算落实到各有关部门付诸实施。

全面预算编制的一般程序为:①在预测与决策的基础上,由预算委员会拟订企业预算总方针,包括经营方针、各项政策以及企业总目标和分目标,如利润目标、销售目标、成本目标等,并下发到各有关部门;②组织各生产业务部门按具体目标要求编制本部门预算草案;③由预算委员会平衡与协商调整各部门的预算草案,并进行预算的汇总与分析;④审议预算并上报董事会最后通过企业的综合预算和部门预算;⑤将批准后的预算,下达给各级部门执行。

四、全面预算的编制期

编制经营预算与财务预算的期间,通常以1年为期,这样可使预算期间与会计年度相一致,便于预算执行结果的分析、评价和考核。年度预算要有分季的数字,而其中的第1个季度,还应有分月的数字,当第2个季度即将来临的时候,又将第2个季度的预算数按月分解,提出第2个季度分月的预算数,还可按旬或按周进一步细分。至于资本支出的预算期则应根据长期投资决策的要求,具体制定。

在预算编制的具体时间上,生产经营全面预算一般要在下年度到来之前两个月就着手编制,按规定进程由各级人员组织编、报、审等项工作,至年底要形成完整的预算并颁布下去。

第二节 全面预算的编制

一、经营预算的编制

经营预算是指企业日常发生的各项基本经济活动的预算。具体包括以下几种：

（一）销售预算

销售预算是规定预算期内各季度销售目标和实施计划的一种预算。它是编制全面预算的起点，也是日常业务预算的基础。在编制过程中，应根据有关年度内各季度市场预测的销售量和售价，确定计划期销售收入（有时要同时预计销售税金），并根据各季现销收入与回收赊销货款的可能情况反映现金收入，以便为编制现金收支预算提供信息。

下面举例说明销售预算的编制。

例如，大华公司经营多种产品，预计2005年各季度各种产品销售量及有关售价的部分资料见表9.1。表的下半部分反映与销售业务有关的现金收支，本例暂未考虑增值税。表中第1季度回收应收销货款系按上年资料确定。

表9.1 大华公司2005年销售预算

单位：元

项目	第1季度	第2季度	第3季度	第4季度	本年合计
预计销售量	…	…	…	…	…
A产品	800	1 000	1 200	1 000	4 000
B产品					
⋮	⋮	⋮	⋮	⋮	⋮
预计销售单价					
A产品	100	100	100	100	100
B产品					
⋮	⋮	⋮	⋮	⋮	⋮
销售收入合计	195 000	290 000	375 000	220 000	1 080 000
①现销收入	156 000	232 000	300 000	176 000	864 000
②回收前期应收货款	40 000	39 000	58 000	75 000	212 000
③现金收入小计	196 000	271 000	358 000	251 000	1 076 000

注：按经验估计：③ = ① + ②；当季货款收入：当季收80%，余款下季收到

（二）生产预算

生产预算是安排预算期预算规模的计划。它是在销售预算的基础上编制的，并为进一步预算成本和费用提供依据，是业务预算中唯一仅以数量形式反映预算期内各季有关产品生产数量及品种构成的一种预算。

根据销售预算中各种产品每季预计销售量加减预计期末、期初在产品和产成品存货量

便可求出各季预算产量,从而可编制生产预算,该预算可分产品编制。下面举例说明生产预算的编制。例如,大华公司据有关资料编制的 A 产品生产预算见表9.2。

表9.2　大华公司 2005 年 A 产品生产预算

单位:件

项目	第1季度	第2季度	第3季度	第4季度	本年合计
①预计销售量	800	1 000	1 200	1 000	4 000
②预计存货量	100	120	100	120	120
③期初存货量	80	100	120	100	80
④预计生产量	820	1 020	1 180	1 020	4 040

注:④ = ① + ② - ③

由于销量因素可以从销售预算中找到,预计期初存货量等于上季期末存货量,因此,编制生产预算的关键是正确地确定各季预计期末存货量。在实践中,可按事先估计的期末存货量占当期销货量的比例进行估算(要考虑到季节性因素的影响)。

(三)直接材料消耗及采购预算

直接材料预算主要是用来确定预算期材料采购数量和采购成本的。它是以生产预算为基础编制的,并同时考虑期初期末材料存货水平。预计材料采购量可按下列公式计算:

预计材料采购量 = 预计材料耗用量 + 预计期末库存材料 - 预计期初库存材料

在编制直接材料预算时,应按以下程序进行:

首先,按每种产品生产量分期计算各种材料的耗用量。

某期某产品所消耗某材料的数量 = 该产品当期生产量 × 该产品耗用该材料消耗定额

例如,大华公司 2005 年 A 产品耗用材料预算见表9.3。

表9.3　大华公司 2005 年 A 产品耗用材料预算

单位:件

项目	第1季度	第2季度	第3季度	第4季度	本年合计
预计生产量/件	820	1 020	1 180	1 020	4 040
材料消耗定额					
甲材料	2	2	2	2	2
乙材料	…	…	…	…	…
材料消耗数量					
甲材料	1 640	2 040	2 360	2 040	8 080
乙材料					

其次,将各种产品消耗某种材料的数量加总求该种材料总耗用量,然后来计算直接材料当期采购量及采购成本。

某期某种材料采购量 = 该材料当期总耗用量 + 该材料期末存货量 - 该材料期初存货量

某期某种材料采购成本 = 该材料单价 × 该材料当期采购量

最后,按下式计算预算期材料采购总成本:

$$预算期直接材料采购总成本 = \sum 当期各种材料采购成本$$

例如,大华公司 2005 年直接材料耗用及采购预算见表 9.4。

表 9.4 大华公司 2005 年直接材料耗用及采购预算

单位:件

材料种类	项目	第 1 季度	第 2 季度	第 3 季度	第 4 季度	本年合计
	A 产品耗用量/千克	1 640	2 040	2 360	2 040	8 080
	B 产品耗用量千克	…	…	…	…	…
	⋮	⋮	⋮	⋮	⋮	⋮
	甲材料总耗用量/千克	7 600	8 040	8 240	8 400	32 280
	加:期末材料存量/千克	1 608	1 648	1 680	1 640	—
	减:期初材料存量/千克	1 520	1 608	1 680	1 680	—
	本期采购量/千克	7 866	8 080	8 272	8 360	32 578
	甲材料单价/元	5	5	5	5	—
	甲材料采购成本/元	38 440	40 400	41 360	41 800	162 000
	⋮	⋮	⋮	⋮	⋮	⋮
	乙材料采购成本	…	…	…	…	…
	⋮	⋮	⋮	⋮	⋮	⋮
	各种材料采购成本总量/千克	141 100	146 000	148 400	151 900①	587 400
	当期现购材料成本/元	84 660	87 600	89 040	91 140	352 440
	偿付前期所欠材料款/元	52 000	56 440	58 400	59 360	226 200
	当期现金支出小计/元	136 660	144 040	147 440	150 500	578 640

注:①包括为下年开发产品准备的丁材料成本 5 800 元;当季收支付 60%,余款下季支付

(四)直接工资及其他直接支出预算

直接工资及其他直接支出预算,又称直接人工预算,是一种既反映预算期内人工工时消耗水平,又规划人工成本开支的业务预算。它是根据生产预算中的预计生产量、标准单位或定额所确定的直接人工工时、小时工资率进行编制的。其基本计算公式为

$$预计直接人工成本 = 小时工资率 \times 预计直接人工总工时$$

首先,在编制这种预算过程中,应计算预算期各产品有关直接人工工时。这里要注意按品种,分车间,考虑不同工种确定工时。

例如,大华公司 2005 年 A 产品直接人工工时预算见表 9.5。

表9.5 大华公司2005年A产品直接人工工时预算

单位:小时

项目	第1季度	第2季度	第3季度	第4季度	本年合计
预计生产量					
一车间	820	1 020	1 180	1 020	4 040
二车间	…	…	…	…	…
⋮	⋮	⋮	⋮	⋮	⋮
单位产品定额人工工时					6①
一车间	3	3	3	3	—
二车间	…	…	…	…	…
⋮	⋮	⋮	⋮	⋮	⋮
预计直接人工总工时					
一车间	2 460	3 060	3 540	3 060	12 120
二车间	…	…	…	…	…
⋮	⋮	⋮	⋮	⋮	⋮
合计	4 920	6 120	7 080	6 120	24 240

注:①单位A产品定额工时 = 24 240 ÷ 4 040 = 6

其次,根据预计工时与单位工时直接工资水平(工资率)计算各种产品直接工资预算。在此基础上,再按直接工资预算和有关其他直接支出的提取百分比(比如应付福利费为直接工资的14%),计算其他直接支出预算。最后将上述两部分汇总起来,即可编制出直接人工成本预算。

例如,大华公司2005年直接人工成本预算见表9.6。

表9.6 大华公司直接人工成本预算

项目	第1季度	第2季度	第3季度	第4季度	本年合计
直接人工总工时/小时					
①A产品	4 920	6 120	7 080	6 120	24 240
B产品	…	…	…	…	…
⋮	⋮	⋮	⋮	⋮	⋮
②合计	7 600	8 040	8 240	8 400	32 280
③单位工时人工成本/元	3	3	3	3	3
单位产品人工成本/元					
④A产品	18	18	18	18	
B产品	…	…	…	…	…
⋮	⋮	⋮	⋮	⋮	⋮

续表9.6

项目	第1季度	第2季度	第3季度	第4季度	本年合计
直接人工成本总额/元					
⑤A产品	14 760	18 360	21 240	18 360	72 720
B产品	…	…	…	…	…
⋮	⋮	⋮	⋮	⋮	⋮
⑥合计	22 800	24 120	24 720	25 200	96 840

注：⑤ = ① × ③；④ = ⑤ ÷ 产量；③ = Σ⑥ ÷ Σ②

（五）制造费用预算

制造费用预算是指直接材料和直接人工预算外的其他一切生产费用的预算。在编制制造费用预算时，可按变动成本法将预算期内的制造费用分为变动部分与固定部分，固定性制造费用可在上年的基础上根据预期变动加以适当修正进行预计，并作为期间成本直接列入损益表内作为收入的扣除项目。变动性制造费用则根据单位产品的预定分配率乘以预计的生产量进行预计，其中，变动性制造费用预算分配率的计算公式为

$$变动性制造费用预算分配率 = \frac{变动性制造费用预算总数}{相关分配标准预算总数}$$

式中分母可在生产量预算或直接人工工时总额预算中选择，如为多种产品，一般按后者进行分配。

例如，大华公司2005年制造费用预算见表9.7。

表9.7 大华公司2005年制造费用预算

单位：元

固定性制造费用	金额	变动性制造费用	金额
1. 管理人员工资	8 700	1. 间接材料	8 500
2. 保险费	2 800	2. 间接人工成本	18 800
3. 设备租金①	2 680	3. 水电费	14 500
4. 维修费	1 820	4. 维修费	6 620
5. 折旧费	12 000	5. 合计	48 420
合计	28 000	直接人工总工时	32 280
其中：付现费用	16 000	预算分配率/%	1.5

项目	第1季度	第2季度	第3季度	第4季度	本年合计
变动性制造费用②	11 400	12 060	12 360	12 600	48 420
付现的固定性制造费用③	4 000	4 000	4 000	4 000	16 000
现金支出小计	15 400	16 060	16 360	16 600	64 420

注：①年初租入生产B产品的专用设备一台，按季付租金670元

② = 预算分配率 × 各季度预计总工时

③ = 全年付现费用 ÷ 4

(六)产品生产成本预算

产品生产成本预算又叫产品成本预算,它是反映预算期内各种产品生产成本水平的一种业务预算。这种预算是在生产预算、直接材料消耗及采购预算、直接人工预算和制造费用预算的基础上编制的,通常应反映各产品单位生产成本与总成本,有时还要反映年初年末产品存货预算。也有人主张分季反映各期生产总成本和期初期末存货成本的预算水平。在这种情况下,各季期末存货计价的方法应保持不变。下文举例说明产品生产成本预算的编制。

例如,大华公司按变动成本法确定的该项预算见表9.8。

表9.8 大华公司2005年产品成本预算

单位:元

成本项目	A产品全年产量4 040件				B	…	总成本合计
	单耗	单价	单位成本	总成本			
直接材料							
甲材料	2	5	10	40 400	…	…	161 400
乙材料	…	…	…	…	…	…	…
⋮							
小计			22	88 880	…	…	583 500
直接工资及其他直接支出	6	3	18	72 720	…	…	96 840
变动性制造费用	6	1.5	9	36 360	…	…	48 420
预计产品生产成本			49	197 960			728 760
产成品存货	数量		单位成本	总成本			合计
年初存货	100		50	5 000			28 500
年末存货	120		49	5 880			81 660

(七)销售及管理费用预算

销售及管理费用预算是指预算期内为推销商品和维持一般行政管理工作而发生的各项费用的预算。其编制方法与制造费用预算的编制方法相同。这是因为销售及管理费用多为固定成本,它们的发生是为保证企业维持正常的经营服务,除折旧、销售人员工资和专设销售机构日常经费开支定期固定发生外,还有不少费用属于年内待摊或预提性质,如一次性支付的全年广告费就必须在年内均摊,又如年终报表审计费应在各期中预提,这些开支的时间与受益期间不一致,只能按全年反映,进而在年内平均摊配。有人主张将这些费用也划分为变动和固定两部分(尤其是销售费用)。对变动部分按分期销售业务量编制预算;固定部分全年均摊,认为这样有助于编制分期现金支出预算,否则对于那些跨期摊配的项目来说,任何平均费用都不等于实际支出,因此,对后者必须具体逐项编制预算。

例如,大华公司的销售费用及管理费用预算见表9.9。

表9.9　大华公司销售费用及管理费用预算

单位:元

费用项目	全年预算	费用项目	全年预算
1. 销售人员	4 500	10. 行政人员薪金	3 500
2. 专设销售机构办公费	2 000	11. 差旅费	1 500
3. 代理销售佣金	1 200	12. 审计费	2 000
4. 销货运杂费	650	13. 财产税	700
5. 其他销售费用	950	14. 行政办公费	3 000
6. 宣传广告费	4 000	15. 其他费用	500
7. 交际费	1 000	费用合计	29 600
8. 土地使用费	3 300	每季平均 = 29 600 ÷ 4 = 7 400	
9. 折旧费	800		

季度	1	2	3	4	全年合计
现金支出	6 450	7 400	8 250	6 700	28 800

在实务中,该预算分别按销售费用、管理费用等分部分编制,并区分变动与固定费用,本例为简化起见合并编制,并不区分变动与固定费用。

二、专门决策预算的编制

专门决策预算,往往涉及长期建设项目的资金投放与筹措等,并经常跨年度,因此除个别项目外一般不纳入业务预算,但应计入与此有关的现金收支预算与预计资产负债表。

下面是大华公司的两项专门预算的例子,其中之一为个别情况纳入经营预算。

例如,为稳定B产品质量,1999年需增设一台专用检测设备,取得方案有三个:①花10 000元购置,可用5年;②花半年时间自行研制,预计成本5 000元;③采用经营租赁形式,每季支付670元租金向信托投资公司租借。经过反复研究,决定采取第三个方案,于是,该项决策预算被纳入制造费用预算,见表9.7。

再如,为开发新产品D,大华公司决定于2005年上马一条新的生产线,年内安装调试完毕,下年初正式投产,有关投资及筹资预算见表9.10。

表9.10　大华公司2005年D产品生产线投资总额和资金筹措表

单位:元

项目	第1季度	第2季度	第3季度	第4季度	全年合计
固定资产投资					
1. 勘察设计费	500				500
2. 土建工程	5 000	5 000			10 000
3. 设备购置		65 000	15 000		80 000
4. 安装工程			3 000	5 000	8 000

续表 9.10

项目	第 1 季度	第 2 季度	第 3 季度	第 4 季度	全年合计
5.其他				1 500	1 500
合计	5 500	70 000	18 000	6 500	100 000
流动资金投资					
丁材料采购				5 800	5 800
合计				5 800	5 800
投资支出总计	5 500	70 000	18 000	12 300	105 800
投资资金筹措					
1.发行优先股①	20 000				20 000
2.发行公司债②		50 000			50 000
合计	20 000	50 000			70 000

注:①优先股股利率为15%;②公司债券利息为12%

该项预算中只有丁材料采购纳入业务预算中的直接材料采购预算(表9.4),其余只计入现金收支预算和预计资产负债表。

三、财务预算的编制

(一)现金预算

现金预算是用来反映预算期内由于营业和资本支出引起的一切现金收支及其结果的预算。这里的现金是指企业的库存现金和银行存款等货币资金。编制现金预算的目的在于合理地处理现金收支业务,正确地调度资金,保证企业的资金正常流转。现金预算由以下几部分组成:

(1)现金收入。包括期初的现金结存数和预算期内发生的现金收入。如现销收入、收回的应收账款、应收票据到期兑现和票据贴现收入等。

(2)现金支出。指预算期内预计发生的现金支出。如采购材料支付货款、工资、部分制造费用、销售费用、管理费用、财务费用,偿还应付款项、交纳税金、支付利润以及资本性支出的有关费用(设备购置费)等。

(3)现金收支差额。列示现金收入合计与现金支出合计的差额。差额为正,说明收大于支,现金有多余;差额为负,说明支大于收,现金不足。

(4)资金的筹集与运用。根据预算期现金收支的差额和企业有关资金管理的各项政策,确定筹集或运用资金的数额。如果现金不足,可向银行取得借款,或发行股票、债券筹集资金,并预计还本付息的期限和数额。如果现金多余,除了可用于偿还借款外,还可用于购买作为短期投资的有价证券。

例如,根据表9.1至表9.10的资料所编制的大华公司2005年现金预算见表9.11。

表9.11　大华公司2005年现金预算

单位:元

项目	第1季度	第2季度	第3季度	第4季度	全年合计	备注
①期初现金余额	21 000	22 690	23 270	24 138	21 000	
②经营现金流入	196 000	271 000	358 000	251 000	1 076 000	表9.1
③经营性现金支出	228 810	248 620	262 270	249 000	988 700	
直接材料采购	136 660	144 040	147 440	150 500	578 640	表9.4
直接工资及其他支出	22 800	24 120	24 720	25 200	96 840	表9.6
制造费用	15 400	16 060	16 360	16 600	64 420	表9.7
销售及管理费用	6 450	7 400	8 250	6 700	28 800	表9.9
产品销售税金(消费税)	19 500	29 000	37 500	22 000	108 000	表9.1
预交所得税	20 000	20 000	20 000	20 000	80 000	估计
预分股利	8 000	8 000	8 000	8 000	32 000	
④资本性现金支出	5 500	70 000	18 000	6 500	100 000	表9.10
⑤现金余缺	(17 310)	(24 930)	101 000	19 638	8 300	
⑥资金筹措及运用	40 000	48 200	(76 862)	5 482	16 820	
流动资金借款	20 000				20 000	*
归还流动资金借款		(1 000)	(10 000)	(9 000)	(20 000)	*
发行优先股	20 000				20 000	表9.10
发行公司债		50 000			50 000	表9.10
支付各项利息		(800)	(1 880)	(1 518)	(4 198)	
购买有价证券			(64 982)	16 000	(48 982)	
⑦期末现金余额	22 690	23 270	24 138	25 120	25 120	

注:⑤=①+②-③-④;⑦=⑤+⑥

*假定借款在期初,还款期末发生,利息率8%

(二)预计利润表

预计利润表是以货币形式全面综合地反映预算期内经营成果的利润计划。它是在上述各项经营预算的基础上,根据权责发生制原则编制的。该表既可以分季,亦可按年编制。

例如,大华公司2005年按变动成本法编制的全年预计利润表见表9.12。

表9.12　大华公司2005年度预计利润表

单位:元

销售收入	1 080 000
减:销售税金及附加	108 000
减:本期销货成本①	675 600
贡献毛益总额	296 400

续表9.12

减:期间成本②	61 798
利润总额	234 602
减:应交所得税(40%)	93 840.8
净利润	140 761.2

注:①本期销售成本 = 28 500 + 728 760 − 81 660(表9.8)
　②期间成本 = 28 000 + 29 600 + 4 198(表9.7、表9.9、表9.10)

(三)预计资产负债表

预计资产负债表是以货币单位反映预算期末财务状况的总括性预算表,表中除上年期末数已知外,其余项目均应在前面所列的各项预算指标基础上分析填列。

例如,大华公司2005年12月31日的预计资产负债表见表9.13。

表9.13　大华公司预计资产负债表

2005年12月31日　　　　　　　　　　　　　　　　单位:元

资产	年末数	年初数	负债及股东权益	年末数	年初数
现金	25 120	21 000	负债		
应收账款	44 000①	40 000	应付账款	60 760⑤	52 000
材料存货	31 900②	28 000	应交公司债	50 000	
产成品存货	81 660	28 500	应交所得税	13 840.8⑥	
土地	120 000	120 000	股东权益		
厂房设备	275 000③	175 000	普通股	280 000	280 000
减:累计折旧	40 000④	27 200	优先股	20 000	
有价证券投资	48 982		留存收益	162 061.2⑦	53 300
资产总计	586 662	385 300	负债与股东权益总计	586 662	385 300

注:① 220 000 − 176 000 = 40 000 + 1 080 000 − 1 076 000　(表9.1、表9.11)
　② = 28 000 + 587 400 − 583 500　(表9.4、表9.8)
　③ = 175 000 + 100 000　(表9.10)
　④ = 27 200 + (12 000 + 800)　(表9.7、表9.9)
　⑤ = 151 900 − 91 140 = 52 000 + 587 400 − 578 640　(表9.4)
　⑥ = 93 840.8 − 80 000　(表9.12、表9.11)
　⑦ = 53 300 + 140 761.2 − 32 000　(表9.12、表9.11)

第三节　预算控制的形式

一、固定预算

预算按其是否可按业务量调整,分为静态预算和弹性预算两类,静态预算又称固定预算,是指根据预算期内正常的可能实现的某一业务活动水平而编制的预算。前面所讨论的

销售预算、生产预算等生产经营的多面预算,均以某一经营业务水平为基础编制,故皆为固定预算。固定预算的基本特征是:

(1)不考虑预算期内业务活动水平可能发生的变动,而只按照预算期内计划预定的某一共同的活动水平为基础确定相应的数据。

(2)将实际结果与按预算期内计划预定的某一共同的活动水平所确定的预算数进行比较分析,并据以进行业绩评价、考核。

显然,一旦这种预算赖以生存的前提——预计业务量与实际水平相去甚远时(这种情况在当今复杂的市场环境中屡屡发生),必然导致有关成本费用及利润的实际水平与预算水平因基础不同而失去可比性,不利于开展控制与考核。譬如当预计业务量为生产能量的100%,而实际业务量为120%时,那么在成本方面实际脱离预算的差异就会包括本不该有成本分析范畴内出现的非主观因素——业务量增长造成的差异(对成本来说,只要分析单位用量差异和单价差异就够了,业务量差异根本无法控制,分析也没有意义)。因此,对于那些经济业务比较稳定的企业或部门,可以采用这种方法编制预算。

二、弹性预算

弹性预算是指根据可预见的不同业务活动水平,分别规定相应目标和任务的预算。其基本特征是:第一,它按预算期内某一相关范围内的可预见的多种业务活动水平调整其预算额;第二,待实际业务量发生后,将实际指标与实际业务量相应的预算额进行对比,使预算执行情况的评价与考核建立在更加客观可比的基础上,更好地发挥预算控制作用。

由于未来业务量的变动会影响到成本费用和利润等各个方面,因此,弹性预算从理论上讲适用于全面预算中与业务量有关的各种预算,但从实用角度看,主要用于编制弹性成本费用预算和弹性利润预算等。在实务中,由于收入、利润可按概率的方法进行风险预算,只有制造费用、销售费用及管理费用等间接费用应用弹性预算的频率较高,以至于有人将编制弹性预算误认为是编制费用预算的一种方法。

(一)弹性成本预算的编制

编制弹性成本预算应选择适当的业务量计量单位,并确定其有效变动范围,按该业务量与有关成本费用项目之间的内在关系进行分析而编制。鉴于制造费用的复杂性,弹性成本预算的编制要以制造费用弹性预算的编制为重点。下面介绍两种常见的方法。

1. 公式法

制造费用弹性预算的编制,通常的做法是,事先只编制单位产品变动成本标准和固定成本总预算进行控制,在实际业务发生后,再按照实际业务量换算,形成弹性预算,其计算公式为

$$弹性预算 = 单位产品变动成本标准 \times 实际业务量 + 固定成本预算总额$$

因此,在成本性态分析的基础上,可将任何成本近似地表示为 $y_i = a_i + b_i x_i$ ($b_i = 0$ 时, y_i 为固定成本项目;当 $a_i = 0$ 时, y_i 为变动成本项目;当 a_i 和 b_i 都不为零时, y_i 为混合成本。x_i 可以为多种业务量指标如产销量、直接人工工时等)。公式法要求在事先确定有关业务量变动的最高与最低限度(可按历史资料或正常生产能力的70%~110%来确定),只需列出各项成本的 a 和 b,即可推算出业务量在允许范围内任何水平上的各项预算成本。

例如，大华公司2005年制造费用弹性预算指标（部分）见表9.14，其中较大的混合成本项目已经过进一步分解。

表9.14 大华公司2005年制造费用弹性预算
（公式法）

直接人工工时：22 596～35 508 小时　　　　　　　　　　　　　　　　　　　　　　单位：元

项目	a	b	项目	a	b
管理人员工资	8 700		辅助材料	1 075.6	0.18
保险费	2 800		燃油		0.05
设备租金	2 680		辅助工工资		0.55
维修费	1 661.2	0.21	校验员工资	300	0.22
水费	500	0.12	⋮	⋮	⋮

公式法的优点是在一定的范围内不受业务量波动影响，缺点是逐项甚至按细目分解成本比较麻烦，又不能直接查出特定业务量下的总成本预算额，并有一定误差。但是，应该看到预算本身就是对未来的推算，允许出现误差。另外，在成本水平变动不大的情况下，不必在每个预算期都进行成本分解。

2. 列表法

由于制造费用包括变动、固定、半变动三部分，为加强控制，更宜按照不同的业务量水平编制制造费用的弹性预算。此法在一定程度上能克服公式法查不到业务量下总成本预算的弱点，在相关范围内每隔一定业务量间隔进行预算，以反映一系列业务量下的预算成本水平。

例如，按列表法编制的大华公司制造费用弹性预算见表9.15。

表9.15 大华公司2005年制造费用弹性预算
（列表法）　　　　　　　　　　　　　　　　　　　　　　　　　　　　　　　　　单位：元

直接人工工时/小时	22 596	24 210	25 824	32 280	33 894	35 508
生产能力利用/%	70%	75%	80%	100%	105%	110%
1. 变动成本项目	13 629	14 600	15 576	19 470	20 444	21 417
燃油	1 129.8	1 210.5	1 291.2	1 614	1 694.7	1 775.4
辅助工工资	12 427.8	13 315.5	14 203.2	17 754	18 641.7	19 529.4
⋮	⋮	⋮	⋮	⋮	⋮	⋮
2. 混合成本项目	21 512	25 703	27 300	30 770	35 500	38 650
辅助材料	5 142.88	5 433.4	5 723.92	6 886	7 176.53	7 467.04
维修费	6 406.36	6 745.3	7 084.24	8 440	8 778.94	9 117.88
校验员工资	751.92	784.2	816.48	945.6	977.88	1 010.16

续表9.15

直接人工工时/小时	22 596	24 210	25 824	32 280	33 894	35 508
水费	3 211.52	3 405.2	3 598.88	4 373.6	4 567.28	4 760.96
⋮	⋮	⋮	⋮	⋮	⋮	⋮
3. 固定成本项目	26 180	26 180	26 180	26 180	26 180	26 180
管理人员工资	8 700	8 700	8 700	8 700	8 700	8 700
保险费	2 800	2 800	2 800	2 800	2 800	2 800
设备租金	2 680	2 680	2 680	2 680	2 680	2 680
⋮	⋮	⋮	⋮	⋮	⋮	⋮
制造费用预算额	61 321	66 483	69 056	76 420	82 124	86 247

(二) 弹性利润预算的编制

弹性利润预算是以预算期内预期的各种可能实现的销售净收入作为计量基础,按成本性态,扣减相应的成本,据此分别确定不同销售净收入水平下可实现的利润或发生的亏损。弹性利润的作用在于:首先,期初,它可用于作为确定各种预计业务水平下的预期销售收入、成本以及净利润的基础。利用弹性预算,经理人员可以较方便地了解未来期间各种特定业务水平下的预期收入和预期成本水平。其次,期末,经理人员可以将实际执行结果与相关范围内相应的预算数字进行比较,并据以进行业绩评价与控制。弹性利润预算的编制方法主要有以下两种:

1. 因素法

因素法是根据影响利润的有关因素与收入成本的关系,列表反映这些因素分别变动时相应的预算利润水平的方法。

下面举例说明因素法在编制弹性利润预算中的应用。

例如,大华公司2005年R产品弹性利润预算(简略式)见表9.16。

表9.16 2005年R产品弹性利润预算
(因素法)   单位:元

销售量	360 件			380 件		⋯	500 件		
售价	108	120	⋯	108	120	⋯	⋯	180	120	⋯
销售收入	38 880	43 200	⋯	41 040	45 600	⋯	⋯	54 000	60 000	⋯
变动成本	28 080	28 080	⋯	29 640	29 640	⋯	⋯	39 000	39 000	⋯
固定成本	5 000	5 000	⋯	5 000	5 000	⋯	⋯	5 000	5 000	⋯
利润总额	5 800	10 120	⋯	6 400	10 960	⋯	⋯	10 000	16 000	⋯

该法适用于单一品种经营或采用分算法处理固定成本的多品种经营的企业。但在预计各种销量、售价变动水平较大时,预算工作量较大。

2. 百分比法

百分比法又称销售额百分比法，即按不同项目对销售额的百分比编制弹性预算的方法。百分比法适用于多品种经营的企业，比较简单，但必须假定固定成本在固定预算的基础上不变和变动成本随销售收入变动百分比而同比例变动，即销售收入百分比的上下限均不突破相关范围。

例如，大华公司2005年弹性利润预算（简略式）见表9.17。

表9.17　大华公司2005年弹性利润预算
（百分比法）

单位：千克

销售收入百分比	70%	80%	…	100%	110%
销售收入	756	864	…	1 080	1 180
变动成本	548.5	626.9	…	783.6	862
固定成本	62	62	…	62	62
利润总额	145.1	175.1	…	234.4	256

三、零基预算

零基预算是一种20世纪70年代由美国德州仪器公司所创建的，目前已被西方国家广泛采用作为费用预算的编制方法。

编制费用预算的传统方法，是以现有的费用水平为基础，预算期内有关业务量预期的变化，对现有费用水平做适当调整，以确定预算期的预算数的。这种方法的基本假设是：①企业现有的每项活动都是企业不断发展所必需的；②在未来会计年度内企业至少必须以现有费用水平继续存在；③现有费用已得到有效的利用；④增加费用预算费是值得的。因此，这种方法的问题并不在于现有费用应否继续存在下去，而在于应增加多少。由此可见，这种方法在指导思想上，是以承认现实的基本合理性作为出发点，从而使原来不合理的费用开支也继续存在下去甚至有增无减，造成资金的巨大浪费。

零基预算不是以现有费用为前提，而是一切从零做起，从实际需要与可能出发，像对待决策项目一样，逐项审议各种费用开支是否必要合理，进行综合平衡，从而确定预算费用的方法。

零基预算的程序是：首先，针对企业在预算年度的总体目标以及由此确定的各预算单位的具体目标和业务活动水平，提出相应费用计划方案，并说明每一费用开支的理由与数额；其次，按"成本－效益分析"方法比较每一项费用及相应的效益，评价每项开支计划的重要程度（最好能相应划分等级，区分不可避免成本与可延缓成本），以便区别对待；第三，对不可避免费用项目优先分配资金，对可延缓成本则根据可动用资金情况，按轻重缓急，分级依次安排预算项目，最后经协调后具体规定有关指标，逐项下达费用预算。

应该看到，零基预算像开办新事务一样以零为出发点，不受现有框框限制，对一切费用一视同仁，能促使各方面精打细算，量力而行，合理使用资金，因而可大幅度压缩开支，提高效益。但这势必带来浩繁的工作量，搞不好会顾此失彼，难以突出重点。因此，在执行零基预算时,一方面要充分调动和利用各级管理人员的积极性、创造性,主动控制开支;另一方面又要掌握重点,统筹组织,量力而行。

四、滚动预算

传统预算为便于将实际执行结果同预算数进行对比分析,通常按会计年度进行编制,并往往于会计年度的最后一个季度就开始着手编制下年度的预算。这种以会计年度为单位定期编制预算的做法有如下缺点:一是预算指导性差。由于预算期较长,因而编制预算时,难以预测未来预算期的某些活动,特别是对预算期的后半阶段,往往只能提出一个比较笼统的预算,从而给预算的执行带来种种困难。二是预算的灵活性差。事先预见到的某些活动,在预算执行过程中往往会有所变动,而原有预算却未能及时调整,从而使原有预算显得不相适应。三是预算的连续性差。预算执行过程中,由于受预算期的限制,使管理人员的决策视野局限于剩余预算期间的活动,缺乏长远的打算,不利于企业的长期稳定与有序的发展。

为了克服定期预算的盲目性、不变性和间断性,可采用滚动预算的方法。滚动预算又称"永续预算"或"连续预算",是一种经常稳定保持一定期限(如1年)的预算。其基本特点是凡预算执行过1个月后,即根据前1个月的经营成果执行中发生的变化等新信息,对剩余11个月加以修订,并自动后续1个月,重新编制新一年的预算,从而使总预算经常保持12个月的预算期。滚动预算的编制方法如图9.2所示。

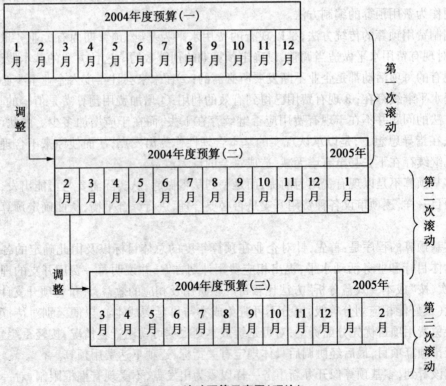

图9.2 滚动预算示意图(理论)

为做到长计划短安排、远略近详,在实务中,滚动预算往往对未来头3个月按月编制详细预算,而对以后9个月则按季粗略预算,待头一个滚动期过后,根据其实际执行情况随时调整一下滚动期,并对其做出详细预算安排。这种变通的滚动预算的编制情况如图9.3所示。

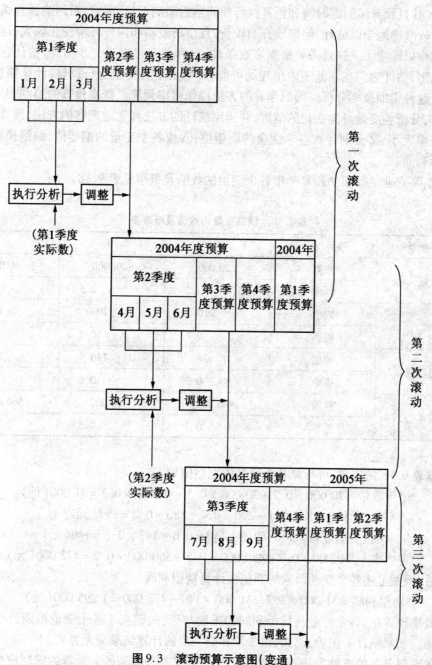

图9.3 滚动预算示意图(变通)

滚动预算可以保持预算的连续性和完整性,使有关人员了解未来12个月内总体规划与近期目标,便于随时修订预算,确保企业经营管理工作秩序的稳定性,充分发挥预算的指导与控制作用。从这个意义上看,编制预算已不再仅仅是每年末才开展的工作了,而是与日常管理密切结合的一项措施。

五、概率预算

影响预算编制的因素有很多,如销售量、单位售价、单位变动成本和固定成本。如果预算期较短,并且预算编制的时间和预算执行期间前后间隔不长,那么,对影响预算编制的各个变量可较准确地予以估计,但如预算期较长,且市场波动和内外环境变化较大,这些变量的定值就难以确定了。这就需要根据客观条件,对有关变量做进一步估计,估计它们可能变动的范围,估计它们在该范围内出现的可能性,然后对各变量进行调整,计算期望值,编制预算。这种借助概率分析来编制预算的方法称作概率预算。概率预算的编制程序为:①调查研究,分析各变量可能变化的范围,并运用统计的方法和实地观察的方法,预算各种变化值的概率大小;②分别计算各个变量的期望值;③按各个变量的期望值,编制预算,最后确定目标利润。

例如,某企业估计下一预算年度各个变量的数值及概率见表9.18。

表9.18 预算变量的数值及概率表

预算变量	事件估计	好	中	差
销售数量	数值	20 000	30 000	40 000
	概率	0.2	0.5	0.3
单价	数值	210	200	180
	概率	0.1	0.7	0.2
单位变动成本	数值	138	140	142
	概率	0.2	0.6	0.2
固定成本	数值	400 000	480 000	560 000
	概率	0.3	0.5	0.2

根据表9.18的资料,可计算各个变量的期望值如下:

$$销售数量 = 20\,000 \times 0.2 + 30\,000 \times 0.5 + 40\,000 \times 0.3 = 31\,000(件)$$
$$单价 = 210 \times 0.1 + 200 \times 0.7 + 180 \times 0.2 = 197(元)$$
$$单位变动成本 = 138 \times 0.2 + 140 \times 0.6 + 142 \times 0.2 = 140(元)$$
$$固定成本 = 400\,000 \times 0.3 + 480\,000 \times 0.5 + 560\,000 \times 0.2 = 472\,000(元)$$

最后,根据上述各个变动因素的期望值计算期望利润。

$$期望利润 = 31\,000 \times 197 - 31\,000 \times 140 - 472\,000 = 1\,295\,000(元)$$

在概率预算中,各个变量及目标利润的正确与否,关键在于各个变量范围及概率估计是否正确。如果估计不正确,那么,第二步和第三步的计算结果毫无意义。

上述编制预算的五种方法不是独立无关的,而是相互联系的。预算的编制应当用弹性预算的方法,编制期可以滚动延续下去。对于固定成本预算,可以采用零基预算法编制。如预算期长,环境变动较大,就要对预算中心各个变量进行概率分析,计算期望值,确定目标利润。

第十章 成本控制

第一节 成本控制概述

一、成本控制的意义

成本控制有广义和狭义之分。狭义的成本控制主要指对生产阶段产品成本的控制,即运用一定的方法对产品生产过程中构成产品成本的一切耗费,进行科学严格的计算、限制和监督,将各项实际耗费限制在预先确定的预算、计划或标准的范围内,并通过分析造成实际脱离计划或标准的原因,积极采取对策,以实现全面降低成本目标的一种会计管理行为或工作。狭义的成本控制比较看重对日常生产阶段产品成本的限制。

广义的成本控制则强调对企业生产经营的各个方面、各个环节及各个阶段的所有成本的控制。它不仅要控制产品生产阶段的成本,而且要控制产品的设计试制阶段的成本和销售及售后服务阶段的成本;不仅要控制产品成本,而且要控制产品成本以外的成本,如质量成本和使用寿命周期成本;不仅要加强日常的反馈性成本控制,而且要做好事前的前馈性成本控制。广义的成本控制在空间上渗透到企业的方方面面,在时间上贯穿了企业生产经营的全过程。

二、成本控制的分类

成本控制可按不同的标志进行分类,常见的几种分类如下:

(一)按控制的时间分类

广义的成本控制按其时间特征可分为事前成本控制、事中成本控制和事后成本控制三类。

(1)事前成本控制是指在产品投产前的设计、试制阶段,对影响成本的各有关因素所进行的事前规划、审核与监督;同时建立健全各项成本管理制度,达到防患于未然的目的。比如用测定产品目标成本来控制产品设计成本;从成本上对各种工艺方案进行比较,从中选择最优方案;事先制定劳动工时定额、物资消耗定额、费用开支预算和各种产品、零件的成本目标,作为衡量生产费用实际支出超支或节约的依据,以及建立健全成本责任制,实行成本归口分级管理等。

(2)事中成本控制是指在实际发生生产费用过程中,按成本标准控制费用,及时揭示节约或浪费,并预测今后发展趋势,把可能导致损失和浪费的苗头,消灭在萌芽状态,并随时把各种成本偏差信息反馈给责任者,以利于及时采取纠正措施,保证成本目标的实现。这就需要建立反映成本发生情况的数据记录,做好收集、传递、汇总和整理工作。

(3)事后成本控制是指在产品成本形成之后的综合分析和考核。主要是对实际成本脱离目标(计划)成本的原因进行深入分析查明成本差异形成的主客观原因,确定责任归属,据以评定和考核责任单位业绩,并为下一个成本循环提出积极有效措施,消除不利差异,发展有利的差异,修正原定的成本控制标准,以促使成本不断降低。

(二)按控制的手段分类

以控制手段为标志可将成本控制分为绝对成本控制和相对成本控制两类。

绝对成本控制侧重于节流,主要着眼于节约各项支出,杜绝浪费;相对成本控制是开源与节流并重,除采取节约措施外,还要根据量本利分析的原理,充分利用生产能量,以达到相对降低成本的目的。

(三)按控制的对象分类

以控制对象为标志可将成本控制分为产品成本控制和质量成本控制两类。

产品成本控制是指生产产品全过程的控制;质量成本控制是指质量管理与成本管理的有机结合,通过确定最优质量成本而达到控制成本的目的。

三、成本控制的原则

(一)全面性原则

成本控制的全面性表现在三个方面:全员控制;全过程控制;全方位控制。

(1)全员控制是指企业必须充分调动每个部门和每个职工控制成本、关心成本的积极性和主动性,做到上下结合,专业控制与群众控制相结合,加强职工成本意识,做到人人承担成本控制的任务,人人有控制指标,建立成本否决制。

(2)全过程控制要求以产品寿命周期成本形成的全过程为控制领域,从产品投产前的设计阶段开始,包括试制阶段、生产阶段、销售阶段直至产品售后阶段的所有阶段都应当进行成本控制。

(3)全方位控制是指在实施成本控制的过程中,正确地处理好降低产品成本与增加花色品种及提高产品质量的关系,必须以市场需求为导向,坚决杜绝花色单调、品种单一的现象,更不允许以次充好、以假乱真,骗消费者和以不正当竞争手段来达到压缩成本的目的。

(二)责权利相结合的原则

进行成本控制必须与目标管理经济责任制的建立与健全配套衔接,事先将企业的成本管理目标按照各有关责任中心层层分解,落实到每个责任中心、每个职工,明确规定有关方面或个人应承担的成本控制责任和义务,并赋予其相应的权利,使成本控制的目标和相应的管理措施能够落到实处,成为考核的依据。对那些成本控制卓有成效的部门或个人,应当在给予精神鼓励的同时,给予适当的物质鼓励;对那些主观努力不够、成本控制效果不好、措施不得力的部门或个人,应当在查明原因的基础上,给予相应的经济处罚。只有这样,各成本中心才能有责、有权、有利,充分调动其积极性,达到成本控制的目的。

(三)例外管理的原则

例外管理原则是指在日常实施全面控制的同时,有选择地分配人力、物力和财力,抓住那些重要的、不正常的、不符合常规的关键性差异,进行重点剖析,集中力量解决主要矛盾。一般说来,每个企业日常出现的成本差异是繁多的、管不胜管的,为了提高成本控制的工作效率,管理人员要把精力集中在例外差异上。所谓例外差异是根据差异率或差异额的大小、差异持续时间长短及差异本身性质来决定的。凡差异率或差异额较大(如差异率在10%或差异额在100元以上),差异持续时间较长,差异对企业长期盈利能力有重要影响的,均应视为"例外差异"。对于这些差异一定要重点剖析,并及时反馈给有关责任单位,迅速采取有效措施管起来,这样才能有效地进行成本控制,挖掘降低成本潜力。

(四)讲究效益的原则

成本控制必须从人力、物力和财力的使用效果来衡量,考核各项成本支出是否符合以尽可能少的劳动消耗取得尽可能大的经济效果,从而达到降低成本的最终目的。成本控制一方面要厉行节约,尽可能地降低成本支出;另一方面要广开财路,充分利用企业现有的资源,实现生产要素的最佳配置;同时还要注意核算信息成本,按照成本－效益原则将进行成本控制所必须支付的代价限制在最经济的限度内。因为进行成本控制必须依赖一定的信息,按照信息理论,任何信息的取得均需花费一定的代价,只有当成本控制取得的效益大于其代价时,成本控制才是必要的和可行的。

第二节 标准成本制度

一、标准成本制度概述

(一)标准成本制度的含义

标准成本制度亦称标准成本系统,是指事前制定标准成本,将标准成本与实际成本相比以揭示成本差异,对成本差异进行因素分析,并据以加强成本控制的一种会计信息系统和成本控制系统。标准成本制度在泰勒的生产过程标准化思想影响下,于20世纪20年代产生于美国。刚开始时,它只是一种简单的统计分析方法,以后才逐步发展和完善起来,并纳入了复式簿记,现在已相当普遍地为西方企业所采用,成为日常成本管理中应用得最为普遍和有效的一种控制手段。标准成本制度既可以同全部成本法结合使用,也可以同变动成本法结合使用。

(二)标准成本制度的组成

标准成本制度并不单纯是一种成本计算方法,而是一个包括制定标准成本、计算和分析成本差异以及处理成本差异三个环节的完整系统。它把成本的事前计划、日常控制和最终产品成本的确定有机地结合起来,成为加强成本管理,全面提高生产经济效果的重要工具。

1. 标准成本及种类

标准成本是经过仔细调查、分析和技术测定后制定的,是在正常生产经营条件下应该实现的,因而可以作为控制成本开支、评价实际成本、衡量工作效率的依据和尺度的一种目标成本。

(1)"标准成本"一词在实际工作中有两种含义:

一种是指单位产品的标准成本,它是根据单位产品的标准消耗量和标准单价计算出来的,准确说来应称为"成本标准"。

$$成本标准 = 单位产品标准成本 = 单位产品标准消耗量 \times 标准单价$$

另一种是指实际产量的标准成本,它是按产品实际产量和单位产品成本标准计算出来的。

$$标准成本 = 实际产量 \times 单位产品标准成本$$

(2)标准成本按其制定所根据的生产技术和经营管理水平分为理想标准成本和正常标准成本。

理想标准成本是指企业在最有效的生产经营条件下所达到的最低成本。按此成本要求,企业全部劳动要素都应达到最佳使用状态,不允许有一点浪费。这种标准是"工厂的极乐世界",很难成为现实,它的主要用途是提供一个完美无缺的目标,揭示实际成本下降的潜力。因其提出的要求太高,不能作为考核的依据。

正常标准成本是指在合理工作效率、正常生产能力和有效经营条件下所能达到的成本。这种成本的实现既非轻易可以达到,又是经过生产者的努力可以完成的。因此它可以调动职工的积极性,有助于提高工作效率有效控制成本。

在成本控制中广泛使用正常标准成本,因为它具有以下特点:它是用科学方法根据客观实验和过去实践经充分研究后制定出来的,具有客观性和科学性;它排除了各种偶然和意外情况,又保留了目前条件下难以避免的损失,代表正常情况下的消耗水平,具有现实性,它是应该发生的成本,可以作为评价业绩的尺度,成为督促职工去努力争取的目标,具有激励性;它可以在工艺技术水平和管理有效水平变化不大时持续使用,不需要经常修订,具有稳定性。

2. 成本差异及其分析

成本差异是指实际成本与标准成本之间的差额。实际成本大于标准成本,其差额称为不利差异(超支),不利差异反映在账户借方,故也称借差;实际成本小于标准成本,其差额称为有利差异(节约),有利差异反映在账户贷方,故也称贷差。

成本差异分析是指确定成本差异的数额,将其分解为不同的差异项目。成本差异分析的主要项目有原材料消耗量差异、原材料价格差异、人工工时差异、人工工资率差异、制造费用耗费差异、制造费用效率差异等。这些差异产生的原因是多种多样的,有的是可以控制的,有的是无法控制的。为了进一步弄清其原因,还要针对各项差异进行调查,并在此基础上提出分析报告。

成本差异分析是标准成本制度中最重要的环节。只有通过成本差异分析,查明其具体原因,才能为实现成本控制开辟道路。

3. 差异处理

差异处理是指在期末把标准成本和成本差异重新结合,最终确定产品的实际成本的过程。

成本差异的处理方法,应根据实际成本脱离标准成本的程度而定。如果标准成本制定得比较符合实际,成本差异的数字又不大,可以把差异全部作为当期销货成本的调整项目;如果成本差异较大,就应当在期末在产品、产成品和本期销售成本之间按比例分配,使之能反映实际成本水平。

(三)标准成本制度的特点

标准成本制度是把成本的计划、控制、计算和分析相结合的一种会计信息系统和成本控制系统。它有以下特点：

（1）预先制定所生产的各种产品应该发生的各项成本——标准成本，作为员工努力工作的目标，以及用作衡量实际成本节约或超支的尺度，从而起着成本的事前控制作用。

（2）在生产过程中将成本的实际消耗与标准消耗进行比较，及时揭示和分析脱离成本标准的差异，并迅速采取措施加以改进，以加强成本的事中控制。

（3）每月终了按实际产量乘各项目的成本标准，将求得的标准成本同计算出来的实际成本相比较，揭示成本差异，分析差异原因，查明责任归属，评估业绩，从而制定有效措施，以避免不合理支出和损失的重新发生，为未来的成本管理工作和降低成本的途径指出努力方向，实现成本的事后控制。

二、标准成本的制定

标准成本通常是按直接材料、直接人工和制造费用等项目分别制定的。在制定时，无论是哪一个成本项目，都需要分别确定其用量标准和价格标准，两者相乘后得出其成本标准。

$$用量标准 \times 价格标准 = 成本标准$$

用量标准，包括单位产品材料消耗量、单位产品直接人工工时等，主要由生产技术部门主持制定，吸收执行标准的部门和职工参加。价格标准，包括原材料单价小时工资率、小时制造费用分配率等，由会计部门和有关其他部门共同研究确定。采购部门是材料价格的责任部门，劳资部门和生产部门对小时工资率负有责任，各生产车间对小时制造费用率承担责任，在制定有关价格标准时要与他们协商。

制定标准成本，通常先确定直接材料和直接人工的标准成本，其次确定制造费用的标准成本，最后确定单位产品的标准成本。

（一）直接材料的标准成本

确定直接材料的标准成本，需先制定材料的用量标准和价格标准，然后利用下列公式计算出单位产品耗用的直接材料标准成本：

$$单位产品耗用某种材料标准成本 = 用量标准 \times 价格标准$$

$$单位产品的直接材料标准成本 = \sum 该种产品所耗用的各种材料标准成本$$

式中用量标准是在现有生产技术条件下生产单位产品需要的材料数量，也称材料消耗定额。它应根据企业产品的设计、生产和工艺的现状，结合企业的经营管理水平和成本降低任务的要求，考虑在使用过程中必要的损耗，用统计方法、工业工程法或其他技术分析法确定。

价格标准是事先确定的购买材料需要支付的进料单位成本，包括发票价格、运费、检验和正常损耗等成本，是取得材料的完全成本。

例如，某企业生产甲产品，需要 A、B 两种直接材料，其标准成本的制定见表 10.1。

表 10.1 直接材料标准成本

产品:甲

标准	A	B
价格标准		
发票单价	2.00 元	4.00 元
运杂费	0.06 元	0.15 元
检验费	0.04 元	0.05 元
每千克价格	2.10 元	4.20 元
用量标准		
图纸用量	5.0 千克	3.0 千克
允许损耗量	0.5 千克	0.3 千克
单产标准产量	5.5 千克	3.3 千克
成本标准		
材料 A	5.5 × 2.10 = 11.55（元）	
材料 B		3.3 × 4.20 = 13.86（元）
直接材料标准成本	11.55 + 13.86 = 25.41（元）	

(二) 直接人工的标准成本

确定直接人工的标准成本,其中数量标准是在现有生产技术条件下生产单位产品所需工作小时,也称工时消耗定额,它包括对产品直接加工所用工时、必要的间歇和停工时间以及在不可避免的废品上所用工时,应以"时间与动作研究"为基础,考虑到提高劳动生产率的要求,采用一定的方法,按照产品加工所经过的程序分别计算,然后按产品汇总。

价格标准是指工资率标准,采用计件工资制,就是单位产品应支付的计件单价;采用计时工资制,是指每一标准工时应分配的工资,按现行工资制度所定的工资水平计算确定。工资率标准可按下面公式计算:

$$工资率标准 = \frac{预计支付生产工人工资总额}{标准工时总数}$$

例如,上例中甲产品需经过两道工序,即第 1、第 2 生产车间加工完成。根据企业人事部门和生产部门进行技术测定所提供的有关资料,确定直接人工标准成本见表 10.2。

表 10.2 直接人工标准成本

标准	第 1 道工序	第 2 道工序
小时工资率		
基本生产工人人数	30 人	40 人
每人每月工时	22 × 8 = 176（小时）	176 小时
每月总工时	176 × 30 = 5 280（小时）	176 × 40 = 7 040（小时）
每月工资总额	6 864 元	10 560 元

续表 10.2

标准	第1道工序	第2道工序
每小时工资	1.3(元/小时)	1.5(元/小时)
单位产品工时		
理想作业时间	1.2	1.8
调整设备时间	0.2	0.1
工间休息	0.1	0.1
单位产品工时	1.5 小时	2.0 小时
成本标准		
第1道工序	1.5×1.3=1.95(元)	
第2道工序		2.0×1.5=3(元)
直接人工标准成本	1.95+3=4.95(元)	

(三)制造费用的标准成本

确定制造费用的标准成本,其中数量标准就是生产单位产品需用的直接人工小时(或机器小时),而"价格"标准是指制造费用分配率标准。可按下面公式计算:

$$变动制造费用标准分配率 = \frac{变动制造费用预算总额}{直接人工标准总工时}$$

$$固定制造费用标准分配率 = \frac{固定制造费用预算总额}{直接人工标准总工时}$$

产品的制造费用标准成本,是由各部门费用分配率分别乘上生产该产品所需要的单位标准工时数汇总求得。如果企业采用变动成本计算,固定制造费用不计入产品成本,因此单位产品的标准成本中不包括固定制造费用的标准成本。在这种情况下,不需要制定固定制造费用的标准成本,至于固定制造费用的控制则通过预算管理来进行。如果采用完全成本计算,固定制造费用要计入产品成本,则需确定其标准成本。

例如,上例中企业采用完全成本计算,根据各部门编制的费用预算,制造费用标准成本的确定见表 10.3、表 10.4。

表 10.3 变动制造费用标准成本

部门	第1车间	第2车间
变动制造费用预算		
运输	1 200	1 800
电力	1 500	2 100
消耗材料	7 000	6 000
间接人工	5 600	5 900
燃料	1 596	1 800

续表 10.3

部门	第1车间	第2车间
合计	16 896 元	17 600 元
直接人工标准总工时	5 280 小时	7 040 小时
变动制造费用标准分配率	3.2	2.5
直接人工用量标准	1.5 小时	2.0 小时
成本标准		
第1车间	1.5×3.2=4.8(元)	
第2车间		2.0×2.5=5.0(元)
单位产品变动制造费用标准成本	4.8+5.0=9.8(元)	

表 10.4 固定制造费用标准成本

部门	第1车间	第2车间
固定制造费用预算		
折旧费	350	460
管理人员工资	1 200	2 500
间接人工	800	1 700
保险费	568	500
其他	250	472
合计	3 168 元	5 632 元
直接人工标准总工时	5 280 小时	7 040 小时
固定制造费用标准分配率	0.6	0.8
直接人工用量标准	1.5 小时	2.0 小时
成本标准		
第1车间	1.5×0.6=0.9(元)	
第2车间		2.0×0.8=1.6(元)
单位产品固定制造费用标准成本	0.9+1.6=2.5(元)	

将以上确定的直接材料、直接人工和制造费用的标准成本按产品加以汇总,就可确定有关产品完整的标准成本。通常企业编成"标准成本卡"(表 10.5),反映产成品标准成本的具体构成。在每种产品生产之前,它的标准成本卡要送达有关人员,包括各级生产部门负责人、会计部门人员、仓库人员等,作为领料、派工和支用其他费用的依据。

表10.5　标准成本卡

产品：甲

成本项目	用量标准	价格标准	标准成本
直接材料			
A材料	5.5千克	2.10元/千克	11.55元
B材料	3.3千克	4.20元/千克	13.86元
合计			25.41元
直接人工			
第1车间	1.5小时	1.3元/小时	1.95元
第2车间	2.0小时	1.5元/小时	3.00元
合计			4.95元
制造费用			
变动费用(第1车间)	1.5小时	3.2元/小时	4.8元
变动费用(第2车间)	2.0小时	2.5元/小时	5.0元
合计			9.8元
固定费用(第1车间)	1.5小时	0.6元/小时	0.9元
固定费用(第2车间)	2.0小时	0.8元/小时	1.6元
合计			2.5元
单位产品标准成本总计		25.41+4.95+9.8+2.5=42.66(元)	

三、标准成本差异分析

产品的标准成本是一种预定的目标成本。由于种种原因,实际成本可能与预定的目标不符,其间的差额称为成本差异。成本差异是反映实际成本脱离预定目标程度的信息。为了消除这种偏差,要对产生的成本差异进行分析,找出原因和对策,以便采取措施加以纠正。完整的差异分析包括三个步骤:首先计算差异的数额并分析其种类;在此基础上进行差异调查,找到产生差异的具体原因;最后判明责任,采取措施,改进成本控制。

前已述及,标准成本的各成本项目是在数量与价格两个因素相乘基础上计算的,成本差异同样也应从数量和价格两个因素进行分析。直接材料、直接人工和变动制造费用都属于变动成本,其成本差异分析的基本方法相同。由于它们的实际成本高低取决于实际用量和实际价格,标准成本的高低取决于标准用量和标准成本,所以其成本差异可以归结为价格脱离标准造成的价差和用量脱离标准造成的量差。这两种差异的形成如图10.1所示。

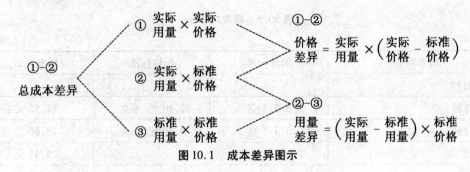

图 10.1 成本差异图示

(一)直接材料成本差异分析

直接材料成本差异是指实际产量的直接材料实际成本与标准成本的差额,可用下面公式计算:

直接材料成本差异 = 材料价格差异 + 材料数量差异

材料价格差异 = 实际数量 ×(实际价格 – 标准价格)

材料数量差异 =(实际数量 – 标准数量)× 标准价格

式中标准数量根据实际产量和单位标准消耗量相乘求得;实际数量是根据领、退料凭证以及原材料盘存资料计算得出。

例如,某企业本月生产甲产品 100 件,实际耗用直接 A 材料 530 千克,该材料实际价格为 2.5 元/千克,根据甲产品标准成本卡得知,A 材料标准价格为 2.10 元/千克,标准用量为 5.5 千克,则直接材料成本差异便可分析如下:

直接材料成本差异 = 实际成本 – 标准成本 =
$$530 \times 2.5 - 100 \times 5.5 \times 2.1 = 1\,325 - 1\,155 = 170(元)(不利差异)$$

材料用量差异 =$(530 - 100 \times 5.5) \times 2.1 = -42$(元)(有利差异)

材料价格差异 = $530 \times (2.5 - 2.1) = 212$(元)(不利差异)

一般情况下,直接材料不止一种,应就每种材料进行成本差异计算,然后加总。差异算出后,可据以进一步追查原因,落实责任。

材料价格差异一般应由采购部门负责。但材料的实际价格又受许多因素的影响,除供应商实行新的定价表外,还包括采购的数量、运输方法、可利用的数量折扣、紧急订货和购进材料的质量等各个方面,其中任何一个方面脱离制定标准成本时的预定要求,都会形成价格差异,因而对差异形成的原因和责任,还需根据具体情况做进一步的分析。

例如,市场供求变化引起的价格变动,就超出了购料部门的控制范围。又如应生产上的要求,对某项材料进行小批量的紧急订货,并由陆运改为空运,由此而形成的不利差异,就不能归咎于采购部门,而应由生产部门负责。

材料用量差异一般应由生产部门负责。但决定材料用量的因素很多,有工人的技术熟练程度和责任感、加工设备的完好程度、产品质量控制制度、材料的质量和规格、是否存在贪污盗窃等。有时多用料并非生产部门的责任,如购入材料质量低劣、规格不符也会使用料超过标准。又如工艺变更、检验过严也会使数量差异加大。因此,要进行具体的调查研究才能明确责任归属。

（二）直接人工成本差异分析

直接人工成本差异是指实际产量的直接人工实际成本与标准成本的差额。直接人工成本差异的分析方法与直接材料成本差异的分析方法相同，它也被区分为"价差"和"量差"两部分。人工的"价格"差异通称为工资率差异，其计算公式为

直接人工工资率差异 = 实际工时 × （实际工资率 − 标准工资率）

人工的"数量"差异通称为效率差异。因为，为完成一定的生产任务，用的工时少，说明生产效率高；用的工时多，说明生产效率低。因此，为完成一定的生产任务，所用工时的数量正是其生产效率高低的具体表现。直接人工效率差异可按下面公式计算：

直接人工效率差异 = （实际工时 − 标准工时） × 标准工资率

直接人工成本差异 = 直接人工工资率差异 + 直接人工效率差异

例如，企业本月生产甲产品100件，第1车间实际使用工时160小时，支付工资240元；直接人工的标准成本是1.95元，即每件产品标准工时为1.5小时，标准工资率为1.3元/小时，则直接人工成本差异便可分析如下：

$$实际工资率 = \frac{实际支付工资}{实际耗用工时} = \frac{240}{160} = 1.5（元/小时）$$

标准工时 = 单位产品标准工时 × 实际产量 = 1.5 × 100 = 150（小时）

直接人工成本差异 = 实际成本 − 标准成本 = 240 − 150 × 1.3 =
240 − 195 = 45（元）（不利差异）

直接人工工资率差异 = （1.5 − 1.3） × 160 = 32（元）（不利差异）

直接人工效率差异 = （160 − 150） × 1.3 = 13（元）（不利差异）

不同工种不同级别的工资率不一定相同，如果生产一种产品需经过几道工序、几个不同工种的加工，那么应对就每道工序、每个工种进行这样的成本差异分析，然后加总。

工资率差异形成的原因，包括直接生产工人升级或降级使用、奖励制度未产生实效、工资率调整、加班或使用临时工、出勤率变化等，原因复杂而且难以控制，一般说来其责任应由负责安排工人工作的劳动人事部门或生产部门负责。

直接人工效率差异形成的原因，包括工作环境的好坏、工人技术熟练程度、劳动情绪、加工设备的完好程度和使用情况、产品质量控制制度、材料的质量规格、动力供应情况、工具配备情况等。可见人工效率差异基本上应由生产部门负责，也可能有一部分应由其他有关部门负责，须视具体情况而定。

（三）变动制造费用差异分析

变动制造费用差异是指实际产量的变动制造费用实际数与标准数之间的差额。变动制造费用差异分析方法与直接材料成本差异、直接人工成本差异分析方法相同，它也可以分解为"价差"和"量差"两部分。

变动制造费用的"价格"差异也称分配率差异、耗费差异、开支差异或预算差异。其计算公式为

变动费用耗费差异 = 实际工时 × （变动费用实际分配率 − 变动费用标准分配率）

变动制造费用的"数量"差异也称为效率差异，它反映工作效率变化引起的费用节约或超值，其计算公式为

变动费用效率差异 =（实际工时 – 标准工时）× 变动费用标准分配率

变动制造费用成本差异 = 变动制造费用耗费差异 + 变动制造费用效率差异

例如,本月生产甲产品 100 件,第一车间实际使用工时 160 小时,实际发生变动制造费用 448 元。变动制造费用标准成本为 4.8 元/件,即每件产品标准工时为 1.5 小时,变动制造费用标准分配率为 3.2 元/小时。变动制造费用成本差异分析如下:

$$变动费用实际分配率 = \frac{实际发生额}{实际耗用工时} = \frac{448}{160} = 2.8(元/小时)$$

标准工时 = 单位产品标准工时 × 实际产量 = 1.5 × 100 = 150（小时）

变动制造费用成本差异 = 实际发生额 – 标准发生额 = 448 – 150 × 3.2 = –32（元）（有利差异）

变动制造费用耗费差异 = 160 ×（2.8 – 3.2）= –64（元）（有利差异）

变动制造费用效率差异 =（160 – 150）× 3.2 = 32（元）（不利差异）

如果生产一种产品需经过几个车间、部门,那么应就每个车间进行这样的成本差异计算,然后加总。

变动制造费用的耗费差异,是实际支出与按实际工时和标准分配率计算的预算数之间的差额。由于后者是在承认实际工时是必要的前提下计算出来的弹性预算数,因此该项差异反映耗费水平即每小时业务量支出的变动费用脱离了标准。耗费差异一般情况下是部门经理的责任,他们有责任将变动费用控制在弹性预算限额之内。

变动制造费用效率差异,是由于实际工时脱离了标准,多用工时导致的费用增加,因此其形成原因与人工效率差异相同。

(四)固定制造费用差异分析

固定制造费用成本差异是指在实际产量下固定制造费用实际发生总额与其标准发生总额之间的差额。固定性制造费用不同于变动性制造费用,它具有在相关范围内其总额固定不变的特性,这就决定了它采用的成本控制方法与变动性制造费用所采用的方法不同,它通常编制固定预算进行成本控制,而不是弹性预算。因此,固定制造费用的差异分析方法与各项变动成本的差异分析方法不同。它有"二因素分析法"和"三因素分析法"两种。

1. 二因素分析法

二因素分析法,是将固定制造费用差异分为耗费差异和能量差异的分析方法。

(1)耗费差异,也指预算差异或开支差异,是指固定制造费用的实际金额与固定制造费用预算金额之间的差额,其计算公式为

固定制造费用耗费差异 = 固定制造费用实际数 – 固定制造费用预算数

(2)能量差异,是指固定制造费用预算与固定制造费用标准成本的差异。其计算公式为

固定制造费用能量差异 = 固定制造费用标准分配率 ×（预算工时 – 标准工时）

例如,某企业本期产量为 3 000 件,共发生固定制造费用 3 000 元,实际工时 4 800 小时,本期固定制造费用预算额为 3 168 元,预算总工时为 5 280 小时,每件产品固定制造费用标准成本为 0.9 元/件,即每件产品标准工时 1.5 小时,标准分配率为 0.6 元/小时。有关固定制造费用差异分析如下:

标准工时 = 单位产品标准工时 × 实际产量 = 1.5 × 3 000 = 4 500（小时）

标准总成本＝实际产量×单位产品固定制造费用标准成本＝3 000×0.9＝2 700(元)
固定制造费用成本差异＝实际总成本－标准总成本＝3 000－2 700＝300(元)
固定制造费用预算差异＝实际数－预算数＝3 000－3 168＝－168(元)
固定制造费用能量差异＝标准分配率×(预算工时－标准工时)＝
　　　　　　　　　　0.6×(5 280－4 500)＝468(元)

2. 三因素分析法

三因素分析法，是将固定制造费用的成本差异分为耗费差异、效率差异和能力差异三部分的分析方法。耗费差异的计算与二因素分析法相同，不再重复。不同的是将二因素分析法中的"能量差异"进一步分为两部分：一部分是实际工时未达到预算工时而形成的闲置能量差异，也称能力差异；另一部分是实际工时脱离标准工时而形成的效率差异。其计算公式为

固定制造费用能力差异＝固定制造费用标准分配率×(预算工时－实际工时)
固定制造费用效率差异＝固定制造费用标准分配率×(实际工时－标准工时)
固定制造费用能量差异＝固定制造费用能力差异＋固定制造费用效率差异

例如，将上例中的能量差异进一步分解为

　　　　　　固定制造费用能力差异＝0.6×(5 280－4 800)＝288(元)
　　　　　　固定制造费用效率差异＝0.6×(4 800－4 500)＝180(元)

固定制造费用预算是就每个生产部门分别编制的，实际固定制造费用也应就每个生产部门分别记录，因此，固定制造费用的差异分析也应就每个生产部门分别进行，然后将各部门的耗费差异、能力差异、效率差异和各部门的固定制造费用差异分别加总。这三种差异如图10.2所示。

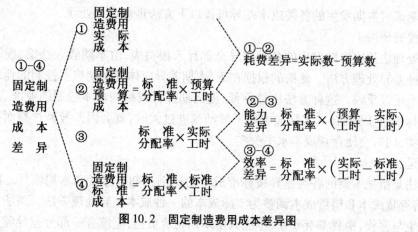

图10.2　固定制造费用成本差异图

固定制造费用耗费差异主要是由于临时添置固定资产、超计划雇用管理人员和辅助生产人员、预提和待摊费用计入本期成本过多等原因而引起的；能力差异主要是由于产品定价过高、经济不景气、材料供应不足和停电等原因影响了产销量而造成的；形成固定制造费用效率差异的原因与形成直接人工效率差异的原因相同。不论以上哪一种差异，均须具体分析，才能恰当地落实责任而不失公正。

四、成本差异的账务处理

（一）成本差异核算使用的账户

日常计算出来的各类成本差异除了可据以编报有关差异分析报告单之外，还应分别归集登记有关成本差异明细分类账或登记表，使差异能在账户系统中得以记录，以便期末汇总每类差异的合计数并统一进行处理。

成本差异核算所使用的账户既可以按大的成本项目设置，又可按具体成本差异的内容设置。在完全成本法下，按大的成本项目设置的核算成本差异的会计账户包括："直接材料成本差异""直接人工成本差异""变动性制造费用成本差异""固定性制造费用成本差异"，每个账户下再按差异形成的原因分设明细账户。在变动成本法下，可以不设置"固定性制造费用"账户。

按具体差异设置的账户应包括："直接材料用量差异""直接材料价格差异""直接人工效率差异""直接人工工资率差异""变动性制造费用耗费差异""变动性制造费用效率差异""固定性制造费用耗费差异""固定性制造费用能量差异"（或"固定性制造费用耗费差异""固定性制造费用能力差异""固定性制造费用效率差异"）等。

（二）归集成本差异的会计分录

对本期发生的成本差异应及时在有关会计账户上登记。对超支差异应借记有关差异账户，节约差异应贷记有关差异账户，相应的生产费用账户则按标准成本予以登记。记录差异的会计分录通常在实际成本发生且计算出差异的同时予以编制。

（三）期末成本差异的账务处理

会计期末对本期发生的各类成本差异可按以下方法进行会计处理。

1. 直接处理法

直接处理法是将本期发生的各种差异全部计入损益表，由本期收入补偿，视同于销售成本的一种差异处理方法。此法的根据在于，本期差异应体现本期成本控制的业绩。要在本期利润上予以反映。这种方法比较简便，使当期经营成果与成本控制的业绩直接挂钩。但当成本标准过于陈旧，或实际成本水平波动幅度过大时，就会因差异额过高而导致当期净收益失实，同时会使存货成本水平失实。

2. 递延法

递延法是指把本期的各类差异按标准成本的比例在期末存货和本期销货之间进行分配，从而将存货成本和销货成本调整为实际成本的一种成本差异处理方法。该法强调成本差异的产生与存货、销货都有联系，不能只由本期销货负担，应该有一部分差异随期末存货递延到下期去。这种方法可以确定产品的实际成本，但分配差异工作过于烦琐。

3. 稳健法

在实务中还有一些变通方法，如折中法，即将各类差异按主客观原因分别处理：对客观差异（一般指价格差异）按递延法处理，对主观差异（一般指用量差异）按直接法处理。这种方法既能在一定程度上通过利润来反映成本控制的业绩，又可以将非主观努力可以控制的差异合理地分配给有关对象。但缺点是不符合一致性原则。另外还有一种处理差异的方法，即差异的年末一次处理法，即各月末只汇总各类差异，到年末才一次性处理。这样不仅可简化各月处理差异的手续,而且在正常情况下,各月差异正负相抵后,年末一次处理额并不大,可避免各月利润因直接负担差异而波动。但如果年内某种差异只有一种变动趋势,那么年末一次处理时,累计差异过大会歪曲财务状况与经营成果,所以在后一种情况下就不宜采用此法。

五、成本差异分析及账务处理举例

某公司生产甲、乙两种产品,有关资料如下:

（一）产品标准成本和各项费用预算

该公司为甲、乙两种产品制定的标准成本单见表10.6、表10.7。

表10.6 甲产品标准成本单

成本项目	用量标准	价格标准	标准成本
直接材料	100 千克	0.30 元/千克	30.00
直接人工	8 小时	4.00 元/小时	32.00
变动性制造费用	8 小时	1.50 元/小时	12.00
固定型制造费用	8 小时	1.00 元/小时	8.00
甲产品标准成本		—	82.00 元/件

表10.7 乙产品标准成本单

成本项目	用量标准	价格标准	标准成本
直接材料	50 千克	0.30 元/千克	15.00
直接人工	5 小时	4.00 元/小时	20.00
变动性制造费用	5 小时	1.50 元/小时	7.50
固定型制造费用	5 小时	1.00 元/小时	5.00
乙产品标准成本			47.50 元/件

预算月份预计生产甲产品575件,乙产品1 000件。全月需用直接人工小时:

产品甲　　　　$575 \times 8 = 4\ 600$(小时)
产品乙　　　　$1\ 000 \times 5 = 5\ 000$(小时)
合　计　　　　$9\ 600$(小时)

全月各项费用预算,经确定如下。

制造费用预算:

变动性制造费用 14 400 元

固定性制造费用 9 600 元

制造费用标准分配率:

$$变动性制造费用标准分配率 = \frac{14\ 400}{9\ 600} = 1.5(元/小时)$$

$$固定性制造费用标准分配率 = \frac{9\,600}{9\,600} = 1(元/小时)$$

销售费用预算:

变动性销售费用按销售产品计算,每件2元;

固定性销售费用2 400元;

行政管理费预算3 000元。

(二) 实际执行情况

1. 产品生产和销售情况

产品甲本月投产550件,其中500件已完成交库,50件已投料,尚未开始加工;产品乙本月投产1 200件已全部完成交库。这两种产品都没有期初在产品、产成品盘存。产品甲已销售450件,每件售价125元;产品乙已销售1 100件,每件售价60元。

2. 材料购进与领用情况

购进材料两批,第一批70 000千克,每千克购价0.27元;第二批50 000千克,每千克购价0.32元。全月共领用直接材料118 000千克(增值税忽略)。

3. 直接人工的实际工时和工资

直接人工产品生产上实际用工10 400小时,每小时平均工资率为4.10元。

4. 各项费用的实际发生额

制造费用实际发生24 400元,其中变动性制造费用15 400元,固定性制造费用9 000元。销售费用实际发生4 800元,其中变动性销售费用2 800元,固定性销售费用2 000元。行政管理费实际发生3 500元。

(三) 差异计算及账务处理

1. 材料购进与领用的账务处理

(1) 材料购进的价格差异及会计处理。

第一批购入材料70 000千克,其成本资料如下:

实际成本 = 70 000 × 0.27 = 18 900

标准成本 = 70 000 × 0.30 = 21 000

价格差异 = 70 000 × (0.27 - 0.30) = -2 100

账务处理:

借:原材料	21 000
贷:材料价格差异	2 100
应付账款	18 900

第二批购入材料50 000千克,其成本资料如下:

实际成本 = 50 000 × 0.32 = 16 000(元)

标准成本 = 50 000 × 0.30 = 15 000(元)

价格差异 = 50 000 × (0.32 - 0.30) = 1 000(元)

账务处理:

借:原材料	15 000
材料价格差异	1 000

贷:应付账款　　　　　　　　　　　　　　　　　　　　　16 000

(2) 领用材料的数量差异及账务处理。

本期生产甲产品550件、乙产品1 200件,实际消耗材料118 000千克,其成本资料如下。

标准用量:

$$甲产品 = 550 \times 100 = 55 000(千克)$$
$$乙产品 = 1 200 \times 50 = 60 000(千克)$$
$$合\ \ \ 计\ \ \ \ 115 000 千克$$

应计入产品生产成本的直接材料标准成本:

$$甲产品 = 55 000 \times 0.3 = 16 500(元)$$
$$乙产品 = 60 000 \times 0.3 = 18 000(元)$$
$$合\ \ \ 计\ \ \ \ \ 34 500 元$$

实际领用材料按标准价格计算的成本为

$$118 000 \times 0.3 = 35 400(元)$$

材料数量差异 $= (118 000 - 115 000) \times 0.3 = 900(元)$

账务处理:

  借:生产成本——甲产品　　　　　　　　　　　　　　　16 500
  　　　　　　——乙产品　　　　　　　　　　　　　　　18 000
  　　材料数量差异　　　　　　　　　　　　　　　　　　　900
    贷:原材料　　　　　　　　　　　　　　　　　　　　35 400

2. 直接人工成本差异的计算与账务处理

直接人工实际成本 = 实际工时 × 实际工资率 = 10 400 × 4.10 = 42 640(元)

直接人工标准成本 = 标准工时 × 标准工资率

$$甲产品 = 500 \times 8 \times 4 = 4 000 \times 4 = 16 000(元)$$
$$乙产品 = 1 200 \times 5 \times 4 = 6 000 \times 4 = 24 000(元)$$
$$合\ \ \ 计\ \ \ \ 40 000(元)$$

直接人工成本差异 = 42 640 - 40 000 = 2 640(元)

账务处理:

  借:生产成本——甲产品　　　　　　　　　　　　　　　16 000
  　　　　　　——乙产品　　　　　　　　　　　　　　　24 000
  　　直接人工工资率差异　　　　　　　　　　　　　　　1 040
  　　直接人工效率差异　　　　　　　　　　　　　　　　1 600
    贷:应付工资　　　　　　　　　　　　　　　　　　　42 640

3. 制造费用成本差异的计算及账务处理

制造费用实际发生额24 400元,其中变动性制造费用15 400元,固定性制造费用9 000元。账务处理如下:

  借:变动性制造费用　　　　　　　　　　　　　　　　　15 400
  　　固定性制造费用　　　　　　　　　　　　　　　　　9 000
    贷:各有关账户　　　　　　　　　　　　　　　　　　24 400

变动制造费用差异的计算及账务处理:

变动制造费用实际成本 = 15 400 元

变动制造费用标准成本 = 标准工时 × 标准分配率

甲产品 = 500 × 8 × 1.5 = 4 000 × 1.5 = 6 000(元)

乙产品 = 1 200 × 5 × 1.5 = 6 000 × 1.5 = 9 000(元)

合　计　　　15 000(元)

变动制造费用成本差异 = 15 400 − 15 000 = 400(元)

其中　变动制造费用效率差异 = [10 400 − (4 000 + 6 000)] × 1.50 = 600(元)

变动制造费用耗费差异 = 15 400 − 10 400 × 1.50 = −200(元)

合计　400(元)

账务处理：

借：生产成本——甲产品　　　　　　　　　　　6 000

　　　　　　——乙产品　　　　　　　　　　　9 000

　　变动制造费用效率差异　　　　　　　　　　600

　贷：变动制造费用耗费差异　　　　　　　　　200

　　　变动性制造费用　　　　　　　　　　　15 400

固定性制造费用差异的计算及账务处理：

固定性制造费用实际成本 = 9 000 元

固定性制造费用标准成本 = 标准工时 × 标准分配率

甲产品 = 500 × 8 × 1.0 = 4 000 × 1.0 = 4 000(元)

乙产品 = 1 200 × 5 × 1.0 = 6 000 × 1.0 = 6 000(元)

合　计　　　10 000(元)

固定性制造费用成本差异 = 9 000 − 10 000 = −1 000(元)

其中　固定制造费用耗费差异 = 实际额 − 预算额 = 9 000 − 9 600 = −600(元)

固定制造费用能力差异 = (预算工时 − 实际工时) × 标准分配率 =

(9 600 − 10 400) × 1.0 = −800(元)

固定制造费用效率差异 = (实际工时 − 标准工时) × 标准分配率 =

[10 400 − (4 000 + 6 000)] × 1.0 = 400(元)

三种差异合计 = −600 − 800 + 400 = −1 000(元)

账务处理：

借：生产成本——甲产品　　　　　　　　　　　4 000

　　　　　　——乙产品　　　　　　　　　　　6 000

　　固定制造费用效率差异　　　　　　　　　　400

　贷：固定制造费用耗费差异　　　　　　　　　600

　　　固定制造费用能力差异　　　　　　　　　800

　　　固定性制造费用　　　　　　　　　　　9 000

4. 产品完工交库的账务处理

本期完工产品的标准成本 = 完工数量 × 单位产品标准成本

甲产品 = 500 × 82.00 = 41 000(元)

乙产品 = 1 200 × 47.50 = 57 000(元)

账务处理：

借：产成品——甲产品　　　　　　　　　　　　　　　41 000
　　　　　——乙产品　　　　　　　　　　　　　　　57 000
　贷：生产成本——甲产品　　　　　　　　　　　　　41 000
　　　　　——乙产品　　　　　　　　　　　　　　　57 000

将以上会计分录登记生产成本丁字账见表10.8、表10.9。

表10.8　生产成本——甲产品

期初余额	0		
材料	16 500		
人工	16 000		
变动费用	6 000		
固定费用	4 000	41 000	结转
期末余额	1 500		

表10.9　生产成本——乙产品

期初余额	0		
材料	18 000		
人工	24 000		
变动费用	9 000		
固定费用	6 000	57 000	结转
期末余额	0		

5. 产品销售收入及销售成本的账务处理

　　　　　本期销售产品的销售收入 = 销售量 × 销售单价
　　　　　甲产品 = 450 × 125 = 56 250(元)
　　　　　乙产品 = 1 100 × 60 = 66 000(元)
　　　　　合　计　　122 250(元)

账务处理：

借：应收账款　　　　　　　　　　　　　　　　　　　122 250
　贷：产品销售收入　　　　　　　　　　　　　　　　122 250

　　　　　结转已销产品销售成本 = 销售量 × 单位产品标准成本
　　　　　甲产品 = 450 × 82.00 = 36 900(元)
　　　　　乙产品 = 1 100 × 47.50 = 52 250(元)
　　　　　合　计　　89 150元

账务处理：

借：产品销售成本　　　　　　　　　　　　　　　　　89 150
　贷：产成品——甲产品　　　　　　　　　　　　　　36 900
　　　　　——乙产品　　　　　　　　　　　　　　　52 250

根据以上会计分录，登记产成品丁字账见表10.10、表10.11。

表10.10　产成品——甲产品

期初余额	0	
产品完成交库	41 000	
产品销售		36 900
期末余额	4 100	

表10.11　产成品——乙产品

期初余额	0	
产品完成交库	57 000	
产品销售		52 250
期末余额	4 750	

可见,产成品账户期末余额,反映的就是产品甲、乙期末盘存的标准成本(甲:50×82.00 = 4 100 元,乙:100×47.50 = 4 750 元)。

6. 销售与行政管理费的账务处理

销售与行政管理费用预算执行情况见表 10.12。

表 10.12 销售与行政管理费用预算执行情况表

项目	预算数/元	实际数/元	耗费差异/元
变动销售费用	3 100*	2 800	-300
固定销售费用	2 400	2 000	-400
管理费用	3 000	3 500	+500
合计	8 500	8 300	-200

*变动销售费用 = 每件产品销售费用 × 销售量 = 2×(450+1 100) = 3 100(元)

账务处理:

借:产品销售费用——变动销售费用　　　　　　　2 800
　　　　　　　　——固定销售费用　　　　　　　2 000
　　管理费用　　　　　　　　　　　　　　　　　3 500
　贷:银行存款　　　　　　　　　　　　　　　　　8 300

7. 成本差异的处理

本例为简化核算,对成本差异采用直接处理法,即将发生的成本差异全部转入本期的产品销售成本,其结转分录如下:

借:产品销售成本　　　　　　　　　　　　　　　1 840
　贷:材料价格差异　　　　　　　　　　　　　　-1 100
　　材料用量差异　　　　　　　　　　　　　　　　900
　　直接人工工资率差异　　　　　　　　　　　　1 040
　　直接人工效率差异　　　　　　　　　　　　　1 600
　　变动制造费用耗费差异　　　　　　　　　　　-200
　　变动制造费用效率差异　　　　　　　　　　　　600
　　固定制造费用耗费差异　　　　　　　　　　　-600
　　固定制造费用能力差异　　　　　　　　　　　-800
　　固定制造费用效率差异　　　　　　　　　　　　400

根据本例所述各项会计分录,可用丁字账绘成各有关账户的对照关系图如图 10.3 所示。

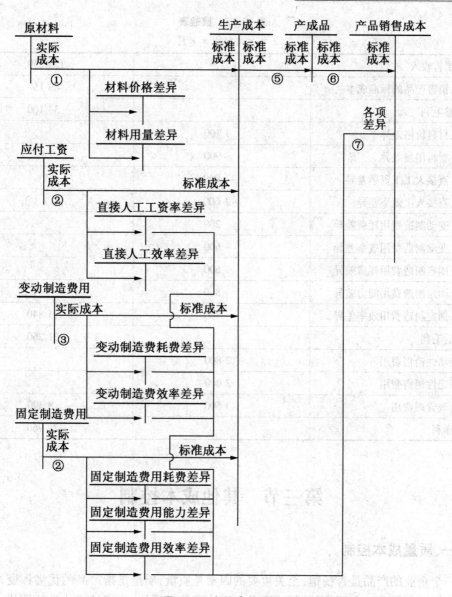

图 10.3 各账户关系图

图中：①将直接材料成本计入产品成本；②将直接人工成本计入产品成本；③将变动性制造费用计入产品成本；④将固定性制造费用计入产品成本；⑤结转完工产品成本；⑥结转已销产品成本；⑦结转本期各项成本差异

8. 成本差异在损益表中的反映

在损益表中，首先应将各项成本差异在只包括标准成本的销货成本项目之下逐项列出，以便明确反映用成本差异调整前后的毛利。损益表的其余部分与一般的损益表相同。

根据本例资料，月终编制简化损益表，见表 10.13。

表10.13 损益表

××××年××月 单位:元

项目		金额
产品销售收入		122 250
减:销售产品的标准成本		89 150
未调整毛利		33 100
加减:材料价格差异	1 100	
材料用量差异	-900	
直接人工工资率差异	-1 040	
直接人工效率差异	-1 600	
变动制造费用耗费差异	200	
变动制造费用效率差异	-600	
固定制造费用耗费差异	600	
固定制造费用能力差异	800	
固定制造费用效率差异	-400	-1 840
调整后毛利		31 260
减:变动性销售费用	2 800	
固定性销售费用	2 000	
行政管理费用	3 500	8 300
营业净利		22 960

第三节　其他成本控制

一、质量成本控制

一个企业的产品是否畅销,至关重要的因素是质量,质量是指产品的优劣程度,任何产品都应当具有满足一定用途的属性,通常表现为产品机械的、物理的或化学的性能,以及它的尺寸、形状、重量、外观装潢、寿命周期等。质量好坏是使用价值的重要内容,对企业的经济效益具有重大影响。不同质量的产品实行不同的价格,按质论价就是按值论价。我国的价格政策是优质优价、劣质劣价、同质同价。然而质量好坏受成本水平的制约。一般而言,质次则耗低,质好则耗高,只有优质与低耗的统一,才会有真正的效益。因此,企业追求质量不能不计工本,盲目追求过剩质量,必须进行质量成本控制。

所谓质量成本,是指企业为保持或提高产品质量所支出的一切费用,以及因产品质量未达到规定水平所产生的一切损失。

(一)质量成本的构成

质量成本包括两方面的内容:一是预防和检验成本;二是损失成本。

1. 预防和检验成本

预防和检验成本是指适应全面质量管理,为保证或提高产品具备规定的适用性而发生的各种耗费,包括预防成本和检验成本两项内容。预防成本指为达到质量标准,预防出现不良品而支出的费用,如质量计划费、工序控制费、教育培训费、新产品评审费、质量管理活动费、质量奖励费等;检验成本指为评估和检查产品质量而发生的费用,如材料检验费、仪表校验费、工序检验费、质量审核费、产品检验费、破坏性试验的产品试验费用和检验设备的维护保养费等的一切费用支出,如支付用户的索赔费用、违约罚金、退货损失、保修费用和折价损失等。

2. 损失成本

损失成本是指在进料后、制造过程中或出售后因不能达到规定的质量标准而发生的各种损失费用,包括内部质量损失成本和外部质量损失成本两项内容。内部质量损失成本是指产品在生产过程中出现的各类缺陷所造成的损失,以及为弥补这些缺陷而发生的各类费用支出,如废品损失、复检费、返修费、停工损失、事故分析处理费用和产品降级损失等;外部质量损失成本是指产品销售后,因产品质量缺陷而引起的一切费用支出,如支付用户的索赔费用、违约罚金、退货损失、保修费用和折价损失等。

(二)质量成本习性

一般说来,企业产品成本和产品质量是矛盾的,提高质量会增加成本支出,减少必要的成本支出会影响产品质量。但各种不同的质量成本其习性各不相同。预防和检验成本是为防止不良品而支出的费用,因此,支出越多,产品的不良品就越少,产品的质量水平就越高,它们和产品的质量水平呈同方向变化,这类成本属于不可避免成本,随着产品质量的不断提高,这部分成本将会增大;损失成本则和产品质量水平呈相反方向变化,质量损失成本越大,意味着不良品增加,产品质量水平下降,这类成本属于可避免成本,随着产品质量的不断提高,这部分成本将逐渐降低。掌握各种质量成本的习性,对寻求质量与成本支出最佳交叉点具有重要意义。

(三)最佳质量成本决策模型

根据质量成本习性绘制最佳质量成本决策模型,如图10.4所示。

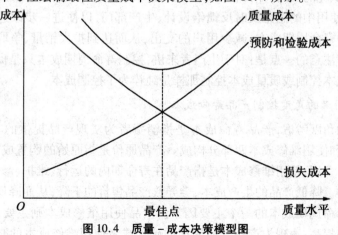

图10.4 质量-成本决策模型图

从图10.4可以看到,质量成本线是一条由两类不同性质的成本所决定的凹型曲线,最优质量成本既不是在质量最高时,也不是在质量最低时,而是在使预防检验成本与损失成本之和最低时的质量水平上。

从理论上讲,当预防检验成本等于质量损失成本时,可找到最佳质量水平点,此时的质量成本最低。

二、使用寿命周期成本控制

(一)使用寿命周期成本的含义

使用寿命周期成本也称产品寿命成本,是指产品研制、设计、生产、使用、维修直至报废的全部费用。产品寿命成本既是管理成本的概念,也是经营成本的概念。在投资决策中,可以把某项目整个寿命期的预期总成本和总收入相比较,从而根据经营效益的大小做出决策。从整个成本管理的角度来看,产品寿命成本也不是替代或排斥生产成本,而是把产品生产者和使用者的利益统一起来。不断降低产品寿命成本为生产、消费双方所共同关心,它的降低不仅直接影响消费者的利益,同时也是生产厂商提高其产品竞争能力、扩大销售的重要手段。

(二)从生产者的角度控制产品寿命成本

从生产者的角度考虑,产品寿命成本包括原始成本和运用维护成本两部分。原始成本指产品设计、开发、制造、储存、销售等成本;运用维护成本指售后与使用该产品有关的消耗成本及维修成本、保养成本等。可见,运用维护成本是原始成本的一种必要补充。一般说来,运用维护成本的高低,常常反映出产品的功能及质量的好坏。凡质量高、功能好的产品,其运用维护成本就低而其寿命期限却长;反之,质量低、功能差的产品,其运用维护成本必然高而其寿命期限短。

企业要在激烈的竞争中立于不败之地,不仅要考虑产品的物美价廉,而且还要研究运用维护成本的降低问题。运用维护成本的降低是一个综合性问题,它牵涉到产品的许多方面,如产品的功能、产品的质量等。企业应组织全体职工,以对用户负责的精神,全面地控制影响产品质量的各种因素,建立起一整套贯穿于广义的生产全过程的质量管理体系,设计、生产出优质低耗的产品,并且积极开展售后技术服务工作,进行使用效果和使用要求的调查,把用户在使用中的意见及时反馈给设计、生产部门,以便进一步改进产品质量,千方百计降低产品的寿命周期成本,减少用户的支出,从而达到扩大销量、争取更多用户、增加利润的目的。需注意的一点是:对于生产者来讲,控制寿命周期成本只是促销的一种手段,而不是像产品成本控制或质量成本控制那样是纯粹为了控制成本。

(三)从使用者的角度控制产品寿命成本

从使用者的角度考虑,产品寿命成本是指消费者为实现产品提供的功能而花费的代价,由产品原价和使用维修成本两部分构成。产品原价是指原始的购置成本,包括买价、运输、装卸、安装等费用;使用维修成本是指产品在寿命期内的运行、维护、修理、保养、更换零部件等支出总数。降低产品的生产成本,会导致产品售价的下降,从而降低原始购置成本,它是降低产品寿命周期成本的一个主要因素。产品使用维修成本则主要由产品质量所决定。产品质量的提高,表现为产品寿命周期的延长或者使用维修成本的减少,两种情况都会使产品寿命周期成本相应降低。作为使用者,在决定是否购买某一产品时,不仅要考虑产品的售价,而且还要考虑该商品的使用寿命周期成本。采用的分析方法有两种:一是购买时,要求生产厂商报价不仅要报原价,还要报使用寿命周期成本,提供产品的能源消耗、排污标准、保用期及大修理周期等参数,根据厂家提供的使用寿命周期成本资料,通过比较取其最低者;二是将发生在使用寿命周期内不同时点上的运用维护成本分别折成现值,计算出可供选择产品的现值成本,然后进行比较,择其较低者。

第十一章 存货控制

第一节 存货控制概述

一、存货控制的目标

存货是指企业在生产经营过程中为销售或者耗用而储备的物资,包括材料、燃料、低值易耗品、在产品、半成品、产成品、协作件、商品等。如果工业企业能在生产投料时随时购入所需的原材料,或者商业企业能在销售时随时购入该项商品,就不需要存货。但实际上,企业总有储存存货的需要,并因此占用或多或少的资金。这种存货的需要出自以下原因:

(一)保证生产或销售的经营需要

事实上,企业难以做到随时购入生产或销售所需的各种物资,即使是市场供应量充足的物资也如此。因为企业距供货点较远,而需要必要的途中运输,以及可能出现运输故障。一旦生产或销售所需物资短缺,生产经营将被迫停顿,造成损失。为了避免或减少出现停工待料、停业待货等事故,企业需要储存存货。

(二)出自价格的考虑

零购物资的价格往往较高,而整批购买在价格上常有优惠。但是,过多的存货要占用较多的资金,并且会增加包括仓储费、保险费、维护费、管理人员工资在内的各项开支。存货占用资金是有成本的,占用过多会使利息支出增加并导致利润的损失;各项开支的增加更直接使成本上升。因此,如何在存货的功能(收益)与成本之间进行利弊权衡,在充分发挥存货功能的同时降低成本、增加收益,实现它们的最佳组合,成为存货管理的基本目标。

二、存货成本

为充分发挥存货的固有功能,企业必须储备一定的存货,但也会由此而发生各项支出,这就是存货成本。它包括以下几个方面:

(一)取得成本

取得成本指为取得某种存货而支出的成本。具体又分为购置成本和订货成本。

1. 购置成本

购置成本,是指存货本身的价值,等于数量与单价的乘积。在一定时期进货总量既定的条件下,无论企业采购次数如何变动,存货的购置成本通常是保持相对稳定的(假设物价不变且无采购数量折扣),因而属于决策的无关成本。

2. 订货成本

订货成本,是指企业为组织进货而开支的费用,如办公费、差旅费、邮资、电话电报费、运输费、检验费、入库搬运费等支出。订货成本有一部分与订货次数有关,如差旅费、邮资、电话电报费等费用与进货次数成正相关变动,这类变动性订货成本属于决策的相关成本;另一部分与订货次数无关,如专设采购机构的基本开支等,这类固定性订货成本则属于决策的无关成本。

(二)储存成本

企业为持有存货而发生的费用即为存货的储存成本,主要包括:存货资金占用费(以贷款购买存货的利息成本)或机会成本(以现金购买存货而同时损失的证券投资收益等)、仓储费用、保险费用、存货残损霉变损失等。与订货成本一样,储存成本可以按照与储存数额的关系分为变动性储存成本和固定性储存成本两类。其中,固定性储存成本与存货储存数额的多少没有直接的联系,如仓库折旧费、仓库职工的固定月工资等,这类成本属于决策的无关成本;而变动性储存成本则随着存货储存数额的增减呈正比例变动关系,如存货资金的应计利息、存货残损和变质损失、存货的保险费用等,这类成本属于决策的相关成本。

(三)缺货成本

缺货成本是因存货不足而给企业造成的损失,包括由于材料供应中断造成的停工损失、成品供应中断导致延误发货的信誉损失及丧失销售机会的损失等。如果生产企业能够以替代材料解决库存材料供应中断之急,缺货成本便表现为替代材料紧急采购的额外开支。缺货成本能否作为决策的相关成本,应视企业是否允许出现存货短缺的不同情形而定。若允许缺货,则缺货成本便与存货数量反向相关,即属于决策相关成本;反之,若企业不允许发生缺货情形,则此时缺货成本为零,也就无须加以考虑。

第二节 存货订货量控制

一、经济订货批量的基本模型

通过上述对存货成本分析可知,决定存货经济订货批量的成本因素包括变动性订货成本(简称订货成本)、变动性储存成本(简称储存成本)以及允许缺货时的缺货成本。不同的成本项目与订货批量呈现着不同的变动关系。减少订货批量,增加订货次数,在影响储存成本降低的同时,也会导致订货费用与缺货成本的提高;相反,增加订货批量,减少订货次数,尽管有利于降低订货费用与缺货成本,但同时会影响储存成本的提高。因此,如何协调各项成本间的关系,使其总和保持最低水平,是企业组织订货过程需解决的主要问题。

按照存货管理的目的,需要确定合理的进货批量和进货时间,使存货的总成本最低,这个批量叫作经济订货量或经济批量。经济订货量基本模型需要设立的假设条件是:①企业能够及时补充存货,即需要订货时便可立即取得存货。②能集中到货,而不是陆续入库。③不允许缺货,即无缺货成本,这是因为良好的存货管理本来就不应该出现缺货成本。④需求量稳定,并且能预测,即年需求量为已知常量。⑤存货单价不变,不考虑数量折扣,即单价为已知常量。⑥企业现金充足,不会因现金短缺而影响进货。⑦所需存货市场供应充足,不会因买不到需要的存货而影响其他。在上述假设下,存货模型可用图11.1 表示。

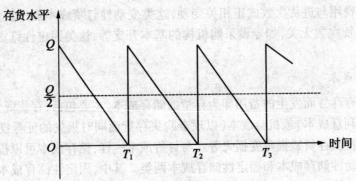

图 11.1 存货模型示意图

横轴表示时间，$O \sim T_1$、$T_1 \sim T_2$、$T_2 \sim T_3$ 分别表示三个订货周期；纵轴表示存货水平，Q 表示能立即补足的订货量。因为存货水平介于 0 至订货量 Q 间，平均存货量即等于订货量的一半，即 $\frac{Q}{2}$。

由于企业不允许缺货，即每当存货数量降至 0 时，下一批订货便会随即全部购入，故不存在缺货成本。此时与存货订购批量、批次直接相关的就只有订货成本和储存成本两项。那么，总的年存货成本就等于订货成本加上储存成本。即

$$存货总成本 = 订货成本 + 储存成本 = \frac{D}{Q} \cdot K + \frac{Q}{2} \cdot C$$

式中　D——存货需求总量；
　　　Q——每次订货量；
　　　K——平均每次订货成本；
　　　C——单位存货年度单位储存成本。

存货模型的目标是在存货订货成本和储存成本的增减变化中，找出能使存货总成本最低时的订货量，即经济订货量。为此，对上式求导，并令其等于 0，则有

$$\frac{C}{2} = \frac{D \cdot K}{Q^2} = 0$$

$$Q^* = \sqrt{\frac{2KD}{C}}$$

这个基本模型还可以演变为其他几种形式。存货总成本公式为

$$TC(Q^*) = \frac{KD}{\sqrt{\frac{2KD}{C}}} + \frac{\sqrt{\frac{2KD}{C}}}{2} \cdot C = \sqrt{2KD \cdot C}$$

年度最佳进货批次公式为

$$N = \frac{D}{Q^*} = \frac{D}{\sqrt{\frac{2KD}{C}}} = \sqrt{\frac{DC}{2K}}$$

最佳订货周期公式为

$$t = \frac{1}{N} = \frac{1}{\sqrt{\frac{DC}{2K}}}$$

经济订货量平均占用资金公式为

$$W = \frac{Q^*}{2} \cdot P = \frac{\sqrt{\frac{2KD}{C}}}{2} \cdot P = \sqrt{\frac{KD}{2C}} \cdot P$$

例如,企业每年耗用某种材料 7 200 千克,该材料单位成本 10 元,单位存储成本为 2 元,一次订货成本 50 元,则

$$Q^* = \sqrt{\frac{2KD}{C}} = \sqrt{\frac{2 \times 7\,200 \times 50}{2}} = 600(千克)$$

$$N = \frac{D}{Q^*} = \frac{7\,200}{600} = 12(次)$$

$$TC(Q^*) = \sqrt{2KDC} = \sqrt{2 \times 50 \times 7\,200 \times 2} = 1\,200(元)$$

$$t = \frac{1}{N} = \frac{12}{12} = 1$$

$$W = \frac{Q^*}{2} \cdot P = \frac{600}{2} \times 10 = 3\,000(元)$$

二、经济订货量模型的扩展

经济订货量的基本模型是在前述各假设条件下建立的,但现实生活中能够满足这些假设条件是十分困难的。为使模型更接近于实际情况,具有较高的可用性,需逐一放宽假设,同时改进模型。

(一)再订货点的确定

一般情况下,企业的存货不能做到随用随时补充,因此不能等存货用光再去订货,而需要在没有用完时提前订货。在提前订货的情况下,企业再次发出订货单时,尚有存货的库存量,称为再订货点,用 m 来表示,它的数量等于交货时间(L)和每日平均需用量(d)的乘积。如前例,企业订货日至到货期的时间为 10 天,每日存货需要量 20 千克,那么

$$m = L \cdot d = 10 \times 20 = 200(千克)$$

即企业在尚存 200 千克存货时,就应当再次订货,等到下批订货到达时(再次发出订货单 10 天后),原有库存刚好用完。此时,有关存货的每次订货批量、订货间隔时间等并无变化,与瞬时补充相同。这就是说,订货提前期对经济订货量并无影响,可仍按原来瞬时补充情况下的 600 千克为订货批量,只不过在达到再订货点(库存 200 千克)时即发出订货单罢了。

(二)实行数量折扣的经济订货批量

为了鼓励客户购买更多的商品,销售企业通常会给予不同程度的价格优惠,即实行商业折扣或称价格折扣。购买越多,所获得的价格优惠越大。此时,进货企业对经济进货批量的确定,除了考虑进货费用与储存成本外,还应考虑存货的进价成本,因为此时的存货进价成本已经与进货数量的多少有了直接的联系,属于决策的相关成本。其具体方法是将接

受价格折扣下的存货总成本与不接受价格折扣、仅按经济订货批量的存货总成本进行比较，从中选取成本较低的方案。

例如，某企业全年需某种材料10 000千克，单价为每千克4元，每次订货成本为40元，每千克材料年储存成本为5元。假定一次订货量在1 000千克以上2 000千克以下的，可享受4%的价格折扣；一次订货量在2 000千克以上的，可享受7%的价格折扣。计算最佳经济订货批量。

（1）不接受折扣时：

$$Q* = \sqrt{\frac{2 \times 10\ 000 \times 40}{5}} = 400(千克)$$

购置成本 = 10 000 × 4 = 40 000（元）

年订货及储存费用 = $40 \times \frac{10\ 000}{400} + 5 \times \frac{400}{2} = 2\ 000$（元）

存货总成本 = 40 000 + 2 000 = 42 000（元）

（2）若订货量为1 000千克，可享受4%的折扣时：

购置成本 = 10 000 × 4 × (1 − 4%) = 38 400（元）

年订货及储存成本 = $40 \times \frac{10\ 000}{1\ 000} + 5 \times \frac{1\ 000}{2} = 2\ 900$（元）

存货总成本 = 38 400 + 2 900 = 41 300（元）

（3）若订货量提高到2 000千克，可享受7%的折扣时：

购置成本 = 10 000 × 4 × (1 − 7%) = 37 200（元）

年订货及储存成本 = $40 \times \frac{10\ 000}{2\ 000} + 5 \times \frac{2\ 000}{2} = 5\ 200$（元）

存货总成本 = 37 200 + 5 200 = 42 400（元）

通过比较可以发现，在各种价格条件下的批量范围内，成本总额最低的进货批量为1 000千克。当然这一结论是建立在基本经济进货模式其他各种假设条件均具备前提下的。

（三）存货陆续供应和使用条件下的经济订货量

在建立基本模型时，是假设存货一次全部入库，故存货增加时存量变化为一条垂直线。事实上，各批存货可能陆续入库，使存量陆续增加。尤其是产成品入库和在产品转移，几乎总是陆续供应和陆续耗用的。

设每批订货数为Q。由于每日送货量为R，故该批货全部送达所需日数为$\frac{Q}{R}$，称之为送货期。

因存货每日耗用量为d，故送货期内的全部耗用量为

$$\frac{Q}{R} \cdot d$$

由于存货边送边用，所以每批送完时，最高库存量为

$$Q - \frac{Q}{R} \cdot d$$

平均库存量则为

$$\frac{1}{2}(Q - \frac{Q}{R} \cdot d)$$

这样,与批量有关的总成本为

$$TC(Q) = \frac{D}{Q} \cdot K + \frac{1}{2}(Q - \frac{Q}{R} \cdot d) \cdot C = \frac{D}{Q} \cdot K + \frac{Q}{2}(1 - \frac{d}{R}) \cdot C$$

在订货变动成本与储存变动成本相等时,$TC(Q)$有最小值,故存货陆续供应和使用的经济订货量公式为

$$\frac{D}{Q} \cdot K = \frac{Q}{2}(1 - \frac{d}{R}) \cdot C$$

$$Q^* = \sqrt{\frac{2KD}{C} \cdot (\frac{R}{R-d})}$$

将这一公式代入上述$TC(Q)$公式,可得出存货陆续供应和使用的经济订货量总成本公式为

$$TC(Q^*) = \sqrt{2KDC(1 - \frac{d}{R})}$$

例如,某材料年需要量(D)为7 200千克,每日送货量(R)为30千克,每日耗用量(d)为20千克,单价(P)为10元,一次订货成本(K)为50元,单位储存变动成本(C)为2元。则

$$Q^* = \sqrt{\frac{2 \times 50 \times 7\,200}{2} \times \frac{30}{30-20}} = 1\,040(千克)$$

$$TC(Q^*) = \sqrt{2 \times 50 \times 7\,200 \times 2 \times (1 - \frac{20}{30})} = 693(元)$$

(四)保险储备量的确定

以前讨论假定存货的供需稳定且确知,即每日需求量不变,交货时间也固定不变。实际上,每日需求量可能变化,交货时间也可能变化。按照某一订货批量(如经济订货批量)和再订货点发出订单后,如果需求增大或送货延迟,就会发生缺货或供货中断。为防止由此造成的损失,就需要多储备一些存货以备应急之需,称为保险储备量(安全存量)。这些存货在正常情况下不动用,只有当存货过量使用或送货延迟时才动用。

建立保险储备,固然可以使企业避免缺货或供应中断造成的损失,但存货平均储备量加大却会使储备成本升高。研究保险储备的目的,就是要找出合理的保险储备量,使缺货或供应中断损失和储备成本之和最小。方法上可先计算出各不同保险储备量的总成本,然后再对总成本进行比较,选定其中最低的。

第三节 存货储存期控制

一、批进批出存货储存期的控制

无论是商品流通企业还是生产制造企业,其商品(产品)一旦入库,更面临着如何尽快销售出去的问题。且不考虑未来市场供求关系的不确定性,仅是存货储存本身就会给企业

造成较多的资金占用费(如利息成本或机会成本)和仓储管理费。因此,尽力缩短存货储存时间,加速存货周转,是节约资金占用、降低成本费用、提高企业获利水平的重要保证。

企业进行存货投资所发生的费用支出,按照与储存时间的关系可以分为固定储存费与变动储存费两类。前者数额的大小与存货储存期的长短无直接联系,如各项进货费用、管理费用等。后者即变动储存费则随着存货储存期的延长或缩短呈正比例增减变动,如存货资金占用费(贷款购置存货的利息或现金购置存货的机会成本)、存货仓储管理费、仓储损耗(为计算方便,如果仓储损耗较小,亦将其并入固定储存费)等。

基于上述分析,可以将本量利的平衡关系式调整为

利润 = 毛利 - (固定储存费) - (销售税金及附加) - (变动储存费)×(储存天数)

可见,存货的储存成本之所以会不断增加,主要是由于变动储存费随着存货储存期的延长而不断增加的结果,所以,利润与费用之间此增彼减的关系实际上是利润与变动储存费之间此增彼减的关系。这样,随着存货储存期的延长,利润将日渐减少。当毛利 - 固定储存费 - 销售税金及附加的余额被变动储存费抵消到恰好等于企业目标利润时,表明存货已经到了保利期。当它完全被变动储存费抵消时,便意味着存货已经到了保本期。无疑,存货如果能够在保利期内售出,所获得的利润便会超过目标值;反之,将难以实现既定的利润目标。倘若存货不能在保本期内售出,企业便会蒙受损失。具体计算公式为

$$存货保本储存天数 = \frac{毛利 - 固定储存费 - 销售税金及附加}{每日变动储存费}$$

$$存货保利储存天数 = \frac{毛利 - 固定储存费 - 销售税金及附加 - 目标利润}{每日变动储存量}$$

以批进批出(即存货整批购进又整批卖出)方式经销某批存货获利或亏损额 = 变动储存费×(保本储存天数 - 实际储存天数),即较保本期每提前一天售出,就可以节约一天的变动储存费,即取得一个相当于变动储存费的利润额。

例如,商品流通企业购进甲商品 1 000 件,单位进价(不含增值税)100 元,单位售价 120 元(不含增值税),经销该批商品的一次费用为 10 000 元,若货款均来自银行贷款,年利率 10.8%,该批存货的月保管费用率 3‰,销售税金及附加 800 元。

计算该批存货的保本储存期:

$$保本储存天数 = \frac{(120 - 100) \times 1\,000 - 10\,000 - 800}{100 \times 1\,000 \times (10.8\% \div 360 + 3‰ \div 30)} = 9\,200 \div 40 = 230(天)$$

若企业要求获得 3% 的投资利润率,计算保利期:

$$保利储存天数 = \frac{(120 - 100) \times 1\,000 - 10\,000 - 800 - 100 \times 1\,000 \times 3\%}{100 \times 1\,000 \times (10.8\% \div 360 + 3‰ \div 30)} = 6\,200 \div 40 = 155(天)$$

若该批存货实际储存了 200 天,该企业能否实现 3% 的目标投资利润率?差额是多少?

实际获利额 = 40×(230 - 200) = 1 200(元)

Δ利润 = 实际利润 - 目标利润 = 1 200 - 100×1 000×3% = -1 800(元)

$$\Delta 利润率 = 实际利润率 - 目标利润率 = \frac{1\,200}{100 \times 1\,000} \times 100\% - 3\% = -1.8\%$$

若该批存货亏损了 2 000 元,则实际储存了多少天?

$$实际储存天数 = 230 + \frac{2\,000}{40} = 280(天)$$

可见,通过对存货储存期的分析与控制,可以及时地将企业存货的信息传输给经营决策部门,如有多少存货已过保本期或保利期,金额多大,比重多高等。这样,决策者就可以针对不同情况,采取相应的措施。一般而言,凡是已过保本期的商品大多属于积压呆滞的存货。对此,企业应当积极推销,压缩库存,将损失降至最低限度;对超过保利期但未过保本期的存货,应当首先检查销售状况,查明原因,是人为所致,还是市场行情已经逆转,有无沦为过期积压存货的可能,若有,需尽早采取措施;至于那些尚未超过保利期的存货,企业亦应密切监督、控制,以防发生过期损失。从财务管理方面,需要分析哪些存货基本能在保利期内销售出去,哪些存货介于保利期与保本期之间售出,哪些存货直至保本期已过才能售出或根本就没有市场需求。通过分析,财务部门应当通过调整资金供应政策,促使经营部门调整产品结构和投资方向,推动企业存货结构的优化,提高存货的投资效率。

二、批进零售存货储存期的控制

上述通过保本保利储存期对存货的损益情况进行的分析,是建立在批进批出的前提条件之上的,在企业存货经销的实际工作中,批进批出只是一种偶然现象,普遍的情形是存货大批量购进、小批量售出或批进零售,此时若仍然按照批进批出的假设测算批进零售存货经销的损益情况,必然与实际产生很大的出入。为此,有必要提出一种批进零售的存货控制模式。

例如,企业购进 H 型存货 2 000 件,单位进价 1 000 元(不含增值税)。该款项均来自银行贷款,月利率 12‰,企业月存货保管费用 9 420 元,存货购销的固定储存费 200 000 元。据市场调研反馈信息表明,该存货日均销量约 12 件,需 167 天左右的时间方能全部售出,单位售价(不含增值税)1 250 元,销售税金及附加 125 000 元。

该批存货的保本储存期限为

$$H 存货的平均保本储存期限 = \frac{毛利 - 固定储存费 - 销售税金及附加}{每日变动储存费} =$$

$$\frac{(1\,250 - 1\,000) \times 2\,000 - 200\,000 - 125\,000}{2\,340\,000 \times 12‰ \div 30 + 9\,420 \div 30} =$$

$$\frac{175\,000}{1\,250} = 140(天)$$

第 1 天售出的 12 件可获利:

$$\frac{1\,250 \times 12}{2\,000} \times (140 - 1) \qquad ①$$

第 2 天售出的 12 件可获利

$$\frac{1\,250 \times 12}{2\,000} \times (140 - 2) \qquad ②$$

以此类推。

第 140 天售出的 12 件可获利:

$$\frac{1\,250 \times 12}{2\,000} \times (140 - 140) \qquad ⑭⓪$$

第 141 天售出的 12 件可获利：

$$\frac{1\,250 \times 12}{2\,000} \times (140 - 141) \quad \text{(141)}$$

以此类推。

第 167 天售出的 12 件可获利：

$$\frac{1\,250 \times 12}{2\,000} \times (140 - 167) \quad \text{(167)}$$

经销该批存货总计可获利金额为

$$P = (1) + (2) + \cdots + (140) + (141) + \cdots + (167) =$$

$$\frac{1\,250 \times 12}{2\,000} \times (140 - 1) + \frac{1\,250 \times 12}{2\,000} \times (140 - 2) + \cdots + \frac{1\,250 \times 12}{2\,000} \times (140 - 140) +$$

$$\frac{1\,250 \times 12}{2\,000} \times (140 - 141) + \cdots + \frac{1\,250 \times 12}{2\,000} \times (140 - 167) =$$

$$\frac{1\,250 \times 12}{2\,000} \times [140 \times 167 - \frac{167 \times (167 + 1)}{2}] = 1\,250 \times (140 - \frac{167 + 1}{2}) =$$

70 000（元）

于是，得出如下基本公式：

批进零售经销某批存货预计可获利或亏损额 =

该批存货的每日变动储存费 ×

$$(\text{平均保本储存天数} - \frac{\text{实际零散售完天数} + 1}{2}) =$$

购进批量 × 单位进价 × 变动储存费率 ×

$$(\text{平均保本储存天数} - \frac{\text{购进批量} \div \text{日均销量} + 1}{2}) =$$

购进批量 × 单位存货的变动储存费 ×

$$(\text{平均保本储存天数} - \frac{\text{购进批量} \div \text{日均销量} + 1}{2})$$

此外，企业对上述公式还可以根据需要做其他具体分解，此处不再一一列示。

第四节　存货日常控制

企业在存货日常管理中，要建立和健全存货的收入、发出和保管的各项规章制度，定期清查存货，做到账实相符并应防止存货发生霉烂变质、损坏短缺等事故，但是企业存货品种繁多、情况千差万别。有的存货品种数量很少，但金额巨大，若管理不善，将给企业造成极大的损失。相反，有的存货虽然品种数量繁多，但金额很小，即使管理当中出现一些问题，也不至于对企业产生较大影响。因此，企业存货的日常管理若不分巨细，必将事倍功半。正是基于这一考虑，意大利经济学家巴雷特于 19 世纪首先提出了 ABC 分类管理法，目的在于使企业分清主次，突出重点，以提高存货资金管理的整体效果。

一、ABC 分类管理方法的基本原理

所谓 ABC 分类管理就是按照一定的标准，将企业的存货划分为 A、B、C 三类，分别实

行分品种重点管理、分类别一般控制按总额灵活掌握的存货管理方法。ABC分类管理方法的基本原理是,先将存货分为A、B、C三类,其分类的标准主要有两个:一是金额标准;二是品种数量标准。其中金额标准是最基本的,品种数量标准仅作为参考。

A类存货的特点是金额巨大,但品种数量较少;B类存货金额一般,品种数量相对较多;C类存货品种数量繁多,但价值金额却很少。一般而言,三类存货的金额比重大致为A:B:C=0.7:0.2:0.1,而品种数量比重大致为A:B:C=0.1:0.2:0.7。A、B、C三类存货的具体划分过程可以分三个步骤(有条件的可通过计算机进行)。

(1)列示企业全部存货的明细表,并计算出每种存货的价值总额及占全部存货金额的百分比。

(2)按照金额标志由大到小进行排序并累加金额百分比。

(3)当金额百分比累加到70%左右时,以上存货视为A类存货;百分比介于70%~90%之间的存货作B类存货,其余则为C类存货。

例如,某公司共有20种材料,总金额为600 000元,按金额多少的顺序排列,并按上述原则将其划分成A、B、C三类,见表11.1。各类存货金额百分比用图形表示如图11.2所示。

表11.1 材料ABC分类表

材料品种 (用编号代替)	金额 /元	类别	各类存货 数量和比重	各类存货 金额和比重
1	240 000	A	2 10%	420 000 70%
2	180 000			
3	45 000	B	4 20%	120 000 20%
4	36 000			
5	24 000			
6	15 000			
7	9 000	C	14 70%	60 000 10%
8	6 500			
9	6 200			
10	6 100			
11	6 000			
12	5 400			
13	4 050			
14	3 900			
15	3 150			
16	2 100			
17	1 800			

续表 11.1

材料品种（用编号代替）	金额/元	类别	各类存货数量和比重	各类存货金额和比重
18	1 650	C	14 70%	60 000 10%
19	1 350			
20	1 200			
合计	600 000	—	20 100%	600 000 100%

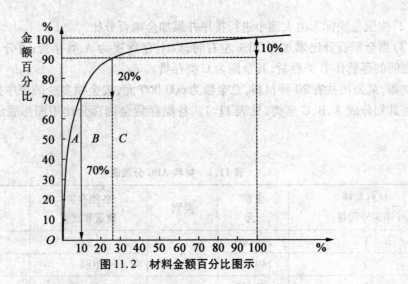

图 11.2　材料金额百分比图示

二、A、B、C 三类存货的特点与控制要求

（一）A 类存货的特点与控制要求

A 类存货品种、数量少，但占用资金多，企业应集中主要力量进行周密的规划和严格的管理，应列为控制的重点。其控制措施有：一是计算确定其经济订货批量、最佳保险储备和再订货点，严格控制存货数量；二是采用永续盘存制，对存货的收发结存进行严密监视，当存货数量达到再订货点时，应及时通知采购部门组织进货。

2. B 类存货的特点与控制要求

B 类存货品种、数量、占用资金均属中间状态，不必像 A 类存货控制那样严格，但也不能过于宽松。其控制要求是：确定每种存货的经济订货批量，最佳保险储备量和再订货点，并采用永续盘存制对存货的收发结存情况进行反映和监督。

3. C 类存货的特点和控制要求

C 类存货品种多、数量大，但资金占用量很小。企业对此类存货不必花费太多的精力，可以采用总金额控制法，根据历史资料分析后，按经验适当增大订货批量，减少订货次数。

第十二章 责任会计

第一节 责任会计概述

一、分权管理与责任会计

随着经营的日益复杂化和多样化,企业规模不断扩大。在一个规模很大的企业里,企业高层管理者既不可能了解企业组织的所有生产经营情况,也不可能为基层经理人员做出所有决策。因此,许多企业实行了某种形式的分权管理制度,也即将决策权随同相应的责任下放给基层经理人员,许多关键性的决策应由接近这些问题的经理人员做出。

然而,分权的结果是,一方面使各分权单位之间具有某种程度的互相依存性,主要表现为各分权单位间的产品或劳务的相互提供;另一方面又不允许各分权单位在所有方面像一个独立的组织那样进行经营。因此,某一分权单位的行为不仅会影响其自身的经营业绩,有时,各分权单位为了其自身业绩,还会采取一些有损于其他分权单位经营业绩甚至有损于企业整体利益的行为。由此可见,在实行分权管理条件下,如何协调各分权单位之间的关系,使各分权单位之间以及企业与分权单位之间在工作和目标上达成一致,防止各个部门为了片面地追求局部利益,致使企业整体利益受到损害等行为的发生。在分权企业中,管理会计的主要功能在于利用会计信息对各分权单位进行业绩的计量、评价与考核。具体讲:根据授予基层单位的权力和责任以及对其业绩的计量、评价方式,将企业划分成各种不同形式的责任中心,并建立起以各个责任中心为主体,以责、权、利相统一的机制为基础,通过信息的积累、加工和反馈而形成的企业内部严密的控制系统,即责任会计制度。

二、责任会计的内容

(一)合理划分责任中心,明确规定权责范围

实施责任会计,首先要按照分工明确、责任易辨、成绩考核的原则,合理划分责任中心,只有确定责任中心,才能明确划分职责,做到分工协作、职责分明。其次必须依据各个责任中心生产经营的具体特点,明确规定其权、责范围,使其能在权限范围内,独立自主地履行职责。

(二)编制责任预算,确定各责任中心的业绩考核标准

编制责任预算,使企业生产经营总体目标按责任中心进行分解、落实和具体化,作为它们开展日常经营活动的准绳和评价其工作成果的基本标准。业绩考核标准应当具有可控性、可计量性和协调性。即其考核的内容应为责任中心能够控制的因素;考核指标的实际执行情况要能比较准确地计量,并能使各个责任中心在完成企业总的目标中,明确各自的目标和任务,以实现局部和整体的统一。

（三）区分责任中心的可控和不可控费用

对责任中心工作成果的评价与考核,应限于能为其工作好坏所影响的可控项目,不能把不应由它负责的不可控项目列为考核项目。为此,要对企业发生的全部费用——判断责任归属,分别落实到各个责任中心,并根据可控费用来科学地评价各责任中心的过程。

（四）合理制定内部转移价格

为了分清经济责任,便于正确评价各个责任中心的工作成果,各责任中心之间相互提供产品和劳务,应合理制定内部转移价格,必须既有助于调动各有关方面生产经营的主动性、积极性,又有助于实现局部和整体之间的目标一致。

（五）建立健全严密的记录、报告系统

也就是要建立一套完整的日常记录,计算和考核有关责任预算执行情况的信息系统,以便为计量和考核各责任中心的实际经营业绩提供可靠依据,并能对责任中心的实际工作业绩起反馈作用。一个良好的报告系统,应当具有相关性、适时性和准确性等特征。也即报告的内容要能适合各级主管人员的不同需要,只列示其可控范围内的有关信息;报告的信息要适合报告使用者的需要;报告的信息要有足够的准确性,保证评价和考核的正确合理。

（六）制定合理而有效的奖惩制度

也就是要制定一套完整、合理,又有效的奖惩制度,根据责任单位的实际工作成果的好坏进行奖惩。做到功过分明、奖惩有据。如果一个责任中心的工作成果因其他责任单位的过失而受到损害,应由责任单位赔偿。该制度应有助于权、责、利的统一。

（七）评价和考核实际工作业绩

根据原定的业绩考核标准对各责任中心的实际工作成绩进行比较,据以找出差异,分析原因,判明责任,采取有效措施,巩固成绩,改正不足,及时通过信息反馈来保证生产经营活动能沿着预定的目标进行。

（八）定期编制业绩报告

通过定期编制业绩报告,对各个责任中心的工作成果进行全面的分析、评价,并按成果的大小进行奖惩,以促使各个责任中心相互协调并卓有成效地开展有关活动,共同为最大限度地提高企业生产经营的总体目标而努力。

三、责任会计制度必须适应企业的组织结构

一个企业采用什么样的责任中心,建立什么样的责任会计制度,必须与其组织结构相适应。责任会计视组织为人群的集合,组织中的每一个人都应为了组织的共同目标而努力。而组织结构形式会直接影响到责任中心的划分和责任会计的运作效果。

现代企业的组织结构可以划分成纵向组织结构和横向组织结构两大类,下面简要说明两种组织结构下责任会计制度的特点。

（一）纵向组织结构下责任会计制度的特点

纵向组织结构根据集权管理原则建立,公司的最高管理层独揽大权,对企业内部的生

产经营活动实施总体的调控,对成本、费用、收入、利润和资金的运用承担全面的责任。因此,最高管理机构既是利润中心,也是投资中心,而其下属的各个部门、单位、工厂车间都只能成为成本(费用)中心。

在纵向组织结构下,建立责任会计制度,首先要按照责任中心的层次,从最高层把全面预算逐级向下分解为责任预算,直至最基层的成本中心;然后定期由最基层把责任成本的实际数逐级向上汇总,直到最高层次的利润中心和投资中心。

(二)横向组织结构下责任会计的特点

与纵向组织结构不同,横向组织结构是根据分权管理原则建立起来的,在这种组织结构下,企业的最高管理层将经营运作的大权适当分散,使其下属的单位、部门也有控制成本、费用、收入、利润和资金的权力,也要为资源的合理使用负责。在这种组织结构下,最高管理层是投资中心,而其下属的事业部、公司也是投资中心、利润中心,只有公司下属的工厂、车间、工段才是成本(费用)中心,仅对成本费用开支负责。

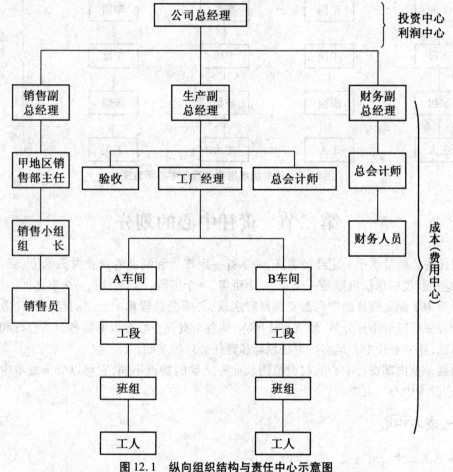

图 12.1　纵向组织结构与责任中心示意图

横向组织结构的简化组织形式和责任中心的划分如图 12.2 所示。

在横向组织结构下,建立责任会计制度,也应按责任中心的层次,先将全面预算由上至下层层分解,形成责任预算;然后建立责任预算的跟踪系统,记录预算执行的实际情况,并定期从最基层的责任单位把责任成本的实际数,以及销售收入的实际数,通过编制"业绩报告"的形式逐级向上汇总,一直达到最高层的投资中心。

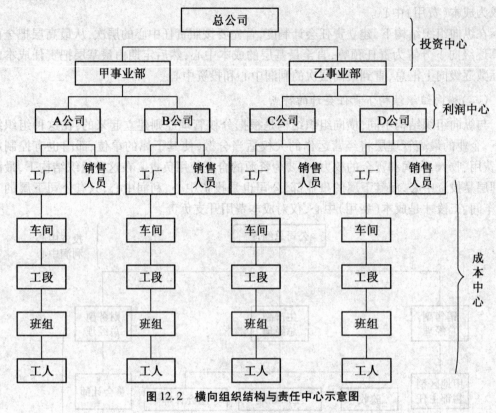

图 12.2　横向组织结构与责任中心示意图

第二节　责任中心的划分

责任中心就是承担一定经济责任,并享有一定权力和利益的企业内部单位(或责任单位)。这里所说的单位可以是一个人、一个班组、一个工段、一个公司、一个事业部。

企业为了保证预算的彻底落实和最终实现,必须把总预算中确定的目标和任务,按照责任中心逐层进行指标分解,形成责任预算,使各个责任中心据以明确各自的目标和任务。由此可见,建立责任中心是实行责任预算和责任会计的基础。

根据企业内部责任中心的权责范围及业务活动的特点不同,它可以分为成本中心、利润中心、投资中心三大类。

一、成本中心

(一)成本中心的含义

成本中心是指对成本或费用承担责任的责任中心。它不会形成可以用货币计量的收入,因而不对收入、利润或投资负责。成本中心一般包括负责产品生产的生产部门,劳务提供部门以及给予一定费用指标的管理部门。

成本中心的应用范围最广,从一般意义出发,企业内部凡有成本发生,需要对成本负责,并能实施成本控制的单位,都可以成为成本中心。工业企业上至工厂一级,下至车间、工段、班组,甚至个人都有可能成为成本中心。成本中心的规模不一,其控制和考核的内容也不尽相同。

(二)成本中心的类型

成本中心分为两种类型:标准成本中心和费用中心。

1. 标准成本中心

标准成本中心又称技术性成本中心,它是指发生的数额通过技术分析可以相对可靠地估算出来的成本,如产品生产过程中发生的直接材料、直接人工、间接制造费用等。其特点是这种成本的发生可以为企业提供一定的物质成果,在技术上投入量与产出量之间有着密切的联系。技术性成本可以通过标准成本或弹性成本或弹性预算予以控制。或者说,标准成本中心是对那些实际产出量的标准成本负责的成本中心。

2. 费用中心

费用中心也称酌量性成本中心。酌量性成本是否发生以及发生数额的多少是由管理人员的决策所决定的,主要包括各种管理费用和某些间接成本项目,如研究开发费用、广告宣传费用、职工培训费用等。这种费用发生主要是为企业提供一定的专业服务,一般不能产生可以用货币计量的成果。在技术上,投入量与产出量之间没有直接关系。酌量性成本的控制应着重于预算总额的审批上。或者,费用中心是以直接控制经营管理费用为主的成本中心。

(三)成本中心的特点

成本中心相对于利润中心和投资中心有自身的特点,主要表现在以下几个方面:

1. 成本中心只考评成本费用而不考评收益

成本中心一般不具备经营权和销售权,其经济活动的结果不会形成可以用货币计量的收入;有的成本中心可能有少量的收入,但整体上讲,其产出与投入之间不存在密切的对应关系,因而,这些收入不作为主要的考核内容,也不必计算这些货币收入。概括地说,成本中心只以货币形式衡量投入,不以货币形式计量产出。这是成本中心的基本特点。

2. 成本中心只对可控成本承担责任

成本费用依其责任主体是否能控制分为可控制成本与不可控成本。凡是责任中心能控制的成本称为可控成本;凡是责任中心不能控制的成本称为不可控成本。

成本的可控与不可控是相对而言的,这与责任中心所处管理层次的高低、管理权限的大小以及控制范围的大小有直接关系。对企业来说,几乎所有的成本都可以被视为可控成本,一般不存在不可控成本;而对于企业内部的各个部门、车间、工段、班组乃至个人来说,则既有其各自的可控成本,又有其各自的不可控成本,一项对较高层次的责任中心来说的可控成本,对于其下属的较低层次的责任中心来说,可能就是不可控成本;反过来,较低层次责任中心的可控成本,则一定是其所属较高层次责任中心的可控成本。例如,生产车间发生的折旧费用对于生产车间这个成本中心而言属于可控成本,但对于其下属的班组这一层次的成本中心而言则属于不可控成本。此外,某些成本对处于同一层次的某一责任中心而言是可控的,对于另一责任中心来说则是不可控的。如材料价格对于供应部门来说是可控的,但对于生产部门来说,则是不可控的。

3. 成本中心只对责任成本进行考核和控制

责任成本是各成本中心当期确定或发生的各项可控成本之和。它分为由预算分解确定的各责任中心应承担的预算责任成本,和各责任中心为业务活动所发生的实际责任成本。对成本中心的业务活动所耗费的成本费用进行控制,应以各成本中心的预算责任成本为依据,确保实际发生成本不会超过预算责任成本;对成本中心的业务活动所耗费的成本费用进行考核,应通过各成本中心的实际责任成本与预算责任成本进行比较,确定其成本控制的绩效,并采取相应的奖惩措施。为了便于对各成本中心的责任成本进行控制和考核,还应建立健全责任会计核算体系,按成本中心分别组织责任成本核算。

4. 责任中心考核的责任成本不同于传统的产品成本

责任成本以责任中心为对象进行成本的归集、核算,其原则是"谁负责,谁承担"。而产品成本则按费用承担的客体(产品)进行归集、核算,其原则是"谁受益,谁承担"。两者既有区别又有联系。两者的区别是:

(1)成本的归集对象不同。责任成本按责任中心归集,而产品成本则按产品归集。

(2)目的不同。计算责任成本的目的在于对责任中心的业绩进行评价考核,因而要将成本划分为可控成本与不可控成本两部分;而计算产品成本不必这样划分。

两者的联系则表现为:在一定期间内,责任成本与产品成本的成本发生额相同。现举例说明责任成本与产品成本的区别与联系。

例如,某公司有甲、乙两个生产部,均为成本中心,另有丙、丁两个服务部。该公司生产A、B两种产品,本期共发生成本23 500元。责任成本与产品成本的区别与联系见表12.1和表12.2。

表12.1 产品成本表

单位:元

成本项目	A产品(产量1 000件)		B产品(产量500件)		合计
	总成本	单位成本	总成本	单位成本	
直接材料	8 000	8.00	3 500	7.00	11 500
直接人工	5 000	5.00	3 000	6.00	8 000
制造费用	2 500	2.50	1 500	3.00	4 000
总成本	15 500	15.50	8 000	16.00	23 500

表12.2 责任成本表

单位:元

成本项目	责任中心(1) 甲生产部	成本中心(2) 乙生产部	成本中心(3) 丙部门	成本中心(4) 丁部门	合计
直接材料	9 000	2 500	—	—	11 500
直接人工	3 500	4 500			8 000
间接材料	200	300	140	160	800

续表12.2

成本项目	责任中心(1) 甲生产部	成本中心(2) 乙生产部	成本中心(3) 丙部门	成本中心(4) 丁部门	合计
间接人工	100	200	700	800	1 800
其他成本	350	350	200	500	1 400
总成本	13 150	7 850	1 040	1 460	23 500

(四)成本中心的考核指标

成本中心考核的主要内容是责任成本,即通过各成本中心的实际责任成本与预算责任成本的比较,评价成本中心业务活动的优劣。与此相适应,成本中心的考核指标也主要采用相对指标和比较指标,包括成本(费用)降低额和降低率两指标,其计算公式为

$$成本(费用)降低额 = 预算责任成本(费用) - 实际责任成本(费用) \qquad ①$$

$$成本(费用)降低率 = \frac{成本(费用)降低额}{预算责任成本(费用)} \times 100\% \qquad ②$$

在进行成本中心考核时,如果预算产量与实际产量不一致,应注意按弹性预算的方法先行调整预算指标,然后再按上述指标计算。

二、利润中心

(一)利润中心的含义

利润中心是对利润负责的责任中心。由于利润等于收入减去成本和费用,所以利润中心实际上是指既对成本负责又对收入和利润负责的区域。这类责任中心一般是指有产品或劳务生产经营决策权的企业内部部门。

在一个企业中,利润中心往往处于企业内部的较高层次,如分厂、分店、分公司,一般具有独立的收入来源或能视同为一个有独立收入的部门,一般还具有独立的经营权。利润中心与成本中心相比,其权力和责任都相对较大,利润中心不仅对成本控制负责,也必须对收入和利润承担责任。

(二)利润中心的类型

利润中心分为自然利润中心与人为利润中心两种。

1. 自然利润中心

自然利润中心是指可以直接对外销售产品并取得实际收入为特征的利润中心。这种利润中心本身直接面向市场,具有产品销售权、价格制定权、材料采购权和生产决策权。最典型的形式就是公司采用事业部制,每个事业部均有销售、生产、采购的机能,有很大的独立性,能独立地控制成本、取得收入,这些事业部就是自然的利润中心。

2. 人为利润中心

人为利润中心是指对内流转产品,视同产品销售而取得"内部销售收入"的利润中心。这种利润中心一般不直接对外销售产品,只对本企业内部各责任中心提供产品或劳务。人为利润中心一般也应具备独立的经营权,即能自主决定本利润中心的产品品种、产品质量、

作业方法、人员调配、资金使用等。实际上工业企业的大多数成本中心都可以转成人为利润中心，条件是它们提供的产品或劳务能制定出合适的内部转移价格。

(三)利润中心的成本计算方式

利润中心对利润负责，必然要考核和计算成本，以便正确计算利润，作为对利润中心业绩评价与考核的可靠依据。对利润中心的成本计算，通常有两种方式可供选择：

(1)利润中心只计算可控成本，不分担不可控成本，亦即不分摊共同成本，这种方式主要用于共同成本难以合理分摊或无须进行共同成本分摊的场合，按这种方式计算出的盈利不是通常意义上的利润，而是相当于"贡献毛益总额"。企业各利润中心的"贡献毛益总额"之和，减去未分配的共同成本，经过调整后才是企业的利润总额。采用这种成本计算方式的"利润中心"实质上已不是完整和原来意义上的利润中心，而是贡献毛益中心。人为利润中心适合采取这种计算方式。

(2)利润中心不仅计算可控成本，也计算不可控成本。这种方式适合于共同成本易于合理分摊或不存在共同成本分摊的场合。这种利润中心在计算时，如果采用变动成本法，应先计算出贡献毛益，再减去固定成本，才是税前净利；如果采用完全成本法，利润中心可以直接计算出税前净利。各利润中心的利润总额之和，就是全企业的利润总额。自然利润中心适合采取这种计算方式。

(四)利润中心的考核指标

利润中心的考核指标为利润，即通过一定期间实际实现的利润同责任预算所确定利润进行对比，评价其责任中心的业绩。但由于成本计算方式不同，各利润中心的利润指标的表现形式也不相同。采取第二种成本计算方式中的完全成本法时，利润是按财务会计核算中的计算公式求得的，这里不再多述。

(1)当利润中心不计算共同成本或不可控成本时，采用的考核指标是：

利润中心贡献毛益总额 = 该利润中心销售收入总额 −
该利润中心可控成本总额(或变动成本总额)　　　③

值得说明的是，如果可控成本中包含可控固定成本，就不是完全等于变动成本总额。但是一般而言，利润中心的可控成本是变动成本。

(2)当利润中心计算共同成本或不可控成本，并采取变动成本法计算成本时，采用的考核指标主要有以下几种：

利润中心贡献毛益总额 = 该利润中心销售收入总额 −
该利润中心变动成本总额　　　④

利润中心负责人可控利润总额 = 该利润中心贡献毛益总额 −
该利润中心负责人可控固定成本　　　⑤

利润中心可控利润总额 = 该利润中心负责人可控利润总额 −
该利润中心负责人不可控固定成本　　　⑥

公司利润总额 = 各利润中心可控利润总额之和 −
公司不可分摊的各种管理费用财务费用之和　　　⑦

式⑤主要用于考核利润中心负责人经营业绩，因而针对经理人员的可控成本费用进行评价和考核。为此，应将各利润中心的固定成本进一步区分为可控成本和不可控成本。这主要考虑有些成本费用可以划归、分摊到有关利润中心,却不能为利润中心负责人所控制,如广告费、保险费等。在考核利润中心负责人业绩时,应将其不可控的固定成本从中剔除。

式⑥主要用于对利润中心的业绩进行评价和考核,它表明利润中心补偿共同性固定成本后为企业利润总额所做的贡献。

三、投资中心

(一)投资中心的含义

投资中心是指既对成本、收入和利润负责,又对投资效果负责的责任中心。由于投资的目的是为了获得利润,因此,投资中心同时也是利润中心。它与利润中心的区别主要有二:一是权利不同,利润中心没有投资决策权,它只是在企业投资形成后进行具体的经营;而投资中心则不仅在产品生产和销售上享有较大的自主权,而且能相对独立地运用所掌握的资金,有权购建或处理固定资产,扩大或缩减现有的生产能力。二是考核办法不同,考核利润中心业绩时,不联系投资多少或占用资产的多少,即不进行投入、产出的比较;相反,考核投资中心业绩时,必须将所获得的利润与其占用的资产进行比较。

投资中心是最高层次的责任中心,它具有最大的决策权,也承担最大的责任。投资中心的管理特征是较高程度的分权管理。一般而言,大型集团所属的子公司、分公司、事业部往往都是投资中心。在组织形式上,成本中心一般不是独立法人,利润中心可以是也可以不是独立法人,而投资中心一般是独立法人。

(二)投资中心的考核指标

为了准确地计算各投资中心的经济效益,应对各投资中心共同使用的资产划定界限;对共同发生的成本按适当的标准进行分配;各投资中心之间相互调剂使用的现金、存货、固定资产等,均应计息清偿,实行有偿使用。在此基础上,根据投资中心应按投入、产出之比进行业绩评价与考核的要求,除考核利润指标外,更需要计算、分析利润与投资额的关系指标,即投资利润和剩余收益。

1. 投资利润率

投资利润率又称投资报酬率,是指投资中心所获得的利润与投资额之间的比率。计算公式为

$$投资利润率 = \frac{利润}{投资额} \times 100\%$$

投资利润率这一指标,还可以按下式展开:

$$投资利润率 = \frac{销售收入}{投资额} \times \frac{成本费用}{销售收入} \times \frac{利润}{成本费用} =$$

资本周转率 × 销售成本率 × 成本费用利润率

以上公式中投资额是指投资中心的总资产扣除对外负债后的余额,即投资中心的净资产。所以,该指标也可以称为净资产利润率。

为了考核投资中心的总资产运用状况,也可以计算投资中心的总资产息税前利润率。它是投资中心的息税前利润除以总资产占用额。总资产是指生产经营中占用全部资产。

投资利润率是目前许多公司十分偏爱的评价投资中心业绩的指标。其优点是:

(1)投资利润率能反映投资中心的综合盈利能力。投资利润率由三项指标构成:收入、成本和投资,提高投资利润率既可以通过增收节支,也可以通过减少投入资本来实现。

(2)投资利润率具有横向可比性。作为效益指标,投资利润率体现了资本的获利能力,剔除了因投资额不同而导致的利润差异的不可比因素,有利于判断各投资中心经营业绩的优劣。

(3)投资利润率可以作为选择投资机会的依据,有利于调整资本流量和存量,优化资源配置。

(4)以投资利润率作为评价投资中心经营业绩的尺度,有利于正确引导投资中心的管理行为,避免短期行为。这是因为,这一指标反映投资中心运用资产,并使资产增值的能力、资产运用的任何不当行为,都将降低投资利润率。因此,以此作为评价尺度,将促使各投资中心用活闲置资金,合理确定存货,加强对应收账款及固定资产的管理,及时处理变质、陈旧过时的库存商品等。

投资利润率作为评价指标的不足之处是缺乏全局观念,各投资公司为达到较高的投资利润率,可能会采取减少投资的方式。例如,某总公司的平均投资利润率为10%,其所属的甲投资中心实际利润率为16%,现甲投资中心有一投资机会,投资利润率为14%,若以投资利润率来衡量甲投资中心显然不会选择这一机会,导致甲投资中心目标与总公司目标不一致。为了克服投资利润率的这一不利因素,应采用剩余收益作为评价指标。

2. 剩余收益

剩余收益是一个绝对数指标,是指投资中心获得的利润扣减其最低投资收益后的余额。最低投资收益是投资中心的投资额(或资产占用额),按规定或预期的最低报酬率计算的收益。其计算公式为

剩余收益 = 利润 - 投资额 × 规定或预期的最低投资报酬率

如果考核指标是总资产息税前利润时,则剩余收益计算公式应做相应的调整,其计算公式为

剩余收益 = 税息前利润 - 总资产占用额 × 规定或预期的资产息税前利润率

这里所说的规定或预期的最低投资报酬率和总资产息税前利润率通常是指企业为保证其生产经营正常、持续进行所必须达到的最低报酬水平。

以剩余收益作为投资中心经营业绩评价指标,各投资中心只要投资利润率大于规定或预期的最低投资报酬率(或总资产息税前利润率大于规定或预期的最低总资产息税前利润率),该项投资(或资产占用)便是可行的。剩余收益指标具有两个特点:

(1)体现投入产出关系。由于减少投资(或降低资产占用)同样可以达到提高剩余收益的目标,因而与投资利润率一样,该指标也可以用于全面评价与考核投资中心的业绩。

(2)避免本位主义。剩余收益指标避免了投资中心的狭隘本位倾向,即单纯追求投资利润而放弃一些有利可图的投资项目。这是因为以剩余收益作为衡量投资中心工作成果的尺度,投资中心将尽量提高剩余收益,也即只要有利于增强剩余收益绝对额,投资行为就是可取的,而不只是尽量提高投资利润率。

综上所述,责任中心根据其控制区域和权责范围的大小,分为成本中心、利润中心和投资中心三种类型。它们各自不是孤立存在的,每个责任中心承担经营责任。最基层的成本中心就其经营的可控成本向其上层成本中心负责;上层的成本中心应就其本身的可控成本

和下层转来的责任成本一并向利润中心负责;利润中心应就其本身经营的收入、成本(含下层转来成本)和利润(或贡献毛益)向投资中心负责;投资中心最终就其经营的投资利润率和剩余收益向总经理和董事会负责。所以,企业各种类型和层次的责任中心形成一个"连锁责任"网络,这就促使每个责任中心为保证经营目标一致而协调运转。

第三节 责任预算、责任报告与业绩考核

一、责任预算

(一)责任预算的含义

责任预算是以责任中心为主体,以其可控成本、收入、利润和投资等为对象编制的预算。通过编制责任预算可以明确各责任中心的责任,并通过与企业总预算的一致性,以确保其实现。通过编制责任预算也为控制和考核责任中心经营管理活动提供了依据,责任预算是企业总预算的补充和具体化。

责任预算由各种责任指标组成。这些指标分为主要责任指标和其他责任指标。在上述责任中心中所提及的各责任中心的考核指标都是主要指标,也是必须保证实现的指标。这些指标反映了各种不同类型的责任中心之间的责任和权利的区别。其他责任指标是根据企业其他总奋斗目标分解而得到的或为保证主要责任指标完成而确定的责任指标,这些指标有劳动生产率、设备完好率、出勤率、材料消耗率和职工培训等。

(二)责任预算的编制

责任预算的编制程序有两种:一是以责任中心为主体,将企业总预算在各责任中心之间层层分解而形成各责任中心的预算。它实质是由上而下实现企业总预算目标。这种自上而下、层层分解指标的方式是一种常用的预算编制程序。其优点是使整个企业浑然一体,便于统一指挥和调度。不足之处是可能会遏制责任中心的积极性和创造性;二是各责任中心自行列示各自的预算指标、层层汇总,最后由企业专门机构或人员进行汇总调整,确定企业总预算。这是一种由下而上,层层汇总、协调的预算编制程序,其优点是有利于发挥各责任中心的积极性,但往往各责任中心只注意本中心的具体情况或多从自身利益角度考虑,容易造成彼此协调困难,互相支持少,以致冲击企业的总体目标。而且,层层汇总、协调,工作量大,协调难度大,影响预算质量和编制时效。

责任预算的编制程序与企业组织机构设置和经营管理方式有着密切关系。因此,在集权组织结构形式下,公司的总经理大权独揽,对企业的所有成本、收入、利润和投资负责。他既是利润中心,也是投资中心。而公司下属各部门、各工厂、各车间、各工段、各地区都是成本中心,它们只对其权责范围内控制的成本负责。因此,在集权组织结构形式下,首先要按照责任中心的层次,从上至下把公司总预算(或全面预算)逐层向下分解,形成各责任中心的责任预算;然后建立责任预算执行情况的跟踪系统,记录预算执行的实际情况,并定期由下至上把责任预算的实际执行数据逐层汇总,直到最高层的利润中心或投资中心。

在分权组织结构形式下,经营管理权分散在各责任中心,公司下属各部门、各工厂、各地区等与公司自身一样,可以都是利润中心、投资中心,它们既要控制成本,收入、利润,也

要对所占用的全部资产负责。而在它们之下还有许多成本中心,只对它们所控制的成本负责。在分权组织结构形式下,首先也应按责任中心的层次,将公司总预算(或全面预算)从高层向低层逐级分解,形成各责任单位的责任预算。然后建立责任预算的跟踪系统,记录预算实际执行情况,并定期从最基层责任中心把责任成本的实际数,以及销售收入的实际数,通过编制业绩报告逐层向上汇总,一直达到最高的投资中心。

现举例说明责任预算的编制过程。

例如,华丰公司的组织结构形式如图 12.3 所示。

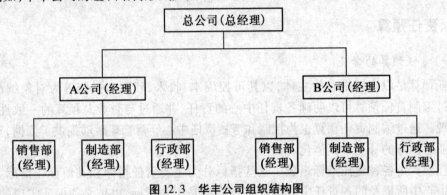

图 12.3　华丰公司组织结构图

假设该公司采取分权组织结构形式,各成本中心发生的成本费用均为可控成本,则该公司责任预算的简化形式见表 12.3、12.4、12.5、12.6、12.7。

表 12.3　华丰公司责任预算

2005 年　　　　　　　　　　　　　　　　　　　　　　　　单位:万元

责任中心	项目	责任预算	责任人
	营业利润		
利润中心	A 公司	6 000	A 公司经理
利润中心	B 公司	4 500	B 公司经理
利润中心	合计	10 500	公司总经理

表 12.4　A 公司责任预算

2005 年　　　　　　　　　　　　　　　　　　　　　　　　单位:万元

责任中心	项目	责任预算	责任人
收入中心	销售部	13 800	销售部经理
	可控成本		
成本中心	制造部	5 700	制造部经理
	行政管理部	900	行政管理部经理
	销售部	1 200	销售部经理
	合计	7 800	A 公司经理
利润中心	营业利润	6 000	A 公司经理

表 12.5　A 公司销售部责任预算
2005 年　　　　　　　　　　　　　　　　　　　　　　单位：万元

责任中心	项目	责任预算	责任人
收入中心	东北地区	2 400	责任人 A
收入中心	中南地区	3 000	责任人 B
收入中心	西北地区	1 500	责任人 C
收入中心	东南地区	3 300	责任人 D
收入中心	西南地区	2 100	责任人 E
收入中心	出口销售	1 500	责任人 F
收入中心	合计	13 800	销售部经理

表 12.6　A 公司制造部责任预算
2005 年　　　　　　　　　　　　　　　　　　　　　　单位：万元

责任中心	项目	责任预算	责任人
第 1 车间	变动成本		第 1 车间负责人
第 1 车间	直接材料	1 500	第 1 车间负责人
第 1 车间	直接人工	900	第 1 车间负责人
第 1 车间	变动制造费用	300	第 1 车间负责人
第 1 车间	小计	2 700	第 1 车间负责人
第 1 车间	固定成本		第 1 车间负责人
第 1 车间	固定制造费用	300	第 1 车间负责人
第 1 车间	合计	3 000	第 1 车间负责人
第 2 车间	变动成本		第 2 车间负责人
第 2 车间	直接材料	1 200	第 2 车间负责人
第 2 车间	直接人工	750	第 2 车间负责人
第 2 车间	变动制造费用	300	第 2 车间负责人
第 2 车间	小计	2 250	第 2 车间负责人
第 2 车间	固定成本		第 2 车间负责人
第 2 车间	固定制造费用	300	第 2 车间负责人
第 2 车间	合计	255	第 2 车间负责人
制造部	制造部其他费用	150	制造部经理
制造部	总计	5 700	制造部经理

表 12.7　A 公司行政部及销售部责任预算（费用）

2005 年　　　　　　　　　　　　　　　　　　　单位：万元

责任中心	项目	责任预算	责任人
行政部	工资费用	450	行政部经理
	折旧	300	
	办公费	60	
	保险费	90	
	合计	900	
销售部	工资费用	600	销售部经理
	办公费	150	
	广告费	360	
	其他	90	
	合计	1 200	

不难看出，上述各表的预算数据之间存在着内在的相互勾稽关系。随着预算数据的逐级分解，预算的责任中心的层次越来越低，预算项目越来越具体。这意味着公司总预算被真正落实到具体的责任单位或个人，使预算的实现有了可靠的组织保证，也意味着公司总预算被分解到了具体的项目上，使预算的实现有了客观的依据。

二、责任报告

责任会计以责任预算为基础，对责任预算的执行情况进行系统的反映，以实际完成情况同预算目标对比，可以评价和考核各个责任中心的工作成果。责任中心的业绩评价和考核应通过编制责任报告来完成，责任报告亦称业绩报告、绩效报告，它是根据责任会计记录编制的反映责任预算实际执行情况、揭示责任预算与实际执行差异的内部会计报告。

责任报告形式主要有报表、数据分析和文字说明等。将责任预算、实际执行结果及其差异用报表予以列示是责任报告的基本形式。在揭示差异时，还必须对重大差异予以定量分析和定性分析。定量分析旨在确定差异的发生程度，定性分析旨在分析差异产生的原因，并根据这些原因提出改进建议。

在企业的不同管理层次上，责任报告的侧重点应有所不同。最低层次的责任中心的责任报告应当最为详细，随着层次的升高，责任报告的内容应以更为概括的形式来表现。这一点与责任预算的由上至下分解过程不同，责任预算由总括到具体，而责任报告则由具体到总括。责任报告应能突出产生差异的重要影响因素。为此，应遵循"例外管理"原则，突出重点，使报告的使用者能把注意力集中到少数严重脱离预算的因素或项目上来。

责任报告是对各个责任中心执行责任预算情况的系统概括和总结。根据责任报告，可进一步对责任预算执行差异的原因和责任进行具体分析，以充分发挥反馈作用，使上层责任中心和本责任中心对有关生产经营活动实行有效的控制和调节，促使各个责任中心根据自身特点，卓有成效地开展有关活动，以实现责任预算。我们可以把责任报告与责任预算进行比较，进行反馈控制的过程如图 12.4 所示。

责任中心是逐级设置的,责任报告也应自下而上逐级编报,现以前述华丰公司为例,将其责任报告的简略形式列表见表 12.8、12.9、12.10。

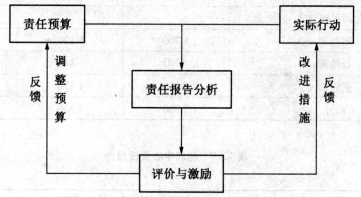

图 12.4 责任报告与责任预算反馈控制图

表 12.8 成本中心责任报告

单位:万元

项目	预算	实际	超支(节约)
A 公司第 1 车间可控成本			
变动成本			
直接材料	1 500	1 650	150
直接人工	900	810	(90)
变动制造费用	300	330	30
变动成本小计	2 700	2 790	90
固定成本			
固定制造费用	300	285	(15)
合计	3 000	3 075	75
A 公司制造部可控成本			
第 1 车间			
变动成本	2 700	2 790	90
固定成本	300	285	(15)
小计	3 000	3 075	75
第 2 车间			
变动成本	2 250	2 280	30
固定成本	300	285	(15)
小计	2 550	2 565	15
制造部其他费用	150	180	30
合计	5 700	5 820	120

续表12.8

项目	预算	实际	超支(节约)
A公司可控成本			
制造部	5 700	5 820	120
行政部	900	840	(60)
销售部	1 200	1 170	(30)
总计	7 800	7 830	30

表12.9 利润中心责任报告

单位:万元

项目	预算	实际	超支(不足)
A公司销售收入			
东北地区	2 400	2 700	300
中南地区	3 000	3 600	600
西北地区	1 500	1 470	(30)
东南地区	3 300	3 000	(300)
西南地区	2 100	2 130	30
出口销售	1 500	1 800	300
小计	13 800	14 700	900
A公司变动成本			
第1车间	2 700	2 790	90
第2车间	2 250	2 280	30
小计	4 950	5 070	120
A公司贡献毛益总额	8 850	9 630	780
A公司固定成本			
制造部			
第1车间	300	285	(15)
第2车间	300	285	(15)
制造部其他费用	150	180	30
小计	750	750	0
行政部	900	840	(60)
销售部	1 200	1 350	150
小计	2 100	2 190	90
A公司利润	6 000	6 690	690
总公司利润			
A公司利润	6 000	6 690	690
B公司利润	4 500	4 800	300
合计	10 500	11 490	990

表 12.10　投资中心责任报告

单位:万元

项目	预算	实际	超支(不足)
A 公司利润	6 000	6 690	690
B 公司利润	4 500	4 800	300
小计	10 500	11 490	990
总公司所得税(30%)	3 150	3 447	297
合计	7 350	8 043	693
净资产平均占用额	36 750	32 172	(4 578)
投资利润率	20%	25%	5%
行业平均最低报酬率	15%	18%	3%
剩余收益	1 837.5	2 252.04	414.54

为了编制各责任中心的责任报告,必须进行责任会计核算,也即要以责任中心为对象组织会计核算工作,具体做法有两种:一是由各责任中心指定专人把各中心日常发生的成本、收入以及各中心相互间的结算和转账业务记入单独设置的责任会计的编号账户内。然后根据管理需要,定期计算盈亏。因其与财务会计分开核算,称为"双轨制"。二是简化日常核算,不另设专门的责任会计账户,而是在传统财务会计的各明细账户内,为各责任中心分别设置账户进行登记、核算,这称为单轨制。

三、业绩考核

业绩考核是以责任报告为依据,分析、评价各责任中心责任预算的实际执行情况,找出差距,查明原因,借以考核各责任中心工作成果,实施奖罚,促使各责任中心积极纠正行为偏差,完成责任预算的过程。

责任中心的业绩考核有狭义和广义之分。狭义的业绩考核仅指对各责任中心的价值指标,如成本、收入、利润以及资产占用等责任指标的完成情况进行考核。广义的业绩考核除这些价值指标外,还包括对各责任中心的非价值责任指标的完成情况进行考核。

(一)成本中心业绩考核

成本中心没有收入来源,只对成本负责,因而也只考核其责任成本,由于不同层次成本费用控制的范围不同,计算和考评的成本费用指标也不尽相同,越往上一层次,计算和考评的指标越多,考核内容也越多。

成本中心业绩考核以责任报告为依据,将实际成本与预算成本或责任成本进行比较,确定两者差异的性质、数额以及形成的原因,并根据差异分析的结果,对各成本中心进行奖罚,以督促成本中心努力降低成本。

(二)利润中心业绩考核

利润中心既对成本负责,又对收入及利润负责,在进行考核时应以销售收入、贡献毛益和息税前利润为重点进行分析、评价。特别是应通过一定期间实际利润与预算利润进行对比,分析差异及其形成原因,明确责任,借以对责任中心的经营得失和有关人员的功过做出正确评价,论功行赏,奖罚分明。

在考核利润中心业绩时,也只是计算和考评本利润中心权责范围内的收入和成本。凡不属于本利润中心权责范围内的收入和成本,尽管已由本利润中心实际收进或支付,仍应予以剔除,不能作为本利润中心的考核依据。

(三)投资中心业绩考核

投资中心不仅要对成本、收入和利润负责,还要对投资效果负责。因此,投资中心业绩考核,除收入、成本和利润指标外,考核重点应放在投资利润率和剩余收益两项指标上。

从管理层次看,投资中心是最高一级的责任中心,业绩考核的内容或指标涉及各个方面,是一种较为全面的考核。考核应通过实际数与预算数的比较,找出差异,进行差异分析,查明差异的成因和性质,并据以进行奖罚。

第四节 内部转移价格

企业内部各责任单位在生产经营活动中既相互联系,又相互独立地开展各自的活动,各责任中心之间经常相互提供产品或劳务,如生产部门之间转移中间产品,辅助生产部门为基本生产部门提供劳务,行政管理部门为生产部门提供服务等。为正确评价企业内部各个责任中心经营业绩,明确区分各自的经济责任,使各个责任中心的业绩考核建立在客观而可比的基础上,从而有利于调动各责任中心业务活动的具体特点,正确制定企业内部转移价格。

一、内部转移价格的含义

内部转移价格是指企业内部各责任中心之间转移中间产品或相互供劳务而发生内部结算和进行内部责任结转所使用的计价标准。

采用内部转移价格进行内部结算,可以使企业内部的两个责任中心处于类似于市场交易的"买""卖"双方,起到与外部市场价格相似的作用。作为卖方的责任中心即提供产品或劳务的一方必须不断改善经营管理,降低成本费用,以其收入抵偿支出,取得更多的利润;而作为买方的责任中心即产品或劳务的接受一方也必须在竞价后所形成的一定买入成本的前提下,千方百计降低自身的成本费用,提高产品或劳务的质量,争取获得更多的利润。

内部转移价格与外部市场价格有许多不同点。形成内部价格的供求关系或供求双方都在一个企业内部,因而,两者的关系不是一种完全市场竞争关系,而是一种模拟市场竞争关系,内部转移价格也不是完全按市场供求状况决定,它是一种模拟市场价格。由于内部转移价格全按市场供求状况决定,它是一种模拟市场价格。由于内部转移价格是企业内部价格,在其他条件不变的情况下,内部转移价格的变化,会使买卖双方或供求双方的收入或内部利润呈相反方向变化。但是从企业总体看,内部转移价格无论怎样变动,企业利润总额不变,变动的只是企业内部各责任中心的收入或利润的分配份额。

二、内部转移价格的制定原则

制定内部转移价格有助于明确划分各责任中心的经济责任,有助于使责任中心的业绩考核建立在客观、可比的基础上,有助于协调各责任中心的业务活动,也有助于企业经营者做出正确的经营决策。正因为内部转移价格如此重要,所以,制定企业内部转移价格应按以下原则进行:

1. 全局性原则

制定内部转移价格必须强调企业整体利润高于各责任中心的利润。在利益彼此冲突的情况下,企业和各责任中心应本着企业利润最大化要求,制定内部转移价格。

2. 公平性原则

内部转移价格的制定应公平合理,应充分体现各责任中心的经营努力或经营业绩,防止某些责任中心因价格优势而获得额外的利益,某些责任中心因价格劣势而遭受额外损失。所谓公平性,就是指各责任中心所采用的内部转移价格能使其经营努力与所得到的收益相适应。

3. 自主性原则

在确保企业整体利益的前提下,只要可能,就应通过各责任中心的自主竞争或讨价还价来确定内部价格,真正在企业内部实现市场模拟,使内部转移价格能为各责任中心所接受。

三、内部转移价格的类型

(一)市场价格

市场价格是根据产品或劳务的市场价格作为基价的价格。采用市场价格,一般假定各责任中心处于独立自主的状态,可自由决定从外部或内部进行购销,同时产品或劳务有客观的市价可采用。在西方国家,通常认为市价是制定内部转移价格的最好依据,市价意味着客观公平,意味着在企业内部引进了市场机制,形成竞争气氛,使各责任中心各自经营、相互竞争,最终通过利润指标考核和评价其业绩。

以市场作为内部转移价格时,应注意以下两个问题:一是在中间产品有外部市场,可向外部出售或从外部购进时,可以市场价格作为内部转移价格,但并不等于直接将市场价格用于内部结算。而应在此基础上,对外部价格做一些必要调整。外部售价一般包括销售费、广告费以及运输费等,这些费用在产品内部转移时一般可避免发生。若当企业各责任中心不是独立核算的分厂,而是车间或部门时,产品的内部转移价格不必支付销售税金,这些税金一般也是外部销售价格的组成部分。在制定内部转移价格时,如不在市场价格中做出扣除,这两方面的好处都会为供应方获得,不利于利润分配的公平性。二是以市场价格为依据制定内部转移价格,一般假设中间产品有完全竞争的市场,或中间产品提供部门无闲置生产能力。

在采用市场价格作为内部转移价格时,应尽可能使各责任中心进行内部转让,除非责任中心有充分理由说明对外交易比内部转让更为有利。为此,要遵循以下三条原则:

(1)当供应方愿意对内销售,且售价不高于市价时,使用方有购买的义务,不得拒绝

"购进"。

(2) 当供应方售价高于市场价格,使用方有转向市场购入的自由。

(3) 当供应方宁愿对外界市场销售,则应有尽量不对内销售的权利。

但是,(2)、(3)条原则必须以不影响企业整体利益为前提。

以市场价格作为内部转移价格也有局限性,即企业内部转移的中间产品往往没有相应的市价作为依据。

(二) 协商价格

协商价格也可称为议价,是企业内部各责任中心以正常的市场价格为基础,通过定期共同协商所确定的为双方所接受的价格。采用协商价格的前提是责任中心转移的产品应有在非竞争性市场买卖可能性,在这种市场内,买卖双方有权自行决定是否买卖这种中间产品。如果买卖双方不能自行决定,或当价格协商的双方发生矛盾而又不能自行解决,或双方协商定价不能导致企业最优决策时,企业高一级的管理层要进行必要干预,这种干预应以有限、得体为原则,不能使整个谈判变成上级领导完全决定一切。

协商价格的上限是市价,下限是单位变动成本,具体价格应由各相关责任中心在这一范围内协商议定。当产品或劳务没有适应的市价时,也只能采用议价方式来确定。通过各相关责任中心的讨价还价,形成企业内部的模拟"公允市价",作为计价的基础。

协商价格也存在一定的缺陷:一是协商定价的过程要花费人力、物力和时间;二是协商定价各方往往会相持不下,需高层领导裁定,这样,弱化了分权管理的作用。

(三) 双重价格

双重价格就是针对责任中心各方面分别采用不同的内部转移价格所制定的价格。之所以采用双重价格是因为内部转移价格主要是为了对企业内部各责任中心的业绩进行评价、考核,故各相关责任中心所采用的价格并不需要完全一致,可分别选用对责任中心最有利的价格为计价依据。双重价格有两种形式:

(1) 双重市场价格,就是当某种产品或劳务在市场上出现几种不同价格时,供应方采用最高市价,使用方采用最低市价。

(2) 双重转移价格,就是供应方按市场价格或议价作为基础,而使用方按供应方的单位变动成本作为计价的基础。

双重价格的好处是既可较好满足供应方和使用方的不同需要,也能激励双方在经营上充分发挥其主动性和积极性。

采用双重价格的前提条件是:内部转移的产品或劳务有外部市场,供应方有剩余生产能力,而且其单位变动成本要低于市价。特别当采用单一的内部转移价格不能达到激励各责任中心的有效经营和保证责任中心与整个企业的经营目标达成一致时,应采用双重价格。

(四) 成本转移价格

成本转移价格就是以产品或劳务的成本为基础而制定的内部转移价格。由于成本的概念不同,成本转移价格也有多种不同形式,其中用途较为广泛的成本转移价格有三种:

(1) 标准成本,即以产品(半成品)或劳务标准成本作为内部转移价格。它适应于成本中心产品(半成品)的转移。其优点是将管理和核算工作结合起来,可以避免供应方成本高低对使用方的影响,有利于调动供需双方降低成本的积极性。

(2)标准成本加成,即按产品(半成品)或劳务的标准成本加计一定的合理利润作为计价的基础。它的优点是能分清相关责任中心的责任,但确定加成利润率时,也难免带有主观随意性。

(3)标准变动成本,它是以产品(半成品)或劳务的标准变动成本作为内部转移价格,它符合成本习性,能够明确揭示成本与产量的关系,便于考核各责任中心的业绩,也利于经营决策。不足之处是产品(半成品)或劳务中不包含固定成本,不能反映劳动生产率变化对固定成本的影响,不利于调度各责任中心提高产量的积极性。

附 录

附表一 复利终值系数表

期数	1%	2%	3%	4%	5%	6%	7%	8%	9%	10%
1	1.010 0	1.020 0	1.030 0	1.040 0	1.050 0	1.060 0	1.070 0	1.080 0	1.090 0	1.100 0
2	1.020 1	1.040 4	1.060 9	1.081 6	1.102 5	1.123 6	1.144 9	1.166 4	1.188 1	1.210 0
3	1.030 3	1.061 2	1.092 7	1.124 9	1.157 6	1.191 0	1.225 0	1.259 7	1.295 0	1.331 0
4	1.040 6	1.082 4	1.125 5	1.169 9	1.215 5	1.262 5	1.310 8	1.360 5	1.411 6	1.464 1
5	1.051 0	1.104 1	1.159 3	1.216 7	1.276 3	1.338 2	1.402 6	1.469 3	1.538 6	1.610 5
6	1.061 5	1.126 2	1.194 1	1.265 3	1.340 1	1.418 5	1.500 7	1.586 9	1.677 1	1.771 6
7	1.072 1	1.148 7	1.229 9	1.315 9	1.407 1	1.503 6	1.605 8	1.713 8	1.828 0	1.948 7
8	1.082 9	1.171 7	1.266 8	1.368 6	1.477 5	1.593 8	1.718 2	1.850 9	1.992 6	2.143 6
9	1.093 7	1.195 1	1.304 8	1.423 3	1.551 3	1.689 5	1.838 5	1.999 0	2.171 9	2.357 9
10	1.104 6	1.219 0	1.343 9	1.480 2	1.628 9	1.790 8	1.967 2	2.158 9	2.367 4	2.593 7
11	1.115 7	1.243 4	1.384 2	1.539 5	1.710 3	1.898 3	2.104 9	2.331 6	2.580 4	2.853 1
12	1.126 8	1.268 2	1.425 8	1.601 0	1.795 9	2.012 2	2.252 2	2.518 2	2.812 7	3.138 4
13	1.138 1	1.293 6	1.468 5	1.665 1	1.885 6	2.132 9	2.409 8	2.719 6	3.065 8	3.452 3
14	1.149 5	1.319 5	1.512 6	1.731 7	1.979 9	2.260 9	2.578 5	2.937 2	3.341 7	3.797 5
15	1.161 0	1.345 9	1.558 0	1.800 9	2.078 9	2.396 6	2.759 0	3.172 2	3.642 5	4.177 2
16	1.172 6	1.372 8	1.604 7	1.873 0	2.182 9	2.540 4	2.952 2	3.425 9	3.970 3	4.595 0
17	1.184 3	1.400 2	1.652 8	1.947 9	2.292 0	2.692 8	3.158 8	3.700 0	4.327 6	5.054 5
18	1.196 1	1.428 2	1.702 4	2.025 8	2.406 6	2.854 3	3.379 9	3.996 0	4.717 1	5.559 9
19	1.208 1	1.456 8	1.753 5	2.106 8	2.527 0	3.025 6	3.616 5	4.315 7	5.141 7	6.115 9
20	1.220 2	1.485 9	1.806 1	2.191 1	2.653 3	3.207 1	3.869 7	4.661 0	5.604 4	6.727 5
21	1.232 4	1.515 7	1.860 3	2.278 8	2.786 0	3.399 6	4.140 6	5.033 8	6.108 8	7.400 2
22	1.244 7	1.546 0	1.916 1	2.369 9	2.925 3	3.603 5	4.430 4	5.436 5	6.658 6	8.140 3
23	1.257 2	1.576 9	1.973 6	2.464 7	3.071 5	3.819 7	4.740 5	5.871 5	7.257 9	8.954 3
24	1.269 7	1.608 4	2.032 8	2.563 3	3.225 1	4.048 9	5.072 4	6.341 2	7.911 1	9.849 7
25	1.282 4	1.640 6	2.093 8	2.665 8	3.386 4	4.291 9	5.427 4	6.848 5	8.623 1	10.835
26	1.295 3	1.673 4	2.156 6	2.772 5	3.555 7	4.549 4	5.807 4	7.396 4	9.399 2	11.918
27	1.308 2	1.706 9	2.221 3	2.883 4	3.733 5	4.822 3	6.213 9	7.988 1	10.245	13.110
28	1.321 3	1.741 0	2.287 9	2.998 7	3.920 1	5.111 7	6.648 8	8.627 1	11.167	14.421
29	1.334 5	1.775 8	2.356 6	3.118 6	4.116 1	5.418 4	7.114 3	9.317 3	12.172	15.863
30	1.347 8	1.811 4	2.427 3	3.243 4	4.321 9	5.743 5	7.612 3	10.063	13.268	17.449
40	1.488 9	2.208 0	3.262 0	4.801 0	7.040 0	10.286	14.975	21.725	31.409	45.259
50	1.644 6	2.691 6	4.383 9	7.106 7	11.467	18.420	29.457	46.902	74.358	117.39
60	1.816 7	3.281 0	5.891 6	10.520	18.679	32.988	57.946	101.26	176.03	304.48

注:计算公式:复利终值系数 $=(1+i)^n$,$S=P(1+i)^n$
P——现值或初始值;i——报酬率或利率;n——计息期数;S——终值或本利和

续附表一

期数	12%	14%	15%	16%	18%	20%	24%	28%	32%	36%
1	1.120 0	1.140 0	1.150 0	1.160 0	1.180 0	1.200 0	1.240 0	1.280 0	1.320 0	1.360 0
2	1.254 4	1.299 6	1.322 5	1.345 6	1.392 4	1.440 0	1.537 6	1.638 4	1.742 4	1.849 6
3	1.404 9	1.481 5	1.520 9	1.560 9	1.643 0	1.728 0	1.906 6	2.097 2	2.300 0	2.515 5
4	1.573 5	1.689 0	1.749 0	1.810 6	1.938 8	2.073 6	2.364 2	2.684 4	3.036 0	3.421 0
5	1.762 3	1.925 4	2.011 4	2.100 3	2.287 8	2.488 3	2.931 6	3.436 0	4.007 5	4.652 6
6	1.973 8	2.195 0	2.313 1	2.436 4	2.699 6	2.986 0	3.635 2	4.398 0	5.289 9	6.327 5
7	2.210 7	2.502 3	2.660 0	2.826 2	3.185 5	3.583 2	4.507 7	5.629 5	6.982 6	8.605 4
8	2.476 0	2.852 6	3.059 0	3.278 4	3.758 9	4.299 8	5.589 5	7.205 8	9.217 0	11.703
9	2.773 1	3.251 9	3.517 9	3.803 0	4.435 5	5.159 8	6.931 0	9.223 4	12.167	15.917
10	3.105 8	3.707 2	4.045 6	4.411 4	5.233 8	6.191 7	8.594 4	11.806	16.060	21.647
11	3.478 5	4.226 2	4.652 4	5.117 3	6.175 9	7.430 1	10.657	15.112	21.199	29.439
12	3.896 0	4.817 9	5.350 3	5.936 0	7.287 6	8.916 1	13.215	19.343	27.983	40.038
13	4.363 5	5.492 4	6.152 8	6.885 8	8.599 4	10.699	16.386	24.759	36.937	54.451
14	4.887 1	6.261 3	7.075 7	7.987 5	10.147	12.839	20.319	31.691	48.757	74.053
15	5.473 6	7.137 9	8.137 1	9.265 5	11.974	15.407	25.196	40.565	64.359	100.71
16	6.130 4	8.137 2	9.357 6	10.748	14.129	18.488	31.243	51.923	84.954	136.97
17	6.866 0	9.276 5	10.761	12.468	16.672	22.186	38.741	66.461	112.14	186.28
18	7.690 0	10.575	12.376	14.463	19.673	26.623	48.039	85.071	148.02	253.34
19	8.612 8	12.056	14.232	16.777	23.214	31.948	59.568	108.89	195.39	344.54
20	9.646 3	13.744	16.367	19.461	27.393	38.338	73.864	139.38	257.92	468.57
21	10.804	15.668	18.822	22.575	32.324	46.005	91.592	178.41	340.45	637.26
22	12.100	17.861	21.645	26.186	38.142	55.206	113.57	228.36	449.39	866.67
23	13.552	20.362	24.892	30.376	45.008	66.247	140.83	292.30	593.20	1 178.7
24	15.179	23.212	28.625	35.236	53.109	79.497	174.63	374.14	783.02	1 603.0
25	17.000	26.462	32.919	40.784	62.669	95.396	216.54	478.90	1 033.6	2 180.1
26	19.040	30.167	37.857	47.414	73.949	114.48	268.51	613.00	1364.3	2 964.9
27	21.325	34.390	43.535	55.000	87.260	137.37	332.96	784.64	1 800.9	4 032.3
28	23.884	39.205	50.066	63.800	102.97	164.84	412.86	1004.3	2 377.2	5 483.9
29	26.750	44.693	57.576	74.009	121.50	197.81	511.95	1 285.6	3 137.9	7458.1
30	29.960	50.950	66.212	85.850	143.37	237.38	634.82	1 645.5	4 142.1	10 143
40	93.051	188.88	267.86	378.72	750.38	1 469.8	5 455.9	19 427	66 521	*
50	289.00	700.23	1 083.7	1 670.7	3 927.4	9 100.4	46 890	*	*	*
60	897.60	2 595.9	4 384.0	7 370.2	20 555	56 348	*	*	*	*

注：* >99 999

计算公式：复利终值系数 = $(1+i)^n$, $S = P(1+i)^n$

P——现值或初始值；i——报酬率或利率；n——计息期数；S——终值或本利和

附表二　复利现值系数表

期数	1%	2%	3%	4%	5%	6%	7%	8%	9%	10%
1	0.990 1	0.980 4	0.970 9	0.961 5	0.952 4	0.943 4	0.934 6	0.925 9	0.917 4	0.909 1
2	0.980 3	0.961 2	0.942 6	0.924 6	0.907 0	0.890 0	0.873 4	0.857 3	0.841 7	0.826 4
3	0.970 6	0.942 3	0.915 1	0.889 0	0.863 8	0.839 6	0.816 3	0.793 8	0.772 2	0.751 3
4	0.961 0	0.923 8	0.888 5	0.854 8	0.822 7	0.792 1	0.762 9	0.735 0	0.708 4	0.683 0
5	0.951 5	0.905 7	0.862 6	0.821 9	0.783 5	0.747 3	0.713 0	0.680 6	0.649 9	0.620 9
6	0.942 0	0.888 0	0.837 5	0.790 3	0.746 2	0.705 0	0.666 3	0.630 2	0.596 3	0.564 5
7	0.932 7	0.870 6	0.813 1	0.759 9	0.710 7	0.665 1	0.622 7	0.583 5	0.547 0	0.513 2
8	0.923 5	0.853 5	0.789 4	0.730 7	0.676 8	0.627 4	0.582 0	0.540 3	0.501 9	0.466 5
9	0.914 3	0.836 8	0.766 4	0.702 6	0.644 6	0.591 9	0.543 9	0.500 2	0.460 4	0.424 1
10	0.905 3	0.820 3	0.744 1	0.675 6	0.613 9	0.558 4	0.508 3	0.463 2	0.422 4	0.385 5
11	0.896 3	0.804 3	0.722 4	0.649 6	0.584 7	0.526 8	0.475 1	0.428 9	0.387 5	0.350 5
12	0.887 4	0.788 5	0.701 4	0.624 6	0.556 8	0.497 0	0.444 0	0.397 1	0.355 5	0.318 6
13	0.878 7	0.773 0	0.681 0	0.600 6	0.530 3	0.468 8	0.415 0	0.367 7	0.326 2	0.289 7
14	0.870 0	0.757 9	0.661 1	0.577 5	0.505 1	0.442 3	0.387 8	0.340 5	0.299 2	0.263 3
15	0.861 3	0.743 0	0.641 9	0.555 3	0.481 0	0.417 3	0.362 4	0.315 2	0.274 5	0.239 4
16	0.852 8	0.728 4	0.623 2	0.533 9	0.458 1	0.393 6	0.338 7	0.291 9	0.251 9	0.217 6
17	0.844 4	0.714 2	0.605 0	0.513 4	0.436 3	0.371 4	0.316 6	0.270 3	0.231 1	0.197 8
18	0.836 0	0.700 2	0.587 4	0.493 6	0.415 5	0.350 3	0.295 9	0.250 2	0.212 0	0.179 9
19	0.827 7	0.686 4	0.570 3	0.474 6	0.395 7	0.330 5	0.276 5	0.231 7	0.194 5	0.163 5
20	0.819 5	0.673 0	0.553 7	0.456 4	0.376 9	0.311 8	0.258 4	0.214 5	0.178 4	0.148 6
21	0.811 4	0.659 8	0.537 5	0.438 8	0.358 9	0.294 2	0.241 5	0.198 7	0.163 7	0.135 1
22	0.803 4	0.646 8	0.521 9	0.422 0	0.341 8	0.277 5	0.225 7	0.183 9	0.150 2	0.122 8
23	0.795 4	0.634 2	0.506 7	0.405 7	0.325 6	0.261 8	0.210 9	0.170 3	0.137 8	0.111 7
24	0.787 6	0.621 7	0.491 9	0.390 1	0.310 1	0.247 0	0.197 1	0.157 7	0.126 4	0.101 5
25	0.779 8	0.609 5	0.477 6	0.375 1	0.295 3	0.233 0	0.184 2	0.146 0	0.116 0	0.092 3
26	0.772 0	0.597 6	0.463 7	0.360 7	0.281 2	0.219 8	0.172 2	0.135 2	0.106 4	0.083 9
27	0.764 4	0.585 9	0.450 2	0.346 8	0.267 8	0.207 4	0.160 9	0.125 2	0.097 6	0.076 3
28	0.756 6	0.574 4	0.437 1	0.333 5	0.255 1	0.195 6	0.150 4	0.115 9	0.089 5	0.069 3
29	0.749 3	0.563 1	0.424 3	0.320 7	0.242 9	0.184 6	0.140 6	0.107 3	0.082 2	0.063 0
30	0.741 9	0.552 1	0.412 0	0.308 3	0.231 4	0.174 1	0.131 4	0.099 4	0.075 4	0.057 3
35	0.705 9	0.500 0	0.355 4	0.253 4	0.181 3	0.130 1	0.093 7	0.067 6	0.049 0	0.035 6
40	0.671 7	0.452 9	0.306 6	0.208 3	0.142 0	0.097 2	0.066 8	0.046 0	0.031 8	0.022 1
45	0.639 1	0.410 2	0.264 4	0.171 2	0.111 3	0.072 7	0.047 6	0.031 3	0.020 7	0.013 7
50	0.608 0	0.371 5	0.228 1	0.140 7	0.087 2	0.054 3	0.033 9	0.021 3	0.013 4	0.008 5
55	0.578 5	0.336 5	0.196 8	0.115 7	0.068 3	0.040 6	0.024 2	0.014 5	0.008 7	0.005 3

注：计算公式：复利现值系数 $= (1+i)^{-n}$，$P = \dfrac{S}{(1+i)^n} = S(1+i)^n$

P——现值或初始值；i——报酬率或利率；n——计息期数；S——终值或本利和

续附表二

期数	12%	14%	15%	16%	18%	20%	24%	28%	32%	36%
1	0.8929	0.8772	0.8696	0.8621	0.8475	0.8333	0.8065	0.7813	0.7576	0.7353
2	0.7972	0.7695	0.7561	0.7432	0.7182	0.6944	0.6504	0.6104	0.5739	0.5407
3	0.7118	0.6750	0.6575	0.6407	0.6086	0.5787	0.5245	0.4768	0.4348	0.3975
4	0.6355	0.5921	0.5718	0.5523	0.5158	0.4823	0.4230	0.3725	0.3294	0.2923
5	0.5674	0.5194	0.4972	0.4761	0.4371	0.4019	0.3411	0.2910	0.2495	0.2149
6	0.5066	0.4556	0.4323	0.4104	0.3704	0.3349	0.2751	0.2274	0.1890	0.1580
7	0.4523	0.3996	0.3759	0.3538	0.3139	0.2791	0.2218	0.1776	0.1432	0.1162
8	0.4039	0.3506	0.3269	0.3050	0.2660	0.2326	0.1789	0.1388	0.1085	0.0854
9	0.3606	0.3075	0.2843	0.2630	0.2255	0.1938	0.1443	0.1084	0.0822	0.0628
10	0.3220	0.2697	0.2472	0.2267	0.1911	0.1615	0.1164	0.0847	0.0623	0.0462
11	0.2875	0.2366	0.2149	0.1954	0.1619	0.1346	0.0938	0.0662	0.0472	0.0340
12	0.2567	0.2076	0.1869	0.1685	0.1372	0.1122	0.0757	0.0517	0.0357	0.0250
13	0.2292	0.1821	0.1625	0.1452	0.1163	0.0935	0.0610	0.0404	0.0271	0.0184
14	0.2046	0.1597	0.1413	0.1252	0.0985	0.0779	0.0492	0.0316	0.0205	0.0135
15	0.1827	0.1401	0.1229	0.1079	0.0835	0.0649	0.0397	0.0247	0.0155	0.0099
16	0.1631	0.1229	0.1069	0.0930	0.0708	0.0541	0.0320	0.0193	0.0118	0.0073
17	0.1456	0.1078	0.0929	0.0802	0.0600	0.0451	0.0258	0.0150	0.0089	0.0054
18	0.1300	0.0946	0.0808	0.0691	0.0508	0.0376	0.0208	0.0118	0.0068	0.0039
19	0.1161	0.0829	0.0703	0.0596	0.0431	0.0313	0.0168	0.0092	0.0051	0.0029
20	0.1037	0.0728	0.0611	0.0514	0.0365	0.0261	0.0135	0.0072	0.0039	0.0021
21	0.0926	0.0638	0.0531	0.0443	0.0309	0.0217	0.0109	0.0056	0.0029	0.0016
22	0.0826	0.0560	0.0462	0.0382	0.0262	0.0181	0.0088	0.0044	0.0022	0.0012
23	0.0738	0.0491	0.0402	0.0329	0.0222	0.0151	0.0071	0.0034	0.0017	0.0008
24	0.0659	0.0431	0.0349	0.0284	0.0188	0.0126	0.0057	0.0027	0.0013	0.0006
25	0.0588	0.0378	0.0304	0.0245	0.0160	0.0105	0.0046	0.0021	0.0010	0.0005
26	0.0525	0.0331	0.0264	0.0211	0.0135	0.0087	0.0037	0.0016	0.0007	0.0003
27	0.0469	0.0291	0.0230	0.0182	0.0115	0.0073	0.0030	0.0013	0.0006	0.0002
28	0.0419	0.0255	0.0200	0.0157	0.0097	0.0061	0.0024	0.0010	0.0004	0.0002
29	0.0374	0.0224	0.0174	0.0135	0.0082	0.0051	0.0020	0.0008	0.0003	0.0001
30	0.0334	0.0196	0.0151	0.0116	0.0070	0.0042	0.0016	0.0006	0.0002	0.0001
35	0.0189	0.0102	0.0075	0.0055	0.0030	0.0017	0.0005	0.0002	0.0002	0.0001
40	0.0107	0.0053	0.0037	0.0026	0.0013	0.0007	0.0002	0.0001	*	*
45	0.0061	0.0027	0.0019	0.0013	0.0006	0.0003	0.0001	*	*	*
50	0.0035	0.0014	0.0009	0.0006	0.0003	0.0001	*	*	*	*
55	0.0020	0.0007	0.0005	0.0003	0.0001	*	*	*	*	*

注：* <0.0001

计算公式：复利现值系数 = $(1+i)^{-n}$，$P = \dfrac{S}{(1+i)^n} = S(1+i)^{-n}$

P——现值或初始值；i——报酬率或利率；n——计息期数；S——终值或本利和

附表三　年金终值系数表

期数	1%	2%	3%	4%	5%	6%	7%	8%	9%	10%
1	1.000 0	1.000 0	1.000 0	1.000 0	1.000 0	1.000 0	1.000 0	1.000 0	1.000 0	1.000 0
2	2.010 0	2.020 0	2.030 0	2.040 0	2.050 0	2.060 0	2.070 0	2.080 0	2.090 0	2.100 0
3	3.031	3.060 4	3.090 9	3.121 6	3.152 5	3.183 6	3.214 9	3.246 4	3.278 1	3.310 0
4	4.060 4	4.121 6	4.183 6	4.246 5	4.310 1	4.374 6	4.439 9	4.506 1	4.573 1	4.641 0
5	5.101 0	5.204 0	5.309 1	5.516 3	5.525 6	5.637 1	5.750 7	5.866 6	5.984 7	6.105 1
6	6.152 0	6.308 1	6.468 4	6.633 0	6.801 9	6.975 3	7.153 3	7.335 9	7.523 3	7.715 6
7	7.213 5	7.434 3	7.662 5	7.898 3	8.142 0	8.393 8	8.654 0	8.922 8	9.200 4	9.487 2
8	8.285 7	8.583 0	8.892 3	9.244 2	9.549 1	9.897 5	10.260	10.637	11.029	11.436
9	9.368 5	9.754 6	10.159	10.583	11.027	11.491	11.978	12.488	13.021	13.580
10	10.462	10.950	11.464	12.006	12.578	13.181	13.816	14.487	15.193	15.937
11	11.567	12.169	12.808	13.486	14.207	14.972	15.784	16.646	17.560	18.531
12	12.683	13.412	14.912	15.026	15.917	16.870	17.889	18.977	20.141	21.384
13	13.809	14.680	15.618	16.627	17.713	18.882	20.141	21.495	22.953	24.523
14	14.947	15.974	17.086	18.292	19.599	21.015	22.551	24.215	26.019	27.975
15	16.097	17.293	18.599	20.024	21.579	23.276	25.129	27.152	29.361	31.773
16	17.258	18.639	20.157	21.825	23.658	25.673	27.888	30.324	33.003	35.950
17	18.430	20.012	21.762	23.698	25.840	28.213	30840	33.750	36.974	40.545
18	19.615	21.412	23.414	25.645	28.132	30.906	33.999	37.450	41.301	45.599
19	20.811	22.841	25.117	27.671	30.539	33.760	37.379	41.446	46.019	51.159
20	22.019	24.297	26.870	29.778	33.066	36.786	40.996	45.762	51.160	57.275
21	23.239	25.783	28.677	31.969	35.719	39.963	44.865	50.423	56.765	64.003
22	24.472	27.299	30.537	34.248	38.505	43.392	49.006	55.457	62.873	71.403
23	25.716	28.845	32.453	36.618	41.431	46.996	53.436	60.893	69.532	79.543
24	26.974	30.422	34.427	39.083	44.502	50.816	58.177	66.765	76.790	88.497
25	28.243	32.030	36.459	41.646	47.727	854.865	63.249	73.106	84.701	98.347
26	29.526	33.671	38.553	44.312	51.114	59.156	68.677	79.954	93.324	109.18
27	30.821	35.344	40.710	47.084	54.669	63.706	74.484	87.351	102.72	121.10
28	32.129	37.051	42.931	49.968	58.403	68.528	80.698	95.339	112.97	134.21
29	33.450	38.792	45.219	52.966	62.323	73.640	87.347	103.97	124.14	148.63
30	34.785	40.568	47.575	56.085	66.439	79.058	94.461	113.28	136.31	164.49
40	48.886	60.402	75.401	95.026	120.80	154.76	199.64	259.06	337.88	442.59
50	64.463	84.579	112.80	152.67	209.35	290.34	406.53	573.77	815.08	1 163.9
60	81.670	114.05	163.05	237.99	353.58	533.13	813.52	1 253.2	1 944.8	3 034.8

注：计算公式：年金终值系数 $= \dfrac{(1+i)^n - 1}{i}$，$S = A \dfrac{(1+I)^n - 1}{i}$

A——每期等额支付(或收入)的金额；i——报酬率或利率；n——计息期数；S——年金终值或本利和

续附表三

期数	12%	14%	15%	16%	18%	20%	24%	28%	32%	36%
1	1.000	1.000	1.000	1.000	1.000	1.000	1.000	1.000	1.000	1.000
2	2.120 0	2.140 0	2.150 0	2.160 0	2.180 0	2.200 0	2.240 0	2.280 0	2.320 0	2.360 0
3	3.374 4	3.439 6	3.472 5	3.505 6	3.572 4	3.640 0	3.777 6	3.918 4	4.062 4	4.209 6
4	4.779 3	4.921 1	4.993 4	5.066 5	5.215 4	5.368 0	5.684 2	6.015 6	6.362 4	6.725 1
5	6.352 8	6.610 1	6.742 4	6.877 1	7.154 2	7.441 6	8.048 4	8.699 9	9.398 3	10.146
6	8.115 2	8.535 5	8.753 7	8.977 5	9.442 0	9.929 9	10.980	12.136	13.406	14.799
7	10.089	10.731	11.067	11.414	12.142	12.916	14.615	16.534	18.696	21.126
8	12.300	13.233	13.727	14.240	15.327	16.499	19.123	22.163	25.678	29.732
9	14.776	16.085	16.786	17.519	19.086	20.799	24.713	29.369	34.895	41.435
10	17.549	19.337	20.304	21.322	23.521	25.959	31.643	38.593	47.062	57.352
11	20.655	23.045	24.349	25.733	28.755	32.150	40.238	50.399	63.122	78.998
12	24.133	27.271	29.002	30.850	34.931	39.581	50.895	65.510	84.320	108.44
13	28.029	32.089	34.352	36.786	42.219	48.497	64.110	84.853	112.30	148.48
14	32.393	37.581	40.505	43.672	50.818	59.196	80.496	109.61	149.24	202.93
15	37.280	43.842	47.580	51.660	60.965	72.035	100.82	141.30	198.00	276.98
16	42.753	50.980	55.718	60.925	72.939	87.442	126.01	181.87	262.36	377.69
17	48.884	59.118	65.075	71.673	87.068	105.93	157.25	233.79	347.31	514.66
18	55.750	68.394	75.836	84.141	103.74	128.12	195.99	300.25	459.45	700.94
19	63.440	78.969	88.212	98.603	123.41	154.74	244.03	385.32	607.47	954.28
20	72.052	91.025	102.44	115.38	146.63	186.69	303.60	494.21	802.86	1 298.8
21	81.699	104.77	118.81	134.84	174.02	225.03	377.46	633.59	1 060.8	1 767.4
22	92.503	120.44	137.63	157.42	206.34	271.03	469.06	812.00	1 401.2	2 404.7
23	104.60	138.30	159.28	183.60	244.49	326.24	582.63	1 040.4	1 850.6	3 271.3
24	118.16	158.66	184.17	213.98	289.49	392.48	723.46	1 332.7	2 443.8	4 450.0
25	133.33	181.87	212.79	249.21	342.60	471.98	898.09	1 706.8	3 226.8	6 053.0
26	150.33	208.33	245.71	290.09	405.27	567.38	1 114.6	2 185.7	4 260.4	8 233.1
27	169.37	238.50	283.57	337.50	479.22	681.85	1 383.1	2 798.7	5 624.8	11 198
28	190.70	272.89	327.10	392.50	566.48	819.22	1 716.1	3 583.3	7 425.7	15 230
29	214.58	312.09	377.17	456.30	669.45	984.07	2 129.0	4 587.7	9 802.9	20 714
30	241.33	356.79	434.75	530.31	790.95	1 181.9	2 640.9	5 873.2	12 941	28 172
40	767.09	1 342.0	1 779.1	2 360.8	4 163.2	7 343.9	22 729	69 377	207 874	609 890
50	2 400.0	4 994.5	7 217.7	10 436	21 813	45 497	195 373	819 103	*	*
60	7 471.6	18 535	29 220	46 058	114 190	281 733	*	*	*	*

注:* >999 999.99

计算公式:年金终值系数 = $\dfrac{(1+i)^n - 1}{i}$, $S = A \dfrac{(1+i)^n - 1}{i}$

A——每期等额支付(或收入)的金额;i——报酬率或利率;n——计息期数;S——年金终值或本利和

附表四 年金现值系数表

期数	1%	2%	3%	4%	5%	6%	7%	8%	9%	10%
1	0.990 1	0.980 4	0.970 9	0.961 5	0.952 4	0.943 4	0.934 6	0.925 9	0.917 4	0.909 1
2	1.970 4	1.941 6	1.913 5	0.886 1	1.859 4	1.833 4	1.808 0	1.783 3	1.759 1	1.735 5
3	2.941 0	2.883 9	2.828 6	2.775 1	2.723 2	2.673 0	2.624 3	2.577 1	2.531 3	2.486 9
4	3.902 0	3.807 7	3.717 1	3.629 9	3.546 0	3.465 1	3.387 2	3.312 1	3.239 7	3.169 9
5	4.853 4	4.713 5	4.579 7	4.451 8	4.329 5	4.212 4	4.100 2	3.992 7	3.889 7	3.790 8
6	5.795 5	5.601 4	5.417 2	5.242 1	5.075 7	4.917 3	4.766 5	4.622 9	4.485 9	4.355 3
7	6.728 2	6.472 0	6.230 3	6.002 1	5.786 4	5.582 4	5.389 3	5.206 4	5.033 0	4.868 4
8	7.651 7	7.325 5	7.019 7	6.732 7	6.463 2	6.209 8	5.971 3	5.746 6	5.534 8	5.334 9
9	8.566 0	8.162 2	7.786 1	7.435 3	7.107 8	6.801 7	6.515 2	6.246 9	5.995 2	5.759 0
10	9.471 3	8.982 6	8.530 2	8.110 9	7.721 7	7.360 1	7.023 6	6.710 1	6.417 7	6.144 6
11	10.367 6	9.786 8	9.252 6	8.760 5	8.306 4	7.886 9	7.498 7	7.139 0	6.805 2	6.495 1
12	11.255 1	10.575 3	9.954 0	9.385 1	8.863 3	8.383 8	7.942 7	7.536 1	7.160 7	6.813 7
13	12.133 7	11.348 4	10.635 0	9.985 6	9.393 6	8.852 7	8.357 7	7.903 8	7.486 9	7.103 4
14	13.003 7	12.106 2	11.296 1	10.563 1	9.898 6	9.295 0	8.745 5	8.244 2	7.786 9	7.366 7
15	13.865 1	12.849 3	11.937 9	11.118 4	10.379 7	9.712 2	9.107 9	8.559 5	8.060 7	7.606 1
16	14.717 9	13.577 7	12.561 1	11.652 3	10.837 8	10.105 9	9.446 6	8.851 4	8.312 6	7.823 7
17	15.562 3	14.291 9	13.166 1	12.165 7	11.274 1	10.477 3	9.763 2	9.121 6	8.543 6	8.021 6
18	16.398 3	14.992 0	13.753 5	12.659 3	11.689 6	10.827 6	10.059 1	9.371 9	8.755 6	8.201 4
19	17.226 0	15.678 5	14.323 8	13.133 9	12.085 3	11.158 1	1.335 6	9.603 6	8.950 1	8.364 9
20	18.045 6	16.351 4	14.877 5	13.590 3	12.462 2	11.469 9	10.594 0	9.818 1	9.128 5	8.513 6
21	18.857 0	17.011 2	15.415 0	14.029 2	12.821 2	11.764 1	10.835 5	10.016 8	0.292 2	8.648 7
22	19.660 4	17.658 0	15.936 9	14.451 1	13.163 0	12.041 6	11.061 2	10.200 7	9.442 4	8.771 5
23	20.455 8	18.292 2	16.443 6	14.856 8	13.488 6	12.303 4	11.272 2	10.371 1	9.580 2	8.883 2
24	21.243 4	18.913 9	16.935 5	15.247 0	13.798 6	12.550 4	11.469 3	10.528 8	9.706 0	8.984 7
25	22.023 2	19.523 5	17.413 1	15.622 1	14.093 9	12.783 4	11.653 6	10.674 8	9.822 6	9.077 0
26	22.795 2	20.121 0	17.876 8	15.982 8	14.375 2	13.003 2	11.825 8	10.810 0	9.929 0	9.160 9
27	23.559 6	20.706 9	18.327 0	16.329 6	14.643 0	13.210 5	11.986 7	10.935 2	10.026 6	9.237 2
28	24.316 4	21.281 3	18.764 1	16.663 1	14.898 1	13.406 2	12.137 1	11.051 1	10.116 1	9.306 6
29	25.065 8	21.844 4	19.188 5	16.983 7	15.141 1	13.590 7	12.277 7	11.158 4	10.198 3	9.369 6
30	25.807 7	22.396 5	19.600 4	17.292 0	15.372 5	13.764 8	12.409 0	11.257 8	10.273 7	9.426 9
35	29.408 6	24.998 6	21.487 2	18.664 6	16.374 2	14.498 2	12.947 6	11.654 6	10.566 8	9.644 2
40	32.834 7	27.355 5	23.114 8	19.792 8	17.159 1	15.046 3	13.331 7	11.924 6	10.757 4	9.779 1
45	36.094 5	29.490 2	24.518 7	20.720 0	17.774 1	15.455 8	13.605 5	12.108 4	10.881 2	9.862 8
50	39.196 1	31.423 6	25.729 8	21.482 2	18.255 9	15.761 9	13.800 7	12.233 5	10.961 7	9.914 8
55	42.147 2	33.174 8	26.774 4	22.108 6	18.633 5	15.990 5	13.939 9	12.318 6	11.014 0	9.947 1

注:计算公式:年金现值系数 $=\dfrac{1-(1+i)^{-n}}{i}$, $P=A\dfrac{1-(1+i)^{-n}}{i}$

A——每期等额支付(或收入)的金额;i——报酬率或利率;n——计息期数;P——年金现值或本利和

续附表四

期数	12%	14%	15%	16%	18%	20%	24%	28%	32%	36%
1	0.8929	0.8772	0.8696	0.8621	0.8475	0.8333	0.8065	0.7813	0.7576	0.7353
2	1.6901	1.6467	1.6257	1.6052	1.5656	1.5278	1.4568	1.3916	1.3315	1.2760
3	2.4018	2.3216	2.2832	2.2459	2.1743	2.1065	1.9813	1.8684	1.7663	1.6735
4	3.0373	2.9137	2.8550	2.7982	2.6901	2.5887	2.4043	2.2410	2.0957	1.9658
5	3.6048	3.4331	3.3522	3.2743	3.1272	2.9906	2.7454	2.5320	2.3452	2.1807
6	4.1114	3.8887	3.7845	3.6847	3.4976	3.3255	3.0205	2.7594	2.5342	2.3388
7	4.5638	4.2883	4.1604	4.0386	3.8115	3.6046	3.2423	2.9370	2.6775	2.4550
8	4.9676	4.6389	4.4873	4.3436	4.0776	3.8372	3.4212	3.0758	2.7860	2.5404
9	5.3282	4.9464	4.7716	4.6065	4.3030	4.0310	3.5655	3.1842	2.8681	2.6033
10	5.6502	5.2161	5.0188	4.8332	4.4941	4.1925	3.6819	3.2689	2.9304	2.6495
11	5.9377	5.4527	5.2337	5.0286	4.6560	4.3271	3.7757	3.3351	2.9776	2.6834
12	6.1944	5.6603	5.4206	5.1971	4.7932	4.4392	3.8514	3.3868	3.0133	2.7084
13	6.4235	5.8424	5.5831	5.3423	4.9095	4.5327	3.9124	3.4272	3.0404	2.7268
14	6.6282	6.0021	5.7245	5.4675	5.0081	4.6106	3.9616	3.4587	3.0609	2.7403
15	6.8109	6.1422	5.8474	5.5755	5.0916	4.6755	4.0013	3.4834	3.0764	2.7502
16	6.9740	6.2651	5.9542	5.6685	5.1624	4.7296	4.0333	3.5026	3.0882	2.7575
17	7.1196	6.3729	6.0472	5.7487	5.2223	4.7746	4.0591	3.5177	3.0971	2.7629
18	7.2497	6.4674	6.1280	5.8178	5.2732	4.8122	4.0799	3.5294	3.1039	2.7668
19	7.3658	6.5504	6.1982	5.8775	5.3162	4.8435	4.0967	3.5386	3.1090	2.7697
20	7.4694	6.6231	6.2593	5.9288	5.3527	4.8696	4.1103	3.5458	3.1129	2.7718
21	7.5620	6.6870	6.3125	5.9731	5.3837	4.8913	4.1212	3.5514	3.1158	2.7734
22	7.6446	6.7429	6.3587	6.0113	5.4099	4.9094	4.1300	3.5558	3.1180	2.7746
23	7.7184	6.7921	6.3988	6.0442	5.4321	4.9245	4.1371	3.5592	3.1197	2.7754
24	7.7843	6.8351	6.4338	6.0726	5.4509	4.9371	4.1428	3.5619	3.1210	2.7760
25	7.8431	6.8729	6.4641	6.0971	5.4669	4.9476	4.1474	3.5640	3.1220	2.7765
26	7.8957	6.9061	6.4906	6.1182	5.4804	4.9563	4.1511	3.5656	3.1227	2.7768
27	7.9426	6.9352	6.5135	6.1364	5.4919	4.9636	4.1542	3.5669	3.1233	2.7771
28	7.9844	6.9607	6.5335	6.1520	5.5016	4.9697	4.1566	3.5679	3.1237	2.7773
29	8.0218	6.9830	6.5509	6.1656	5.5098	4.9747	4.1585	3.5687	3.1240	2.7774
30	8.0552	7.0027	6.5660	6.1772	5.5168	4.9789	4.1601	3.5693	3.1242	2.7775
35	8.1755	7.0700	6.6166	6.2153	5.5386	4.9915	4.1644	3.5708	3.1248	2.7777
40	8.2438	7.1050	6.6418	6.2335	5.5482	4.9966	4.1659	3.5712	3.1250	2.7778
45	8.2825	7.1232	6.6543	6.2421	5.5523	4.9986	4.1664	3.5714	3.1250	2.7778
50	8.3045	7.1327	6.6605	6.2463	5.5541	4.9995	4.1666	3.5714	3.1250	2.7778
55	8.3170	7.1376	6.6636	6.2482	5.5549	4.9998	4.1666	3.5714	3.1250	2.7778

注：计算公式：年金现值系数 $= \dfrac{1-(1+i)^{-n}}{i}$, $P = A \dfrac{1-(1+i)^{-n}}{i}$

A——每期等额支付（或收入）的金额；i——报酬率或利率；n——计息期数；P——年金现值或本利和

参考文献

[1] DON R. HANSEN MARYANME, MOWEN M. 管理会计[M]. 英文版. 北京:高等教育出版社,2007.
[2] 莫尔斯. 管理会计:侧重于战略管理[M]. 上海:上海财经大学出版社,2005.
[3] 周宝源. 管理会计学[M]. 天津:南开大学出版社,2014.
[4] 孙茂竹. 管理会计学[M]. 北京:中国人民大学出版社,2010.
[5] 李海波. 新编管理会计[M]. 上海:立信会计出版社,2012.
[6] 威廉·罗奇. 管理会计与控制系统案例[M]. 大连:东北财经大学出版社,2000.
[7] 李明. 全面预算管理[M]. 北京:中信出版社,2011.
[8] 陈玉洁. 企业成本核算与费用控制全书[M]. 北京:经济科学出版社,2013.
[9] 国际管理会计师协会. 管理会计案例教程[M]. 北京:经济科学出版社,2004.
[10] 王化成. 财务管理研究——会计类研究生系列教材[M]. 北京:中国金融出版社,2006.